本书为国家社科基金高校思政课研究专项"'金课'建设视域下高校思想政治理论课守正创新研究"（21VSZ040）研究成果

"JINKE"JIANSHE SHIYUXIA
GAOXIAO SIXIANG ZHENGZHI LILUNKE
SHOUZHENG CHUANGXIN YANJIU

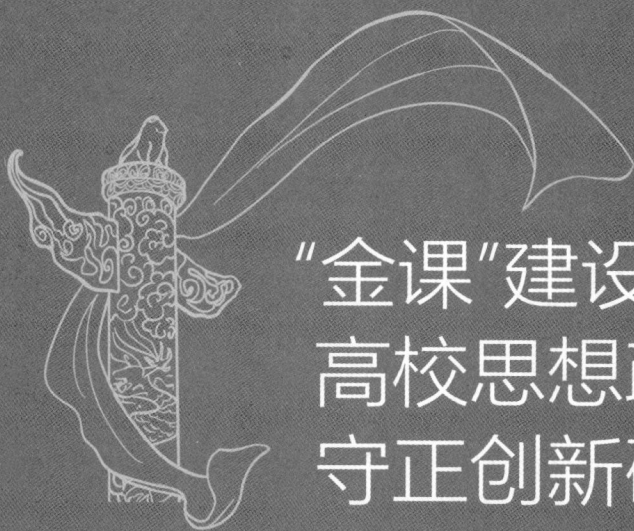

"金课"建设视域下高校思想政治理论课守正创新研究

徐建飞 著

中国财经出版传媒集团
经济科学出版社
Economic Science Press

图书在版编目（CIP）数据

"金课"建设视域下高校思想政治理论课守正创新研究／徐建飞著. --北京：经济科学出版社，2022.11

ISBN 978 - 7 - 5218 - 4355 - 2

Ⅰ.①金… Ⅱ.①徐… Ⅲ.①高等学校 - 思想政治教育 - 教学研究 - 中国 Ⅳ.①G641

中国版本图书馆 CIP 数据核字（2022）第 223670 号

责任编辑：周胜婷
责任校对：刘　昕
责任印制：张佳裕

"金课"建设视域下高校思想政治理论课守正创新研究

徐建飞　著

经济科学出版社出版、发行　新华书店经销

社址：北京市海淀区阜成路甲 28 号　邮编：100142

总编部电话：010 - 88191217　发行部电话：010 - 88191522

网址：www. esp. com. cn

电子邮箱：esp@ esp. com. cn

天猫网店：经济科学出版社旗舰店

网址：http：//jjkxcbs. tmall. com

固安华明印业有限公司印装

710 × 1000　16 开　14.75 印张　250000 字

2022 年 12 月第 1 版　2022 年 12 月第 1 次印刷

ISBN 978 - 7 - 5218 - 4355 - 2　定价：89.00 元

（图书出现印装问题，本社负责调换。电话：010 - 88191545）

（版权所有　侵权必究　打击盗版　举报热线：010 - 88191661

QQ：2242791300　营销中心电话：010 - 88191537

电子邮箱：dbts@ esp. com. cn）

F序
Foreword

办好高校思想政治理论课，事关新时代中国特色社会主义事业后继有人，事关实现中华民族伟大复兴的中国梦。党的十八大以来，习近平总书记发表了一系列关于高校思政课建设的重要论述，深刻回答了高校思政课建设重大理论和实践问题，为新时代高校思想政治理论课建设指明了方向，提供了根本遵循。扬州大学马克思主义学院青年教师徐建飞撰写的《"金课"建设视域下高校思想政治理论课守正创新研究》，是他主持的国家社科基金高校思政课研究专项的最终成果。这项成果将高校思政课"金课"建设和高校思政课守正创新有机融合，依据习近平总书记关于思想政治教育、高校思政课建设的重要论述，聚焦高校思政课教学改革创新的理论与实践重大命题，从理论挑战、体系建构、逻辑理路、现状分析、实践方略等方面进行全面探讨、充分论证，使"金课"建设视域下高校思政课守正创新研究建立在客观、准确、严谨、全面的基础之上。该研究既有理论特色又有现实关怀。通读全书，这项研究具有如下三个特点：

（1）鲜明的问题意识。问题是时代的声音，直面问题才能让高校思政课紧跟时代步伐，彰显高校思政课回应现实的力量。

该书具有鲜明的问题意识,敏锐捕捉到新时代高校思政课高质量发展的重要前沿性、挑战性问题,力求站在时代发展的高度、感知现实痛点,对高校思政课"金课"建设和高校思政课教育教学改革守正创新等现实问题予以深入思考和系统回答。本书作者通过线上调查与实地调研相结合的方式,对高校思政课教学内容、教学方法、教学媒介、教学效果等展开全景剖析,真实呈现当前"金课"建设视域下高校思政课教育教学改革守正创新现状,揭示问题、分析原因、提出对策,对推动高校思政课建设内涵式发展具有重要参考价值。

(2)缜密的辩证思维。守正与创新是一对辩证关系。高校思政课既要坚守传统、把握根基,又要顺应时代、创新发展。新时代高校思政课守正就是要守方向之本、理论之基、使命之责、育人之道,坚持社会主义的办学方向,夯实马克思主义指导地位,落实立德树人的根本任务,遵循教育教学的基本规律。面对复杂多变的国内外环境,以及青年大学生鲜明的群体特征和时代需求,高校思政课在守正的基础之上,更要深化教学理念、教学内容、教学形式、教学方式和教学评价的创新,以切实提高新时代高校思政课教学质量和水平,回应学生的时代需求和特性需求。本书作者系统论证了高校思政课守正与创新的辩证统一,强调高校思政课教学守正创新是在遵循高校思政课教育教学基本规律,坚守社会主义意识形态价值目标前提下,紧扣时代发展要求,在理念、内容、方法等方面实现创新。

(3)强烈的现实关切。伴随全球化、信息化和社会转型成长起来的当代中国大学生更加自信自强、富于思辨精神,但在多元社会思潮冲击下不可避免会遇到思想困惑,呈现出一些独特的群体特征、价值选择与行为方式。作为新时代落实立德树人根本任务的重要抓手,高校思政课建设必须要放在世界百年未有之大变局、党和国家事业发展全局中来看待,立足于当代大学生的思想困惑,着眼于他们关心的现实问题。本书将高校思政课改革创新置于世界百年未有之大变局和国家事业发展全局的高度,详细分析了新时代中国大学生群体特征与价值取向,直面各种错误观点和思潮,旗帜鲜明地进行剖析和批判,探究高校思政课的本质,解决"道理谁来讲""怎么讲"的关键问题,不断增强思政课的思想性、理论性和亲和力、针对性。

新时代无论是思政课"金课"建设,还是思政课守正创新推进都是一个涉及面广、层次多、内容丰富的复杂系统工程，需要在理论与实践的结合上不断完善和发展。随着国际国内形势的深刻变化，新时代"金课"建设的标准，思政课教学理念、教学方法、教学手段、教学内容、教学评价等方面面临严峻挑战，其复杂性、艰巨性与长期性日益凸显。从这个意义上说，本书的研究是初步的。作为作者的导师，我希望徐建飞以本书的出版为契机，再接再厉，围绕新时代高校思政课"金课"建设，高校思政课守正创新研究等相关主题继续深入研究，写出更优秀的学术作品，更好地为高校思政课高质量发展作出自己的贡献。

2022 年 9 月 18 日

P前言 reface

一、本书的研究背景

党的十八大以来，以习近平同志为核心的党中央高度重视思想政治理论课改革创新（以下简称思政课），突出思政课在课程体系中的重要位置。2019 年 3 月 18 日，习近平主持召开了学校思想政治理论课教师座谈会。会上，他以崇高的价值理想、开阔的认识视野、深邃的历史眼光、前瞻的战略思维，强调了"思政课作用不可替代，思政课教师队伍责任重大"，要求"理直气壮开好思政课，用新时代中国特色社会主义思想铸魂育人"。① 这一系列重要论断为新时代学校思想政治理论课改革创新规划了蓝图、指明了方向、吹响了号角。中共中央办公厅、国务院办公厅印发的《关于深化新时代学校思想政治理论课改革创新的若干意见》也重点强调："思政课是落实立德树人根本

---

① 习近平主持召开学校思想政治理论课教师座谈会强调：用新时代中国特色社会主义思想铸魂育人贯彻党的教育方针落实立德树人根本任务 ［N］．人民日报，2019－03－19（01）．

任务的关键课程,发挥着不可替代的作用。"① 青年阶段是一个人身体发育、智力提高、理想培育、价值生成的关键时期,思政课教师要为学生上好人生的修养课,引导学生扣好人生第一粒扣子。在新时代努力打造有特色、有深度、有底蕴、有效度的思政课"金课",给学生心灵埋下真善美的种子,培育有理想、有能力、有本领、有担当、有情怀的时代新人,显得急迫而紧要。

时任教育部长陈宝生在新时代中国高等学校本科教育工作会议上首次提出"金课"的概念,明确要求加强学习过程管理,拓展课程深度、增加课程难度、淘汰"水课",打造"金课",进一步提升课程教学质量。新时代着力打造高精尖水平的高校思政课"金课",推动高校思政课守正创新,对全面贯彻党的教育方针、办好人民满意的教育、努力培养担当民族复兴大任的时代新人具有重大而深远的意义。

二、研究述评

近年来,学术界围绕高校思政课"金课"建设和高校思政课守正创新开展研究,涌现出一批学术成果,如冯培教授的《高校思想政治理论课"金课"建设要素探究》(2019)、王易教授的《努力打造"高精尖"水平的思想政治理论"金课"》(2019)、靳诺教授的《新时代高校思想政治理论课改革创新的逻辑、方向和体系》(2020),等等。这些著作为深入研究高校思政课的改革创新夯实了基础。

(一) 高校思政课"金课"建设研究

建设思政课"金课"是推动高校思政课改革创新的内在要求和题中应有之义。学界对此命题的研究主要聚焦于如下内容:第一,要素探究。即"高阶性、创新性、挑战度"三个引导性指标。在"高阶性"上,提升马克思主义实事求是的辩证思维和担当使命的历史思维的教学含量;在"创新性"上,构建学生真心喜爱、倾心参与的教学情境;在"挑战度"上,涵养学生知、信、行相统一的人格品性,使学生由"知"成"信",由

---

① 深化新时代学校思想政治理论课改革创新 [N]. 人民日报,2019 - 08 - 15 (01).

"信"躬"行"（冯培，2019）。第二，现实价值。高校思政"金课"建设对增强"四个意识"、坚定"四个自信"、做到"两个维护"，提高教师教育教学能力，破解高校思政课教学困境，提高思政课针对性和实效性，增强思政课获得感，培育时代新人具有重要的现实价值（袁术林、刘洪波，2021；程仕波、倪圣茗，2021）。第三，基本标准。政治标准、创新标准、现代技术标准是思政课"金课"建设的三大标准（任荣，2021）。政治性、创新性和高阶性是思政"金课"的方向保障、发展保障和质量保障（孙燕、李晓锋，2019）。谢首军、陈庆庆（2019）指出，高阶性、创新性和挑战度是思政课"金课"建设应着力体现的标准。程仕波、倪圣茗（2021）则把信度、温度和效度作为评判思政课"金课"的指标考量。第四，类型模式。新时代，高校要努力建设好线下"金课"、线上"金课"、线上线下混合式"金课"、虚拟仿真"金课"、社会实践"金课"等五大类型思政课"金课"，科学构建课程体系（谢首军、陈庆庆，2019）。新时代思政"金课"应构建"以学生为中心"、融合三维课堂、综合运用六种教学方法的"金课"模式（任荣，2021）。第五，现实困境。当前，高校思政课教学面临着如何将理性的知识体系转化为鲜活的价值体系，如何将统一的教材体系转化为多样化教学体系，如何打造一支高水平的教师队伍等现实困境（孙燕、李晓锋，2019）。第六，路径选择。建设思政课"金课"要遵循"八个统一"的原则（夏建文、龙迎伟，2019），将打造"金师"、熔铸"金芯"、增进"金智"作为着力点（陈庆庆、李祖超，2019），瞄准精品思政慕课，重点建设线上思政"金课"，推动课堂教学革命，广泛建设线下思政"金课"，构建教师教学共同体（孙燕、李晓锋，2019）。

（二）高校思政课守正创新研究

守正创新是推进高校思政课建设取得实效的关键之举。学界围绕高校思政课守正创新的辩证关系、价值意蕴、原则把握、基本遵循、实施策略等方面展开研讨。第一，辩证关系。盖逸馨（2019）指出，守正是根，创新是源，两者辩证统一服务于新时代思政课建设。新时代理直气壮开好思政课，应依靠守正找对方向、走对路子，依据创新取得发展、实现超越，确保前进动力。第二，价值意蕴。高校思政课守正创新有助于澄清思政课教育教学中存在的误区，完善思想政治教育理论的整体性（李辉，2019），有利于增强思政课实效性，落实立德树人根本任务；提升学生获得感，强化学生主体作用；助推思想政治教育学科发展，完成育人使命（盖逸馨，2019）。第三，原则把握。推动新时代思政课守正创新要坚持政治性与学理性相统一，用学术讲授政治；坚持价值性和知识性相统一，用价值引领知识；坚持建设性和批判性相统一，用真理战胜谬误；坚持理论性和实践性相统一，力求知行合一；坚持统一性和多样性相统一，落实三因理念；坚持主导性和主体性相统一，实现教学相长；坚持灌输性和启发性相统一，增强吸引力；坚持显性教育和隐性教育相统一，增强渗透力（高微，2019）。第四，基本遵循。"八个统一"明确了思政课守正创新的基本遵循（李辉，2019），具体而言，就是要坚持马克思主义的指导地位，全面加强党的领导，深入落实立德树人的根本任务，着力解决思政课面临的突出矛盾，大力提升思政课教师队伍水平，不断推动思政课课程改革创新，深入推进思政课建设内涵式发展（宫长瑞、刘夏怡，2019）。第五，实施策略。高校党委重视是根本保证，构建形式多样、内容丰富的教学体系，完善协同联动、相互配合的思政课建设机制（张梅，2019；房广顺、杨溢，2020）。努力推进思政课守正创新，需要深刻认识思政课所担负的时代使命，把坚定"四个自信"作为思政课的重要目标（卿涛，2019）；积极打造"课程思政"育人同心圆，用好网络新媒体增强思政课时代感染力，提高思政课教师自身胜任力（盖逸馨，2019）。

学界已有的成果为深化此领域的研究提供了厚实的基础，但关于"金课"建设视域下高校思政课守正创新的直接性研究成果寥若晨星，仍存在较大的研究空间。

第一，从研究内容上看，现有研究主要聚焦高校思政课"金课"建设和思政课守正创新的"显性文本"，缺乏基于相关"显性文本"和"隐性文本"的有机整合，以及对"金课"建设视域下高校思政课守正创新进行全面、深入、系统的学理阐释。

第二，从研究层面上看，现有研究主要集中于某一方面的浅层次论述，缺乏对高校思政课"金课"建设以及思政课守正创新体系建构的研究。

第三，从研究视域和方法上看，现有研究成果侧重对高校思政课"金课"建设和思政课守正创新的理论梳理或文献考察，缺乏综合运用哲学、管理学、教育学等学科的方法开展"视域融合式"的探讨。

三、本书的研究价值

(一) 学术价值

第一，本书通过理论溯源和文献梳理，从"金师""金芯""金方""金型""金评"等方面打造新时代"金课"，从教师素养、教学方法、教学模式、教学评价等方面构建新时代思政课教学体系。第二，本书的研究有利于拓宽高校思政课"金课"建设的角度，提升培养时代新人的高度，为推动高校思政课守正创新提供学理依据。

(二) 应用价值

第一，本书有助于捍卫马克思主义在思政课教学中的指导地位，推动高校思政课教学体系的改革创新，提高高校思政课立德树人、铸魂育人的实效。第二，本书有助于强化新时代高校思政课"金课"建设，深化高校思政课教学改革创新，不断增强思政课的思想性、理论性和亲和力、针对性，提升高校思政课教学质量和水平。

四、本书的主要观点

观点一：新时代高校思政课"金课"建设，要打造"金师"，提升高校思政课教师素养；要铸造"金芯"，丰富高校思政课教学内容；酿造"金方"，创新高校思政课教学方法；塑造"金型"，探索高校思政课教学模式；要构造"金评"，完善高校思政课教学评价。

观点二：新时代思政课"金课"建设要守方向之本，坚持社会主义的办学方向；要守理论之基，夯实马克思主义的指导地位；要守使命之正，落实立德树人的根本任务；要守育人之道，遵循教育教学的基本规律。思政课在"守正"的基础之上，要深化教学理念、教学内容、教学形式、教学方式和教学评价的创新，彰显教学理念的科学性与前瞻性，反映教学内容的现实性与时代性，体现教学形式的多样性与丰富性，凸显教学方法的差异性与人文性，兼顾教学评价的客观性与能动性。

观点三："金课"建设视域下高校思政课守正创新要遵循如下原则：坚持政治性和学理性相统一，用学术讲授政治；坚持价值性和知识性相统一，寓价值观引导于知识传授之中；坚持建设性和批判性相统一，传导主流意识形态，直面各种错误观点和思潮；坚持理论性和实践性相统一，力求知、情、意、行合一；坚持统一性和多样性相统一，既统一管理，又因地制宜、因时制宜、因材施教；坚持主导性和主体性相统一，重视教师主导地位，发挥学生主体性作用，做到教学相长；坚持灌输性和启发性相统一，"精准滴灌"，引导学生发现问题、分析问题、思考问题；坚持显性教育和隐性教育相统一，挖掘思想政治教育资源，实现全员全程全方位育人。

五、本书的主要概念界定

（一）"金课"

"金课"是相对于"水课"而言的。所谓的"水课"是指依据较低层次的认知水平，运用低阶思维进行被动的、外在牵制的、接受的、抽象的和单独的机械学习的课程。这类课程一般都是陈旧、过时的课程，课程中没有针对学生能力提升的专门训练，也没有针对学生核心素养养成的精心设计，所传授的是基于客观事实的简单化和显性化的个体性知识，老师不用心备课、不认真教学，学生不用动脑思考、简单随便听听就可以通过。因此，"水课"具有低阶性、陈旧性和随意性等特性。鉴于此，时任教育部高教司吴岩司长在第十一届中国大学教学论坛上将"金课"定义为具有高阶性、创新性和挑战度的课程。

从教学的有效性角度分析，任何一门课程的教学都存在好坏之分，都存在一定的"含水量"和"含金量"。当某门课程教学的"含金量"小到一定程度、"含水量"大到一定程度时，这课程教学就被称为"水课"；相反，当某门课程教学的"含金量"大到一定程度、"含水量"小到一定程度时，这门课程教学就被称为"金课"。

（二）思政课"金课"

新时代思政课"金课"是一种隐喻，它是对高质量、高水平、高规格、高层次思想政治教育课程的总体概括，是思政课改革创新的价值导向和根本要求。新时代思政课"金课"是坚持社会主义办学方向，全面落实党的教育方针，以习近平总书记关于思政课的重要论述铸魂育人，以"高阶性、创新性和挑战度"为衡量标准，具有高度政治性、学术性、知识性、价值性和实用性的"核心课程"。新时代思政课"金课"是要求思政课教师坚持"八个统一"，提高政治、情怀、思维、视野、自律、人格等方面核心素养，完善思政课教学配方，改良思政课教学工艺，优化思政课教学包装，依托专题式教学、探究式教学、启发式教学、实践式教学、"互联网＋"等教学模式，培养学生成为具有理想信念、爱国情怀、品德修为、知识见识、奋斗精神、过硬本领的时代新人的"精品课程"。

目录
Contents

第一章 "金课"建设视域下高校思政课守正创新的基础与挑战

高校肩负培养人才的重任，要一以贯之坚持"立德树人"的根本任务。其中，思政课在所有课程中发挥着关键性作用。可以说，思政课建设紧随时代和社会发展的步伐，走过了不平凡的历程，在与时俱进中见证了党和国家事业的发展。回溯思政课发展的历程可以看出，正是其具备着一系列保障条件才得以行稳致远。但是我们也应该看到，虽然思政课建设取得了不少成效，但依然面临着不小的挑战。本章将聚焦高校思政课守正创新的基础与挑战展开论述。

第一节 "金课"建设视域下高校思政课守正创新的基础条件

高校是培育社会主义"四有"新人的主阵地，长期以来，高校思政课始终被放在突出位置。回溯思政课的发展历程可以看到，高校思政课之所以能够在守正创新中实现发展，离不开党中央的高度重视，更离不开长期发展中所积累的经验和对经验的总结。与此同时，党和国家事业发展取得的伟大成就为思政课提供了丰富的素材，中华优秀传统文化为思政课提供了肥沃的土壤。

一、根本保证：党对思政课重视，推进了中国特色社会主义学科体系建设

2019 年 3 月 18 日，对于学校思政课发展而言是一个非常重要的时间

点。这一天习近平总书记主持召开了思政课教师座谈会并发表了重要讲话，他深刻阐释了办好高校思政课的重大意义，并突出强调："在大中小学循序渐进、螺旋上升地开设思想政治理论课非常必要，是培养一代又一代社会主义建设者和接班人的重要保障"，"思想政治理论课是落实立德树人根本任务的关键课程"。①

（一）党中央的高度重视为思政课建设提供根本政治保证

办好中国的事情，关键在党。对于教育事业的发展而言，自然离不开党的领导。党的十八大以来，为了顺应新时代历史方位的变化，为了加强主流意识形态建设和思想政治工作，党中央把高校思政课建设提高到一个全新的战略高度。

早在 2012 年 3 月，教育部印发的《关于全面提高高等教育质量的若干意见》第十条中就明确指出，要加强和改进思想政治教育，"全面实施思想政治理论课课程方案，推动中国特色社会主义理论体系进教材、进课堂、进头脑"，"加强马克思主义理论学科建设，为思想政治理论课提供学科支撑"，"实施高校思想政治理论课建设标准，制定教学质量测评体系"；与此同时，提出"实施新一轮高校哲学社会科学繁荣计划"，"积极参与马克思主义理论研究和建设工程"，"推进高校人文社会科学重点研究基地建设"。②围绕教师这个提高教育质量的关键要素，同年 8 年，国务院制定了加强教师队伍建设的相关意见，为教师队伍建设指明了方向，这为加强高校思政课建设提供了有力支撑。

2013 年 8 月，全国宣传思想工作会议召开，会议明确了做好意识形态工作的极端重要性，为做好高校宣传思想工作，2015 年 1 月，中共中央办公厅、国务院办公厅印发的《关于进一步加强和改进新形势下高校宣传思想工作的意见》明确强调，要实施高校思政课建设体系创新计划，全面深化课程建设综合改革，系统做好教材编写、队伍建设、教学质量等，切实办好思政课，并提出要提升马克思主义理论学科的引领作用，着力建设实施"五个一批"工程。为进一步深入加强高校思政课建设，同年 7 月，中

---

① 习近平谈治国理政（第三卷）[M]．北京：外文出版社，2020：329.
② 教育部关于全面提高高等教育质量的若干意见 [J]．中国高等教育，2012（11）：20–24.

央宣传部、教育部印发的《普通高校思想政治理论课建设体系创新计划》从充分认识办好思政课的重要性、艰巨性、基本原则和任务、重点建设内容等方面对做好思政课建设作出了详细部署。

2016 年，中共中央、国务院印发的《关于加强和改进新形势下高校思想政治工作的意见》对进一步办好高校思政课提出了新要求，强调要"充分发挥思想政治理论课的主渠道作用，深入实施高校思想政治理论课建设体系创新计划，完善教材体系，提高教师素质，创新教学方法，增强教学的吸引力、说服力、感染力。"① 同年 12 月，全国高校思想政治工作会议召开，习近平总书记出席会议并发表重要讲话。习近平总书记在讲话中重点强调了思政工作的重要性以及如何把握思政工作重点，并明确指出做好思想政治工作必须利用好课堂教学这个"主渠道"，坚持以学生为中心，提高教学针对性和感染力。与此同时，其他各类课程要和思政课相互协作，发挥同频共振效应。

党的十九大之后，高校思政课发展进一步跃升至新高度。2019 年 3 月 18 日，党中央针对思政课召开高规格的教师座谈会，习近平总书记亲自参加并发表讲话。在座谈会的讲话中，习近平指出，思政课是落实立德树人根本任务的关键课程，要"办好思政课，最根本的是要全面贯彻党的教育方针，解决好培养什么人、怎样培养人、为谁培养人这个根本问题。"② 思政课教师是提升教学质量的关键，总书记针对教师和思政课改革创新分别提出"六个要"和"八个相统一"③ 的要求。基于此，同年 8 月，中共中央办公厅、国务院办公厅印发了《关于深化新时代学校思想政治理论课改革创新的若干意见》，强调要通过"整体规划思政课课程目标、调整创新思政课课程体系、统筹推进思政课课程内容建设、加强思政课教材体系建设"来"完善思政课课程教材体系"，要通过"加快壮大学校思政课教师队伍、切实提高思政课教师综合素质"等有力举措，建设一支"六个要"的思政

---

① 十八大以来重要文献选编（下）[M]. 北京：中央文献出版社，2018：482 – 483.
② 习近平. 思政课是落实立德树人根本任务的关键课程 [M]. 北京：人民出版社，2020：9.
③ "六个要"是指政治要强、情怀要深、思维要新、视野要广、自律要严、人格要正。"八个相统一"是指坚持政治性和学理性、价值性和知识性、建设性和批判性、理论性和实践性、统一性和多样性、主导性和主体性、灌输性和启发性、显性教育和隐性教育等相统一。

课教师队伍。① 与此同时，还就加强党对思政课的领导提出了新的要求和部署，这对于推动新时代思政课改革创新提供了遵循。

从"培养什么人"，到"如何培养人"，再到"为谁培养人"，我们党对于这一根本问题的认识在不断深化，作出了一系列创造性回答，采取了一系列促进创新性发展的措施，深刻揭示和探索了思想政治教育的原则和规律，指明了德智体美劳全面发展的根本道路，确立了思想政治教育的科学方法论，这正是思政课高质量发展、不断守正创新的根本保证。

（二）始终牢牢坚持马克思主义为指导，为思政课建设指明了根本方向

马克思主义是应时代需要而产生的，它不仅科学地提出了问题，而且带着鲜明的问题导向和问题意识。马克思主义为人类认识世界提供了全新的科学方法论，是观察世界、分析问题的"伟大的认识工具"和思想武器。马克思主义不仅致力于"解释世界"，更致力于"改造世界"。马克思主义以前所未有的思想理论高度为人类社会发展提供了一盏新的明灯，对世界发展产生了长久而深远的影响。②

马克思一生最大的贡献就是创立了全新的理论体系——马克思主义。作为舶来品，中国最终选择马克思主义有其历史必然性和现实针对性。马克思主义是中国共产党立党之根本。马克思主义是全党全国人民团结奋斗的共同思想基础。高校思想政治理论课建设是社会主义中国高校"双一流"建设的重要内容和思想政治工作平台，以马克思主义理论学科为重要内容的思政课建设在凝集马克思主义理论研究学术队伍、引领哲学社会科学发展方向、推进党和国家主流意识形态建设、支撑高校思政课教育教学等方面，发挥着不可替代的重要作用。面对新时代、新形势、新要求，牢牢坚持以马克思主义为指导，加强马克思主义理论学科建设，积极发挥其引领性作用，是提高意识形态凝聚力和引领力的重要任务，是一项具有重要意义的战略工程。

马克思主义对高校思政课而言具有特殊性。一方面，改革开放以来，

---

① 深化新时代学校思想政治理论课改革创新［N］. 人民日报，2019 - 08 - 15（01）.
② 习近平. 在哲学社会科学工作座谈会上的讲话［M］. 北京：人民出版社，2016：8 - 9.

党中央通过的关于加强思政课建设的若干意见、规定等都强调要把坚持马克思主义作为加强和改进高校思政课指导思想的重要内容；另一方面，高校思政课教学强调要实现当代马克思主义的最新成果进教材、进课堂、进头脑。把马克思主义贯穿高校思政课全过程，就是要"立足于帮助大学生树立正确的世界观、人生观、价值观，深入开展马克思主义立场、观点、方法教育，开展党的基本理论、基本路线、基本纲领和基本经验教育"[①]等。由此可见，只要我们牢牢坚持在党的领导下办教育，在党的领导下做好高校思政课建设，发挥好马克思主义真理的魅力和力量，引导大学生坚定信仰、信念、信心[②]，我们的高校思政课建设就一定会取得更大的实效性和感染力。

高校肩负为国、为党育人育才的任务，而思政课程可以起着凝聚思想共识、引领价值观念、坚定信念信仰信心的特殊作用。因此，高校思政课建设必须始终牢牢坚持以马克思主义为根本指导，这既是思政课立足和发展的应有之义，更是进一步推动思政课迈向新阶段的根本遵循，只有这样才能保证不变色、不变味、不变质。

（三）推动中国特色社会主义学科体系建设，为思政课建设提供了重要支撑

习近平总书记在学校思想政治理论课教师座谈会上指出了大力推进中国特色社会主义学科体系建设对思政课建设的重要性[③]，这表明了学科体系建设在思想政治教育教学中的基础性、全局性和战略性地位。

中国特色社会主义学科体系建设是学校思政课的顶层设计，是提升思政课教学质量的基石。中国特色社会主义学科体系建设，注重联结不同学科的共有属性，创建思政教育工作的新内容和新机制，从而为构建大思政工作格局奠定学理基础；注重思政课程和课程思政的紧密结合，实现各门各类学科课程与思政课的同向同行，完成思想政治教育的"顶层设计"和

---

① 教育部社会科学司. 普通高校思想政治理论课文献选编（1949 - 2008）[M]. 北京：中国人民大学出版社，2008：214.

② 这里主要指坚定对马克思主义的信仰、坚定对共产主义的信念、坚定对中国特色社会主义的信心.

③ 习近平. 思政课是落实立德树人根本任务的关键课程 [M]. 北京：人民出版社，2020：8.

"最后一公里"的贯通；注重教学内容的系统性和专业性，提升思政课的渗透力和说服力。以中国特色社会主义学科体系建设构筑思政课教学的"护城河"，有助于用情用理用例吸引学生、回应学生、引导学生、熏陶学生。

高校思政课是通识必修课程，是中国特色社会主义大学的本质体现。其主要任务是：对大学生进行系统的信仰、信念、信心教育，帮助他们树立正确的"三观"，不断掌握运用马克思主义的立场、观点、方法分析解决问题的能力。其根本目标是培养能够堪当民族复兴大任的时代新人。要充分认识到，加强马克思主义理论学科建设和改进大学生思想政治教育工作，是我们党和国家的重要政治优势，也是高等学校教育改革和发展积累的宝贵经验。就其主要任务和根本目标来说，加强马克思主义理论学科和思政课建设，具有极为重要的战略意义。

学科建设是加强和改进思政课的基础。思政课的特殊性决定了其特殊地位。早在 2005 年 2 月，中共中央宣传部、教育部《关于进一步加强和改进高等学校思想政治理论课的意见》中明确指出："设立马克思主义一级学科，开展马克思主义理论体系研究，开展马克思主义发展史、马克思主义中国化研究，开展思想政治教育研究，为推进党的思想理论建设和巩固马克思主义在高等学校教育教学中的指导地位，为加强高校思政课建设，培养思想政治教育工作队伍提供有力的学科支撑。"① 2016 年习近平总书记在哲学社会科学工作座谈会上的讲话进一步指出，虽然我们哲学社会科学学科体系已经建立，但总体上还存在薄弱环节和亟待解决的问题，"要突出优势、拓展领域、补齐短板、完善体系"，其中首先是"要加强马克思主义理论学科建设"。② 学科建设的推动可以为思政课的思想性和理论资源提供源源不断的"供给"。基于此，2019 年 8 月，中共中央办公厅、国务院办公厅印发的《关于深化新时代学校思想政治理论课改革创新的若干意见》中明确指出："进一步建强马克思主义理论学科，……充分发挥马克思主义理论学科的领航作用，大力推进中国特色社会主义学科体系建设。根据需求逐步增加马克思主义理论学科博士学位授权点，支持有关高校联合申报马

---

① 教育部社会科学司. 普通高校思想政治理论课文献选编（1949 – 2008）［M］. 北京：中国人民大学出版社，2008：214.

② 习近平. 习近平在哲学社会科学工作座谈会上的讲话［N］. 人民日报，2016 – 05 – 19（02）.

克思主义理论学科博士学位授权点。组织思政课教师及时学习习近平总书记最新重要讲话精神，及时学习相关文件精神，全面理解和准确把握党中央重大决策部署。"① 这一段论述，为推动思政课建设明确了目标和方向。具体来看，马克思主义理论科学建设为思政课教学提供源头活水，其研究成果滋养思政课教学，能为思政课教学提供科学丰富的基础理论和前沿成果，提供高质量的课程教材，可以调动教师参与学科建设，促进教师教学水平的提高。综合来看，马克思主义理论学科对思政课的作用主要体现在以下三个方面：

首先，马克思主义理论学科建设为思政课课程体系的完善提供服务。马克思主义理论学科具有两大特点：一是整体性。加强整体性的重要目的是要把思政课的建设统一于马克思主义理论学科的建设。通过改革开放以来思政课演变的历程，我们可以充分认识到思政课建设所呈现的整体性。二是意识形态与学术性相统一。习近平总书记指出："坚持以马克思主义为指导，是当代中国哲学社会科学区别于其他哲学社会科学的根本标志"②，而马克思主义理论学科是哲学社会科学体系的重要组成部分，因此必须"坚持以马克思主义为指导，贯穿马克思主义立场观点方法"③。在马克思主义理论学科建设和发展的实践中，马克思主义的指导地位始终贯穿其中。就思政课体系而言，它强调"三个统一"，即：科学原理与科学精神的统一；历史和现实的统一；理论创新和现实运用的统一。这三个统一能够使大学生真正接受或产生价值。学科的发展，也使得教师有了学科归属，从而更加坚固教师的理论素养和政治信仰。基于此，思政课教师要增强对马克思主义理论的崇敬和信仰，把马克思主义理论与历史现实融会贯通，改变教学中存在的模式化、教条化的状况，从而增强思政课的实效性、针对性和亲和力，为推动思政课建设奠定坚实基础。

其次，马克思主义理论学科的学术研究成果为提高教学实效提供服务。马克思主义理论学科科研成果是提高思政课教学实效的一个重要基础。马克思主义理论的一级学科就是研究马克思主义的科学内涵、精神实质、理

---

① 深化新时代学校思想政治理论课改革创新 [N]. 人民日报, 2019-08-15 (01).
② 习近平. 在哲学社会科学工作座谈会上的讲话 [M]. 北京：人民出版社, 2016: 8.
③ 十八大以来重要文献选编（下）[M]. 北京：中央文献出版社, 2018: 484.

论体系和它的实际应用。它所属的六个二级学科都是围绕这样一个主题，也拥有自己特定的联系和领域，所以这种研究是非常广泛的，也是非常全面的。马克思主义理论学科通过有针对性、有选择的科学研究，为思政课教学提供丰富的思想材料和基本论据，使思政课的教学具有令人信服的学理支撑和案例佐证。此外，随着对学科建设和发展的重视，可以有针对性地对思政课教学中的疑难问题和教材教法问题进行研究，为提高教学实效奠定基础。

最后，马克思主义理论学科凝聚了教师队伍，为增强教学能力提供服务。教学任务的完成和教学能力的增强在很大程度上是依赖于教学内容、教材教法的创新，而这个创新的主体就是思政课教师。要强化学科的服务功能，必须凝聚队伍。可以说，学科的建立和发展解决了专业归属问题，同时也提出教师队伍的专业化建设问题，马克思主义理论学科的建立，实际上为培养高素质的思政课教师队伍搭建了一个高层次的平台。学科建设一直把教师的专业化建设作为重要问题抓牢。专业化建设主要表现在两个方面：一是思政课教师要有马克思主义理论学科需具备的学科素养和专业背景知识，从而增强课堂的说服力、感染力；二是思政课教师要把马克思主义理论作为自己的学科，从而为进行教学提供理论支撑。要高质量地进行教学、要增强说服力和感染力，不仅要有较高的马克思主义理论素养，而且还必须整体性地把握马克思主义的科学内涵、精神实质和理论体系。马克思主义理论学科的不断发展、不断加强，为思政课教学质量的提高创造了可能。马克思主义理论学科建设的主体也是思政课教学的主体，凝聚学科建设的队伍就是凝聚思政课教师的队伍，这为增强思政课教学能力提供重要保证。

综上所述，正是因为有党中央对思政课一以贯之的重视，加上马克思主义思想引领和学科建设的支撑，高校思政课的建设和发展迈入了新的征程，并将达到新的高度。

二、有力支撑：中国特色社会主义理论和实践深化，伟大事业取得重大成就

习近平总书记指出："我们对共产党执政规律、社会主义建设规律、人

类社会发展规律的认识和把握不断深入，开辟了中国特色社会主义理论和实践发展新境界，中国特色社会主义取得举世瞩目的成就，为思政课建设提供了有力支撑。"① 坚持和发展中国特色社会主义，是社会主义现代化建设伟大实践的鲜明主题，中国特色社会主义是符合中国实际的正确选择。历史证明，中国特色社会主义，是中国共产党和中国人民团结奋斗的旗帜，是当代中国发展进步的根本方向和形象。就高校思政课而言，其完整形态的呈现虽然在新中国成立之后，但其真正实现和快速发展则是到了改革开放之后，可以说其内在发展置身于中国特色社会主义理论和实践发展之中，两者同频共振。中国特色社会主义创新理论和具体实践的不断发展，有力推动了思政课建设，为思政课的跃升发展创造了条件、厚植了土壤、提供了素材。

中国特色社会主义是改革开放以来中国共产党在深刻认识和把握"三大规律"基础上持续推进马克思主义中国化的伟大历史性创造。这一创造，从道路探索角度看，就是选择了适合中国国情的中国特色社会主义道路；从理论角度看，就是不断推进马克思主义基本原理和中国具体实际、中华优秀传统文化相结合，推动马克思主义不断实现理论创新；从实践角度看，就是理论指导下取得一系列辉煌灿烂的伟大成就。

（一）选择了适合中国国情的道路为思政课建设创造条件

道路正确与否直接关乎前进方向。早在新民主主义革命时期，在中国革命坚持"以城市为中心"的道路遭遇了失败后，以毛泽东为主要代表的中国共产党人成功探索出一条符合中国革命实际的新民主主义革命道路，最终指引新民主主义革命取得胜利。新中国成立后，以毛泽东为主要代表的中国共产党人进行了艰辛探索，但缺乏对什么是社会主义、怎样建设社会主义这些问题的深刻认识，加上面临复杂的国际局势和环境，导致在社会主义探索中遭遇了挫折。党的十一届三中全会后，党的工作中心转移到社会主义现代化建设上来，以邓小平为主要代表的中国共产党人开始探索符合中国实际、具有中国特色的社会主义建设道路。在党的十二大上，邓小平第一次提出了"把马克思主义的普遍真理同中国的具体实际结合起来，

---

① 习近平. 思政课是落实立德树人根本任务的关键课程［M］. 北京：人民出版社，2020：8.

走自己的道路，建设有中国特色的社会主义"这一重大命题，并且强调"这就是我们总结长期历史经验得出的基本结论"①，这指明了党和国家事业发展必须坚守的方向。随着实践的发展，中国共产党对这一命题的认识不断深化。

中国特色社会主义道路，就是在中国共产党的领导下，立足基本国情，以经济建设为中心，坚持四项基本原则，坚持改革开放，解放和发展社会生产力，建设社会主义市场经济、社会主义民主政治、社会主义先进文化、社会主义和谐社会、社会主义生态文明，促进人的全面发展，逐步实现全体人民共同富裕，建设富强民主文明和谐美丽的社会主义现代化国家。② 这条道路指明了实现中华民族伟大复兴的正确方向。既要坚持以经济建设为中心不断增强综合实力，更要坚持四项基本原则和改革开放，守好立国之本，走好强国之路。

中国特色社会主义道路的开辟具有重大意义，是中国共产党领导人民选择的适合自己国情的道路，这条道路是实现中华民族伟大复兴的必由之路。一百多年来，中国共产党团结带领人民独立走自己的路，通过团结奋斗，取得了一个又一个伟大胜利。实践反复证明，在当今时代，马克思主义并没有过时，社会主义制度具有巨大的优越性，中国特色社会主义道路是中国实现国家富强、民族振兴、人民幸福的唯一康庄大道。正如习近平总书记所反复强调的："改革开放以来，我们总结历史经验，不断艰辛探索，终于找到了实现中华民族伟大复兴的正确道路，取得了举世瞩目的成果。这条道路就是中国特色社会主义。"③

总之，中国特色社会主义道路是以社会主义为底色、以中国特色为标志，以"现代化和民族复兴"为目标的发展道路。这条道路以党的领导力量为主导力量，以市场配置力量为支撑，以人民力量为主体，并力求使这三者协调，形成合力。这条道路为思政课的发展指明了方向，必须符合社会主义办学的要求，必须凸显社会主义的中国特色。

---

① 邓小平文选（第三卷）[M]. 北京：人民出版社，1993：3.
② 十八大以来重要文献选编（上）[M]. 北京：中央文献出版社，2014：9-10.
③ 习近平谈治国理政 [M]. 北京：外文出版社，2014：35.

（二）在推进马克思主义中国化进程中实现理论创新为思政课厚植土壤

思政课建设的重要任务之一就是不断推动马克思主义理论和马克思主义中国化理论成果进教材、进课堂、进头脑。回溯思政课建设的发展历程，可以清楚地认识到思政课建设与马克思主义理论创新同频共振、同向同行。中国共产党的历史就是一部不断推进马克思主义中国化理论创新的历史。党的十一届三中全会以来，以邓小平、江泽民、胡锦涛、习近平为主要代表的中国共产党人不断开创马克思主义发展新境界，推动马克思主义中国化实现新的飞跃。

中国共产党以马克思列宁主义、毛泽东思想、邓小平理论、"三个代表"重要思想、科学发展观、习近平新时代中国特色社会主义思想作为自己的行动指南。"在革命斗争中，以毛泽东同志为主要代表的中国共产党人，把马克思列宁主义基本原理同中国具体实际相结合，对经过艰苦探索、付出巨大牺牲积累的一系列独创性经验作了理论概括，开辟了农村包围城市、武装夺取政权的正确革命道路，创立了毛泽东思想。"① 毛泽东思想是马克思列宁主义在中国的运用和发展，是被实践证明了的关于中国革命和建设的正确的理论原则和经验总结，是中国共产党集体智慧的结晶。在毛泽东思想指引下，中国共产党领导全国各族人民，经过长期的反对帝国主义、封建主义、官僚资本主义的革命斗争，取得了新民主主义革命的胜利，建立了人民民主专政的中华人民共和国；新中国成立以后，顺利地进行了社会主义改造，完成了从新民主主义到社会主义的过渡，确立了社会主义基本制度，发展了社会主义的经济、政治和文化。②

党的十一届三中全会以后，以邓小平同志为主要代表的中国共产党人，团结带领全党全国各族人民，深刻总结新中国成立以来正反两方面经验，围绕什么是社会主义、怎样建设社会主义这一根本问题，借鉴世界社会主义历史经验，创立了邓小平理论，解放思想，实事求是，作出把党和国家

---

① 中共中央关于党的百年奋斗重大成就和历史经验的决议 [N]. 人民日报，2021 - 11 - 17 (01).

② 中国共产党章程 [M]. 北京：人民出版社，2022：2 - 3.

工作中心转移到经济建设上来、实行改革开放的历史性决策，深刻揭示社会主义本质，确立社会主义初级阶段基本路线，明确提出走自己的路、建设中国特色社会主义，科学回答了建设中国特色社会主义的一系列基本问题，制定了到21世纪中叶分三步走、基本实现社会主义现代化的发展战略，成功开创了中国特色社会主义。① 邓小平理论是中国特色社会主义理论体系的开篇之作，从中国的国情出发，围绕"什么是社会主义、怎样建设社会主义"这一基本问题，第一次系统地回答了中国社会主义发展的一系列基本问题。

十三届四中全会以来，以江泽民同志为主要代表的中国共产党人，在建设中国特色社会主义的实践中，加深了对什么是社会主义、怎样建设社会主义和建设什么样的党、怎样建设党的认识，积累了治党治国新的宝贵经验，形成了"三个代表"重要思想。② "三个代表"重要思想精准把握中国共产党作为执政党的历史方位、时代任务，创造性回答了建设什么样的党、怎样建设党的问题，开启了探索执政党建设规律的新征程。

党的十六大以来，以胡锦涛同志为主要代表的中国共产党人，坚持以邓小平理论和"三个代表"重要思想为指导，根据新的发展要求，深刻认识和回答了新形势下实现什么样的发展、怎样发展等重大问题，形成了以人为本、全面协调可持续发展的科学发展观。③ 科学发展观对于新形势下实现什么样的发展、怎样发展等重大问题作出了科学的回答，把党对推进中国特色社会主义事业的认识提升到一个新的高度。

党的十八大以来，以习近平同志为主要代表的中国共产党人，坚持把马克思主义基本原理同中国具体实际相结合、同中华优秀传统文化相结合，坚持毛泽东思想、邓小平理论、"三个代表"重要思想、科学发展观，深刻总结并充分运用党成立以来的历史经验，从新的实际出发，创立了习近平新时代中国特色社会主义思想。④ 这一思想围绕新时代党和国家事业发展的一系列重大理论和实践问题进行了深邃思考和科学判断，科学回答了"新时代坚持和发展什么样的中国特色社会主义、怎样坚持和发展中国特色社

---

①④　中共中央关于党的百年奋斗重大成就和历史经验的决议［N］.人民日报，2021 – 11 – 17（01）.

②　中国共产党章程［M］.北京：人民出版社，2022：4.

③　中国共产党章程［M］.北京：人民出版社，2022：4 – 5.

会主义，建设什么样的社会主义现代化强国、怎样建设社会主义现代化强国，建设什么样的长期执政的马克思主义政党、怎样建设长期执政的马克思主义政党等重大时代课题"①，提出推进中国特色社会主义建设的"四个全面"战略布局和"五位一体"总体布局，提出了"十个明确""十四个坚持""十三个方面成就"，丰富和发展了中国特色社会主义理论体系的内涵，深化了对共产党执政规律、社会主义建设规律、人类社会发展规律的认识，开创了马克思主义中国化时代化新境界。正如党的十九届六中全会通过的《中共中央关于党的百年奋斗重大成就和历史经验的决议》中指出的："习近平新时代中国特色社会主义思想是当代中国马克思主义、二十一世纪马克思主义，是中华文化和中国精神的时代精华，实现了马克思主义中国化新的飞跃。"②

总之，马克思主义中国化理论成果，是指导党和人民实现中华民族伟大复兴的正确理论，是立足于时代前沿、与时俱进的科学理论。它们基于所处时代特征和具体环境，创造性地提出了一系列新的重大理论观点，这为思政课建设和发展厚植了土壤。

（三）中国特色社会主义事业的伟大成就为思政课建设提供素材

可以说，中国特色社会主义事业所取得的巨大成就，为提高思政课教学的实效性、说服力和感染力提供了鲜活的案例素材。具体来看，这些成就主要体现在以下方面：

1. 综合国力迈上新台阶

经过接续发展，中国已经从一个农业大国发展成为一个制造业大国，从一个温饱不足的低收入国家跃升为一个生活宽裕的中等收入国家。根据相关统计，中国 1978 年的 GDP 总量为 3645.2 亿元人民币，到 2021 年，我国 GDP 总量已经突破 114 万亿元人民币，是 1978 年 GDP 总量的 312.7 倍；2021 年末国家外汇储备 32502 亿美元，居世界第一。③ 我国制造业的综合竞争力大大提高。我们用几十年时间走完了发达国家几百年走过的工业化

---

① ② 中共中央关于党的百年奋斗重大成就和历史经验的决议［N］. 人民日报，2021 - 11 - 17
(01).

③ 国家统计局. 中华人民共和国 2021 年国民经济和社会发展统计公报［J］. 中国统计，
2022（3）：9 - 26.

历程，经过改革开放 40 多年的发展，我国主要工业产量成倍甚至几十倍、上百倍地增长，高新技术制造业取得长足进步，国际竞争力显著增强。与此同时，载人航天、大型飞机、北斗系统、神威超级计算机、高铁装备、量子通信卫星等一批重大技术装备取得突破，形成了若干具有国际竞争力的优势产业和骨干企业，在许多领域达到了世界先进水平。

2. 政治建设取得更大进步

坚持走中国特色社会主义政治发展道路，全面发展全过程人民民主，社会主义民主政治建设和法治建设实现大发展。经过改革开放 40 多年的发展，中国的民主制度不断健全，民主形式日益丰富。民主政治的制度化水平大幅度提高；社会主义法治更加完善，以宪法为核心的中国特色社会主义法律体系已经形成并不断完善，行政管理体制与机构改革成效明显，干部人事制度改革成果丰硕。

3. 文化建设持续繁荣发展

改革开放以来，我们党始终把文化建设放在重要位置，促进文化事业和文化产业发展，走出了一条立足中国国情、具有中国特色的文化发展道路。这条道路，坚持以马克思主义中国化最新理论成果为指导，以社会主义核心价值观为核心，通过不断深化文化体制改革获得动力，以此促进社会主义文化大发展大繁荣，为人民群众提供更好更多的精神文化产品，不断满足人民群众的精神文化需求。文化体制改革创新不断推进，文化产业在推动经济发展、优化产业结构中发挥着越来越重要的作用。覆盖全社会的公共文化服务体系基本架构初步形成，公益性文化服务水平明显提高。初步建成了包括国家、省、市、县、乡、村居和城市社区在内的六级公共文化服务网络。到 2021 年末，全国文化和旅游系统共有艺术表演团体 2044个，博物馆 3671 个。全国共有公共图书馆 3217 个，文化馆 3317 个。有线电视实际用户 2.01 亿户。广播节目综合人口覆盖率和电视节目综合人口覆盖率分别为 99.5% 和 99.7%。① 农村广播电视村村通、农家书屋和农村数字文化等工程的实施，迅速提升了农村公共文化服务能力。文化对外交流持续推进，中华文化国际影响力不断增强。

---

① 国家统计局. 中华人民共和国 2021 年国民经济和社会发展统计公报［J］. 中国统计，2022（3）：9－26.

4. 社会建设取得显著成效

民为邦本、本固邦宁。改革开放以来,中国共产党始终坚持人民利益至上,把保障和改善民生作为工作的出发点和落脚点,在经济持续发展中不断加快推进以民生为重点的社会建设,各个领域的民生工程正在遍地开花。人民收入显著提高,中国 1952 年人均 GDP 是 119 元;2021 年末人均 GDP 达到 80976 元,全年全国居民人均可支配收入 35128 元,比上年增长9.1%,扣除价格因素,实际增长 8.1%。2021 年,按常住地分,城镇居民人均可支配收入 47412 元,比上年增长 8.2%,扣除价格因素,实际增长7.1%。农村居民人均可支配收入 18931 元,比上年增长 10.5%,扣除价格因素,实际增长 9.7%。城乡居民人均可支配收入比值为 2.50,比上年缩小 0.06。① 经过不懈努力,通过精准扶贫的实施,我国完成了消除绝对贫困的艰巨任务,创造了人类脱贫奇迹。此外,我们还建立起了覆盖完备的社会保障体系,科学教育事业得到迅速发展,医疗事业稳步发展,居民人均预期寿命由 2020 年的 77.93 岁提高到 2021 年的 78.2 岁。② 老百姓出行更加便捷,住房状况得到明显改善。总之,中国特色社会主义事业成绩斐然。在中国共产党的领导下,亿万人民群众一起艰苦奋斗,让一个积贫积弱的旧中国实现涅槃重生,中国社会事业在"幼有所育、学有所教、劳有所得、病有所医、老有所养、住有所居、弱有所扶"③ 上得到全方位改善,充分彰显了中国特色社会主义制度的巨大优越性。

5. 生态文明建设持续推进

习近平总书记在党的十九大报告中指出:"我们要建设的现代化是人与自然和谐共生的现代化,既要创造更多物质财富和精神财富以满足人民日益增长的美好生活需要,也要提供更多优质生态产品以满足人民日益增长的优美生态环境需要。"④ 随着党和国家对生态文明建设的重视,国家先后出台了一系列重大决策部署,从科学发展观提出"绿色发展",到提出

---

① 国家统计局. 中华人民共和国 2021 年国民经济和社会发展统计公报 [J]. 中国统计,2022(3):9-26.

② 白剑峰. 居民人均预期寿命提至 78.2 岁 [N]. 人民日报,2022-07-13(13).

③ 习近平谈治国理政(第三卷)[M]. 北京:外文出版社,2020:18.

④ 习近平. 决胜全面建成小康社会 夺取新时代中国特色社会主义伟大胜利——在中国共产党第十九次全国代表大会上的报告 [M]. 北京:人民出版社,2017:50.

"绿水青山就是金山银山"，我们的生态文明建设取得显著成效，污染防治持续攻坚，天蓝、水绿、草青成为常态，资源节约取得明显效果，尤其党的十八大以来，在习近平生态文明思想的指引下，"党中央以前所未有的力度抓生态文明建设，全党全国推动绿色发展的自觉性和主动性显著增强，美丽中国建设迈出重大步伐，我国生态环境保护发生历史性、转折性、全局性变化"①。

此外，我们在国防、外交、祖国统一、党的建设等各个方面都取得重大进展。可以说我们"解决了许多长期想解决而没有解决的难题，办成了许多过去想办而没有办成的大事，推动党和国家事业发生历史性变革"②。

总之，这些伟大成就为思政课建设和教学创造了得天独厚的条件、提供了丰富的素材，正所谓"生于斯，长于斯"。没有中国特色社会主义的伟大实践和创造，便不会有思政课的跃升发展。

三、深厚力量：中华优秀的传统文化、革命文化和社会主义先进文化

习近平总书记在全国思政课教师座谈会上指出："中华民族几千年来形成了博大精深的优秀传统文化，我们党带领人民在革命、建设、改革过程中锻造的革命文化和社会主义先进文化，为思政课建设提供了深厚力量。"③ 这一重要论述深刻阐释了办好高校思政课所具备的深厚文化底蕴，推动思政课守正创新必须从中华民族源远流长的文化自信中获取力量。

（一）中华优秀传统文化是涵养思政课守正创新的重要源泉

中华优秀传统文化是中华传统文化中积极、优秀和精华的部分，经过几千年的发展演变，它的基因已经深深根植于中国人内心、融入中国人性格，对中国人思想方式和行为方式产生潜移默化的影响。中华优秀传统文

---

① 中共中央关于党的百年奋斗重大成就和历史经验的决议［N］. 人民日报，2021 - 11 - 17（01）.

② 习近平. 决胜全面建成小康社会　夺取新时代中国特色社会主义伟大胜利——在中国共产党第十九次全国代表大会上的报告［M］. 北京：人民出版社，2017：8.

③ 习近平. 思政课是落实立德树人根本任务的关键课程［M］. 北京：人民出版社，2020：9.

化是我们民族的"根"和"魂",它积淀着中华民族最深沉的精神追求,包含着中华民族最根本的精神基因,代表着中华民族独特的精神标识,是中华民族生生不息、发展壮大的丰富滋养,也是我国的独特优势。可以说,中华优秀传统文化是涵养社会主义核心价值观的重要源泉,更是推动高校思政课守正创新的重要土壤,因而正如习近平总书记所说,"要努力从中华民族世世代代形成和积累的优秀传统文化中汲取营养和智慧,延续文化基因,萃取思想精华,展现精神魅力"①。

首先,中华优秀传统文化为铸魂育人注入精神基因。办好思政课,对于维护国家意识形态的安全、培育和践行社会主义核心价值观具有重要意义,而思政课的直接目的就是要培养合格的社会主义建设者和接班人,培养能够担当民族复兴大任的时代新人。在思政课具体教学中,我们不仅要对广大青年学生进行马克思主义理论和中国特色社会主义教育,还要通过历史学习和教育来加强文化传承和熏陶,让文化基因浸入青少年心田。在不同的时期,国家相继出台了一系列的纲要和意见,明确要加强学生中华优秀传统文化的教育。

2014 年,为了进一步加强新形势下中华优秀传统文化教育,教育部出台了《完善中华优秀传统文化教育指导纲要》。本纲要首先明确了加强中华优秀传统文化教育的重要性,强调加强中华优秀传统文化教育,"是深化中国特色社会主义教育和中国梦宣传教育的重要组成部分","是构建中华优秀传统文化传承体系,推动文化传承创新的重要途径","是培育和践行社会主义核心价值观,落实立德树人根本任务的重要基础",要"以推进大中小学中华优秀传统文化教育一体化为重点,整体规划、分层设计、有机衔接、系统推进,促进青少年学生全面发展,培养富有民族自信心和爱国主义精神的社会主义事业建设者和接班人"②。《完善中华优秀传统文化教育指导纲要》就具体实施原则和举措作了相应的部署和安排。

为进一步建设社会主义文化强国,坚定文化自信,2017 年,中共中央办公厅、国务院办公厅印发的《关于实施中华优秀传统文化传承发展工程

---

① 大力弘扬伟大爱国主义精神为实现中国梦提供精神支柱 [N]. 光明日报, 2015 - 12 - 31 (01).

② 完善中华优秀传统文化教育指导纲要 [N]. 中国教育报, 2014 - 04 - 02 (03).

的意见》指出，"实施中华优秀传统文化传承发展工程，是建设社会主义文化强国的重大战略任务，对于传承中华文脉、全面提升人民群众文化素养、维护国家文化安全、增强国家文化软实力、推进国家治理体系和治理能力现代化，具有重要意义"，要把握中华优秀传统文化中的"核心思想理念""中华传统美德""中华人文精神"，"围绕立德树人根本任务，遵循学生认知规律和教育教学规律，按照一体化、分学段、有序推进的原则"，把中华优秀传统文化全方位融入教育各环节、各领域。该意见的制定和实施，对于将中华优秀传统文化融入思政课教学起着重要的指导作用，有助于把传统文化的基因和当代文化的元素、现代社会的气息、思政课教学的特点紧密结合起来，真正实现中华优秀传统文化以文化人、铸魂育人的价值和作用。

其次，中华优秀传统文化为加强品德教育提供支撑。教育的重要目的之一就是培养德智体美劳全面发展的有用之才。其中，我们看到"德"是其重要目标之一。这个"德"包含了社会公德、职业道德、家庭美德和个人品德等多重含义。"德"的培养不是无源之水、无本之木，它可以从中华传统美德和中国革命道德中汲取营养和力量。

中华优秀传统文化中有很多思想理念和道德规范，比如道法自然、天人合一、天下为公、大同世界等，这些传统美德蕴藏的中国智慧，对于加强新时代公民思想道德建设、引领大学生成长具有重要意义。不论到什么时候，都不会过时，正如习近平总书记所说："今天，中华民族要继续前进，就必须根据时代条件，继承和弘扬我们的民族精神、我们民族的优秀文化，特别是包含其中的传统美德。"① 中国革命道德，是指中国共产党人、人民军队、一切先进分子和人民群众在中国革命、建设、改革中形成的优秀道德，是中华民族极其宝贵的道德财富，是对中华传统美德的延续和发展。树立中国革命道德，就是要胸怀大志，有坚定的信仰信念，要立志为实现社会主义和共产主义理想信念而奋斗；要树立社会新风，构建新型人际关系；要修身自律，保持节操；等等。这些对于引领大学生树立正确的价值观念、锤炼高贵的思想品德具有重要作用。

思想政治理论课作为立德树人的关键课程，就要把中华优秀传统文化

---

① 习近平谈治国理政 [M]．北京：外文出版社，2014：181．

中的美德和中国革命道德作为培育和践行社会主义核心价值观的重要载体和素材，做到古为今用，引导学生大力弘扬中华传统美德，学习中国革命道德、传承红色基因，在成长成才的过程中扣好"第一粒扣子"、走好每一步。

最后，中华优秀传统文化为加强思政课教学提供案例资源。中华优秀传统文化源远流长、博大精深，既有生动鲜活的人物故事，如老子、孔子、庄子、朱熹、王守仁等一批思想名家，也有产生重大影响的历史事件，更蕴含着丰富且有价值的核心思想，如革故鼎新、与时俱进的思想等。因而要把这些重要素材和资源纳入思政课教学"知识库""案例库"。一是要从理论高度讲好道理。思政课的本质是讲道理。众所周知，中国共产党在革命、建设、改革各个时期所进行的丰富实践都可以在博大精深的中华优秀传统文化中寻找到理论源泉和精神力量。中国古代有影响力的英雄人物、产生重大影响的历史事件和具有前瞻性的思想等，都是思政课讲好道理的重要基础，师生们可以在中华优秀传统文化思想的学习中提升理论深度。二是要用心用情亲身感受家国情怀。在历史长河中，涌现出的屈原、诸葛亮、王安石、顾炎武等杰出人物，他们以高尚的道德情操，将"小我"融入时代发展的"大我"中，呈现出了鲜活立体的家国情怀，思政课中通过导入这些素材，能够引起学生的情感共鸣，不断增强亲和力，提高思政课质量。三是要找准思政课的着力点。思政课的目的就是要引导学生树立正确的理想信念，明大德、立大志，在爱国主义教育中成长成才。思政课教学虽然有不同的课程，但厚植爱国主义情怀、坚定对中国共产党的领导、坚定对马克思主义的信仰是其共同的使命，因而要有针对性地开展教学，提高其影响力和含金量。

（二）革命文化是支撑思政课守正创新的重要力量

革命文化形成于战争年代，以1919年五四运动为起始点，历经北伐战争、土地革命、抗日战争、解放战争四大阶段，是由中国共产党领导的广大人民群众和先进知识分子共同创造，以社会主义和共产主义为愿景，把马克思主义原理与中国实际相结合，在长期革命实践中积淀与孕育形成的所有物质文化与精神财富的总和。从其构成要素上看，至少包括革命精神、革命历史和革命遗存三种表现形态，因而要把红色精神传承好、红色故事讲述好、红色遗迹保存好。革命文化能够为思政课提供支撑力量的原因在于两者之间在根本价值上具有内在耦合性。

第一，革命文化契合了思政课立德树人的根本任务。革命文化是马克思主义与中国实际相结合的成果，它既是人民大众的文化，更是自力更生、艰苦奋斗的文化。我们党领导人民在长期革命斗争中形成的革命精神是革命文化的主要内容，其主要包括了以伟大建党精神为思想源头的伟大精神。这些精神都包含了爱国、革命、奉献、牺牲等共同价值内核。习近平总书记指出："办好思想政治理论课，最根本的是要全面贯彻党的教育方针，解决好培养什么人、怎样培养人、为谁培养人这个根本问题。"① 那么，革命文化如何契合思政课立德树人的根本任务呢？答案就在于其在政治认同上保持一致。一方面，我们强调的立德树人的标准和要求是怎样的，即立什么德、树什么样的人；另一方面，思政课可以用哪些资源提升思政课质量以实现这一目的。毫无疑问，思政课所要做到的就是让大学生在接受教育的过程中有坚定的政治立场，这是首要前提和根本，而革命文化通过革命精神的叙事表达，恰好承担起了这一重要使命。因此，传承红色基因、弘扬革命精神是新时代思政课的重要使命，将革命文化融入思政课教育教学成为当前思政课教学的重要任务。在教育教学的过程中，大学生通过感悟革命精神、品读革命历史、参观革命遗迹等多种形式，自觉形成坚定的正确的政治立场，做到永远听党话、跟党走。

第二，革命文化为大学生坚定理想信念提供充足资源。革命文化内嵌于中国共产党一百多年来的伟大奋斗征程中。其在众多思想内核中，最为重要的是爱国。在革命、建设、改革的各个征程中，"爱国"是最鲜亮的符号，无论是在革命战争年代英勇献出宝贵生命的革命先辈，还是在新中国社会主义事业建设中"舍小我、顾大我"的科学家们，他们用一个个感人至深的故事完美诠释着"爱国"的价值内核。这些鲜活的案例素材成为思政课教学中加强大学生爱国主义教育最好的资源，先进典型人物的立体化呈现，可以让大学生在学习中将爱国主义宝贵精神内化于心、外化于行，真正树立起坚定的理想信念，做勇担民族复兴大任的时代新人。与此同时，革命文化有助于守牢意识形态"主阵地"，通过主动宣传党的革命历史、党的优良传统和革命人物的先进事迹，旗帜鲜明地反对历史虚无主义，使青

---

① 习近平谈治国理政（第三卷）［M］. 北京：外文出版社，2020：328.

年学生在明辨是非中树立正确的世界观、人生观和价值观。

第三,革命文化有助于坚定大学生的文化自信。习近平总书记指出:"在5000多年文明发展中孕育的中华优秀传统文化,在党和人民伟大斗争中孕育的革命文化和社会主义先进文化,积淀着中华民族最深层的精神追求,代表着中华民族独特的精神标识"①。据此可知,革命文化的重要作用和价值。革命文化中蕴含着理想信念、价值追求和道德标准等,可以对大学生的成长成才提供"营养",为坚定文化自觉和文化自信产生直接引导作用。因此,办好思政课,离不开革命文化这座"宝矿"。

(三)社会主义先进文化是助力思政课守正创新的重要动力

社会主义先进文化是以马克思主义为指导,建立在新民主主义文化基础之上,继承和弘扬了中华优秀传统文化和五四运动以来形成的革命文化传统,吸收借鉴了世界优秀文化成果,集中体现了全国各族人民在新的历史条件下的精神追求,始终代表着当代中国发展前进方向。社会主义先进文化体现了当代中国的社会性质和政治理念,因而必须坚持马克思主义的指导地位,这也是文化自觉和文化自信的前提和基础。社会主义先进文化具有鲜明的时代性、前瞻性和创新性,这些对于思政课建设和发展提供了方向引领和滋养供给。社会主义先进文化具有如下特点:

一方面,坚持与时俱进,具有鲜明的时代特色。社会主义先进文化是面向现代化、面向世界、面向未来的先进文化,它根植于中国的改革建设实践,不可避免地带有鲜明的中国时代印记。它注重与时俱进,不断要求与社会发展相适应,所蕴含的各方面都体现着时代精神、时代要求,为国内发展和对外交往提供服务。社会主义先进文化强调面向世界,这就需要世界范围内的兼收并蓄,借鉴、吸收世界各国各民族的优秀文化成果,通过文化的交融整合、吸收创新,不断充实、丰富和发展当代中国的先进文化,并推动中华文化走向世界,产生相应的国际影响力。思政课有了社会主义先进文化的滋养,就紧紧地把握住了时代的脉搏,这对于讲好中国故事、传播好中国声音起着重要作用。

另一方面,实践基础深厚,创新活力较强。社会主义先进文化具有民

---

① 习近平谈治国理政(第二卷)[M]. 北京:外文出版社,2017:36.

族性，是继承和发扬中华民族一切优秀文化传统、具有中国风格和中国气派的文化。这种民族性决定了其具有强大的民族凝聚力，这能够满足现时代复杂国际局势的实际需要，能够凝聚全国各族人民的意志和力量，充分调动和发挥全国各族人民积极主动地参与到社会主义现代化建设。此外，社会主义先进文化还具有科学性和面向人民大众的基本属性，正是如此，社会主义先进文化才能经得住实践的检验并不断向前发展，才能面向人民群众、依靠人民群众、服务人民群众，实现文化为人民的目标。思政课的建设和发展，其中很重要的一部分内容就是要阐释好中国特色社会主义的道路自信、制度自信、理论自信和文化自信，而文化自信"是更基础、更广泛、更深厚的自信"①。这也正是思政课能够实现守正创新发展的不竭动力。

总之，中华优秀传统文化、革命文化和中国特色社会主义先进文化充分展示了中华民族文化自信有着深厚的积淀，这些不仅为思政课提供了深厚的力量和肥沃的土壤，而且有助于在办好思政课过程中更好地阐释中华民族的文化自信。

四、重要基础：党狠抓思政课建设所形成的一系列规律性认识和成功经验

习近平总书记指出："思政课建设长期以来形成的一系列规律性认识和成功经验，为思政课建设守正创新提供了重要基础。"② 九层之台，起于垒土。从革命战争年代再到新时代，高校思政课建设在遵循发展规律中积累了宝贵的经验，这是新时代思政课能够守正创新的重要基石。

（一）遵循"三大规律"是办好思政课的前提

习近平总书记指出："做好高校思想政治工作，要因事而化、因时而进、因势而新。要遵循思想政治工作规律，遵循教书育人规律，遵循学生

---

① 习近平谈治国理政（第二卷）［M］. 北京：外文出版社，2017：36.
② 习近平. 思政课是落实立德树人根本任务的关键课程［M］. 北京：人民出版社，2020：9.

成长规律，不断提高工作能力和水平。"① 思政课课堂教学是思想政治工作的重要组成部分，自然也要遵循这三个规律，这也是思政课能够长期稳定健康发展的重要原因。

1. 遵循思想政治工作规律

高校是思想政治工作的前沿阵地，是落实立德树人根本任务的重要组成部分，肩负着学习研究宣传马克思主义、中国特色社会主义、培养堪当民族复兴大任的时代新人的重大任务。做好高校思想政治工作尤其是办好思政课，事关高校意识形态阵地建设，事关党和国家事业的前途和命运。

为了办好思政课，提高思政课的思想性、理论性、科学性、预见性和针对性，应当一以贯之地把握和遵循思想政治工作规律。遵循规律是推进思政课实现内涵发展，提质增效的客观要求和根本保证。推动思政课守正创新，就是要用改革的思路、创新的手段、有效的机制，通过创造和推广亲和力、感染力、针对性强的载体，使思政课能接地气。思政课的受众主体是学生，从而要"围绕学生、关照学生、服务学生"，多措并举把学生培养成为德智体美劳全面发展的有用人才。思政课要"以学生为中心"，注重联系学生的思想实际，引导他们在学思践悟中增强信念信仰信心，正确认识中国特色社会主义的巨大优越性，深刻认知青年担负的时代责任和历史使命，既要仰望星空，更要脚踏实地，只有这样才能全面提高学生的思想素质，培养出担当民族复兴大任的时代新人。

就高校而言，培养什么样的人、如何培养人以及为谁培养人，始终是一个亘古不变的根本问题。因此，思政课必须凸显其政治性，要牢牢坚持社会主义办学方向，认真贯彻党的教育方针政策，真正让学生树立起对马克思主义、社会主义和共产主义的信念信仰。思政课办得好不好，教学效果强不强，直接影响着青年学生的思想观念、价值取向和精神风貌。必须通过不断创新方式方法，增强针对性和吸引力。值得注意的是，遵循思想政治工作规律，还必须着眼于思政课的特殊性。思政课的本质是讲道理，这个"道理"内含了对主流意识形态的主导与传达。面对错综复杂的形势，思政课教学必须坚持马克思主义的指导地位，牢牢坚持社会主义办学方向，要引导学生在古今、国内外的比较中加强认识，坚定理想信念，坚定对中国

---

① 习近平谈治国理政（第二卷）［M］. 北京：外文出版社，2017：378.

特色社会主义伟大事业的信心。

2. 遵循教书育人规律

所谓教书育人，就是教师在教学活动中，不仅要传授科学文化知识，而且要对学生进行思想政治教育。教书育人是教师的义务，也是教师的天职。"教书"和"育人"是一对辩证统一体。教育学理论相关研究揭示了这样一条规律，不论教师本人认知程度如何，他的"教书"可以起着直接的育人作用。换言之，教师的价值取向如何，直接影响育人的效果，这就对思政课教师提出了比较高的要求，即要自觉地认识规律、正确地运用规律，坚持社会主义方向。正如习近平总书记指出："教师是人类灵魂的工程师，承担着神圣使命。传道者自己首先要明道、信道。高校教师要坚持教育者先受教育，努力成为先进思想文化的传播者、党执政的坚定支持者，更好担起学生健康成长指导者和引路人的责任"①。对于教师而言，要做到"坚持教书和育人相统一，坚持言传和身教相统一，坚持潜心问道和关注社会相统一，坚持学术自由和学术规范相统一"②。而就思政课教师来讲，自觉提高上好思政课的能力和水平、增强自身的责任感与使命感至关重要。提高思政课的亲和力、感召力、凝聚力，就是要通过广大思政课教师的辛勤工作让学生感受到信仰的力量和真理的魅力，感受到党的伟大与党的事业的伟大，增强学生对马克思主义与中国特色社会主义共同理想的价值认同与情感认同，为学生点亮理想的灯，照亮前行的路。

教书育人是高校培养学生职责所在，也是一个不能违背的基本规律，否则最终的结果则是教育的失败。因此，讲好思政课，必须要以促进学生德才兼备、全面发展为出发点和归宿，要通过生动鲜活的案例素材化解学生成长中的困惑，要开辟多种路径，提供丰富资源，努力满足学生成长发展的共性需求和个性期待，使思政课更具亲和力、针对性。在办好思政课过程中，首先要突出对教师的思想引领，把理想信念教育放在首位，真正使立德树人、教书育人落到实处。

3. 遵循学生成长规律

思政课的受众主体是学生，这就决定了在具体教育教学中必须遵循学

---

①② 习近平谈治国理政（第二卷）［M］．北京：外文出版社，2017：379．

生成长规律。要深入研究学生群体的特点，采取符合学生实际需求、以其所喜闻乐见的方式来开展思政课教学。学生的成长，包括德育、智育、体育、美育、劳动教育等多方面内容。其中，思想政治教育贯穿教育教学全过程，是学生健康成长、全面发展的主要途径。

就学生成长成才规律而言，主要包括以下几点：一是学生全面发展成才。马克思主义认为，人的全面发展是"通过人并且为了人而对人的本质的真正占有"①，"人以一种全面的方式，就是说，作为一个完整的人，占有自己的全面的本质"②。人的自由全面发展从根本上决定了思政课建设的价值理念。学生在思政课教学中属于主体地位，学生的全面发展是思政课教学的根本目的。思政课教学对培养德智体美劳全面发展的社会主义建设者和接班人的实践必发挥重要作用。二是学生自主学习成长。习近平总书记曾指出："青年人正处于学习的黄金时期，应该把学习作为首要任务，作为一种责任、一种精神追求、一种生活方式，树立梦想从学习开始、事业靠本领成就的观念，让勤奋学习成为青春远航的动力，让增长本领成为青春搏击的能量。"③ 学生要成才，必须靠自己这一内因发挥关键性作用。学生除了要有自主学习精神外，还必须在教师的指导下提高学习知识及运用理论的能力，思政课恰恰就是通过讲好道理，做到理论和实践相统一，引导学生感知时代、把握时代、顺应时代。三是实践锻炼成长。实践出真知。如果说全面发展是目标，自主学习是关键，那么实践锻炼则是重要基础。2014 年 5 月 4 日，习近平总书记在北大师生座谈会上指出："扎扎实实干事，踏踏实实做人。……只要坚韧不拔、百折不挠，成功就一定在前方等你"④。实践的观点是马克思主义认识论的基本观点，中国共产党一直注重坚持理论和实际相结合这一优良作风。作为为党、为国育人的重要渠道，思政课必须注重实践、立足实践，引导大学生深入社会基层、深入"田间地头"，沉浸式体悟社会发展的变化。

因此，思政课要适应青年学生的身心特点和成长规律，深化学生的思想政治教育，创新思政课教育教学的方式方法，推动社会主义核心价值观入脑入心。要引导学生坚持学以致用，深入基层、深入群众、深入一线，

---

① 马克思恩格斯文集（第一卷）［M］．北京：人民出版社，2009：185.
② 马克思恩格斯文集（第一卷）［M］．北京：人民出版社，2009：189.
③ 习近平谈治国理政［M］．北京：外文出版社，2014：51.
④ 习近平谈治国理政［M］．北京：外文出版社，2014：173－174.

在改革开放和社会主义现代化建设的大熔炉中去磨炼自己。要积极打造实践育人基地，构建实践育人共同体。要充分运用学生喜闻乐见的形式，向学生展示生活中的真善美、传递积极的人生追求和高尚的道德情操，使青年学生在求知过程中产生思想共鸣、提升精神境界。

（二）党的领导是思政课建设的根本保证

办好中国的事情，关键在党。加强党的领导是做好教育工作的根本保证。始终坚持马克思主义指导地位，把思想政治工作贯穿学校教育管理全过程，是我们党领导教育事业的一条重要经验。

党中央历来高度重视思政课建设。早在 1957 年 4 月，毛泽东在杭州南屏召开会议时指出："什么叫政治思想工作？政治思想工作是为了争取群众嘛。不考虑争取群众，谈不上政治思想工作"①。改革开放以来，我们党在不断总结实践经验的基础上，对高校思想政治教育基本理论和实践问题进行了深入研究和探索，形成了丰硕的理论成果和实践成效。邓小平多次强调，青少年是祖国的未来，一定要教育好我们的后代，培养造就有理想、有道德、有文化、有纪律的具有社会主义觉悟的一代新人。江泽民也多次指出，正确引导和帮助青少年学生健康成长，使他们能够德智体美全面发展，是一个事关教育发展方向和前途的重大问题。2005 年 1 月 17 日，胡锦涛在全国加强和改进大学生思想政治教育工作会议上的讲话中指出："培养什么人、如何培养人，是我国社会主义教育事业发展中必须解决好的根本问题"，为了解决这一问题，必须"以理想信念教育为核心，以爱国主义教育为重点，以思想道德建设为基础，以大学生全面发展为目标"，② 通过"努力提高思想政治教育的针对性、实效性和吸引力、感染力，培养德智体美全面发展的社会主义合格建设者和可靠接班人。"③

党的十八大以来，党中央把思政课摆在了更加突出的位置。2016 年 12 月 7 日，习近平总书记在全国高校思想政治工作会议上指出："思想政治工作从根本上说是做人的工作，必须围绕学生、关照学生、服务学生"，"要

---

① 毛泽东年谱（一九四九——一九七六）（第三卷）［M］. 北京：中央文献出版社，2013：127.

② 十六大以来重要文献选编（中）［M］. 北京：中央文献出版社，2011，632.

③ 十六大以来重要文献选编（中）［M］. 北京：中央文献出版社，2011，636.

教育引导学生正确认识世界和中国发展大势","正确认识中国特色和国际比较","正确认识时代责任和历史使命","正确认识远大抱负和脚踏实地","不断提高学生思想水平、政治觉悟、道德品质、文化素养,让学生成为德才兼备、全面发展的人才"①。2019 年 3 月 18 日,习近平总书记在学校思想政治理论课教师座谈会上指出:"办好思想政治理论课,最根本的是要全面贯彻党的教育方针,解决好培养什么人、怎样培养人、为谁培养人这个根本问题。……努力培养担当民族复兴大任的时代新人,培养德智体美劳全面发展的社会主义建设者和接班人。"② 2022 年 4 月 25 日,习近平总书记在中国人民大学考察时指出:"'为谁培养人、培养什么人、怎样培养人'始终是教育的根本问题。要坚持党的领导,坚持马克思主义指导地位,坚持为党和人民事业服务,落实立德树人根本任务,传承红色基因,扎根中国大地办大学,走出一条建设中国特色、世界一流大学的新路。"③

从"培养什么人",到"如何培养人",再到"为谁培养人",我们党对于这一教育事业根本问题的认识不断深化,作出了创造性回答和创新性发展,深刻揭示和探索了思想政治教育的原则和规律,指明了德智体美劳全面发展的根本道路,确立了思想政治教育的科学方法论,为新时代思政课建设提供了根本保证和坚强领导力量。

(三) 保持与时俱进的品质是思政课建设的重要法宝

纵览新中国成立以来高校思政课的发展历程,思政课建设之所以能够取得如此大的成就,其重要的原因就在于能够紧跟时代、贴近现实,始终保持了与时俱进的品质。具体来看,思政课建设的与时俱进主要体现在课程设置和教材建设两个方面。

1. 课程设置不断调整,形成完整合理的课程体系

新中国成立 70 多年来,高校思政课课程设置先后经历了七轮改革,经历了从初步确立到全面加强的过程,课程体系日益完备。

第一,明晰思政课在高等教育教学中的特殊重要地位。首次提出高校

---

① 习近平谈治国理政(第二卷)[M]. 北京:外文出版社,2017:376 – 378.
② 习近平谈治国理政(第三卷)[M]. 北京:外文出版社,2020:328.
③ 坚持党的领导传承红色基因扎根中国大地走出一条建设中国特色世界一流大学新路 [N]. 人民日报,2022 – 04 – 26(01).

共同政治理论课的课程目标任务是在 1961 年 4 月 8 日，中央教材选编计划会议制定的《改进高等学校共同政治理论课程教学的意见》中明确指出，高等学校共同政治理论课程的教学任务是"向学生进行理论和实践统一的马克思列宁主义教育，帮助他们理解马克思列宁主义、毛泽东著作，了解党的路线、方针、政策；引导他们以马克思列宁主义基本原则为指导，去观察问题、研究学问和处理工作，不断地同现代修正主义、资产阶级思想和其他反动思想的影响进行斗争"①。改革开放后，这一目标任务根据形势变化进行了进一步调整。2005 年 2 月 7 日，中共中央宣传部、教育部颁布的《关于进一步加强和改进高等学校思想政治理论课的意见》中指出："高等学校思想政治理论课承担着对大学生进行系统的马克思主义理论教育的任务，是对大学生进行思想政治教育的主渠道。充分发挥思想政治理论课的作用，用马克思列宁主义、毛泽东思想、邓小平理论和'三个代表'重要思想武装当代大学生，是党的教育方针的具体体现，是社会主义大学的本质特征，是党和国家事业长远发展的根本特征。"②进入新时代以来，基于社会发展历史方位的变化，2015 年 7 月 27 日，中央宣传部、教育印发的《普通高校思想政治理论课建设体系创新计划》中明确指出："办好思想政治理论课，事关意识形态工作大局，事关中国特色社会主义事业后继有人，事关实现中华民族伟大复兴的中国梦，必须始终摆在突出位置，持之以恒、常抓不懈。"由此可见，无论思政课课程设置如何变化，思政课的地位和作用未曾改变。

第二，课程设置始终坚守思政课主渠道作用。自新中国成立以来，高校思政课一直都是对大学生进行思政政治教育的重要载体。1993 年《中共中央组织部、中共中央宣传部、国家教育委员会关于新形势下加强和改进高等学校党的建设和思政政治工作的若干意见》、1995 年 10 月《关于高校马克思主义理论课和思想政治品德课教学改革的若干意见》、2004 年 8 月《中共中央、国务院关于进一步加强和改进大学生思想政治教育的意见》、2005 年中共中央宣传部、教育部颁布的《关于进一步加强和改进高等学校

---

① 教育部社会科学司. 普通高校思想政治理论课文献选编（1949－2008）［M］. 北京：中国人民大学出版社，2008：41.

② 教育部社会科学司. 普通高校思想政治理论课文献选编（1949－2008）［M］. 北京：中国人民大学出版社，2008：213.

思想政治理论课的意见》、2016 年《中共中央、国务院关于加强和改进新形势下高校思想政治工作的意见》等重要文件都强调，高校思政课是进行思想政治教育的主渠道。这是我们长时期以来办好思政课的重要经验。

第三，课程设置改革始终密切联系党的理论创新。高校思政课是传播主流意识形态的重要阵地，课程设置改革发展必须反映中国共产党的理论创新。回溯新中国成立以来高校思政课的课程设置改革，都在与时俱进中体现党的理论创新成果。从思政课课程改革可以看出，党的理论创新成果一旦有变化，一定会体现在高校思政课课程设置中，这也正是新中国成立后高校思政课进行多轮改革的内在原因。例如，1997 年党的十五大把邓小平理论确立为党的指导思想后，1998 年 4 月，中共中央宣传部、教育部《关于普通高等学校开设〈邓小平理论概论〉课的通知》中指出："要下大气力把邓小平理论编成教材，进入课堂，武装大学生的头脑。"① 同年 6 月，中共中央宣传部、教育部印发的《关于普通高等学校"两课"课程设置的规定及其实施工作的意见》中明确提出要将邓小平理论"进教材、进课堂、进头脑"（以下简称"三进"）。可以说"三进"这个提法一直沿用至今，每一次党的理论创新成果出来后，都提出"三进"问题。"三进"旨在将党的最新理论创新成果学习好、宣传好、贯彻好。思政课建设的经验一再证明，只有与时代发展同步伐，坚持与党的理论创新联系在一起，坚持理论联系实际、与时俱进，才能保持高校思政课课程体系的生机和前景。

2. 教材编写与时代同行，顺应社会改革发展大潮

新中国成立至改革开放之前，高校思政课教材的内容主要以"马列主义基础""中国革命史"等为主。改革开放以来，随着时代的变化，教材增加了适应时代要求和社会需要的相关内容，可以说，思政课教材建设也在与时俱进中不断修订，适应大学生成长的需要。

第一，教材始终坚持政治性，服务于高校思政课的任务。高校思政课教材编写，要始终坚持正确的政治方向，必须坚持社会主义方向，坚持党的领导。历史雄辩地证明，坚持社会主义政治方向，坚持党的领导是加强和改进高校思想政治教育的根本前提和根本保障，是高校思政课教育教学

---

① 教育部社会科学司. 普通高校思想政治理论课文献选编（1949－2008）［M］. 北京：中国人民大学出版社，2008：180.

实践的重要经验，也是教材编写的重要经验。高校思政课教材编写，必须以马克思主义为指导思想，要在维护和反映主流意识形态上发挥重要作用。此外，要坚持社会主义方向。邓小平同志曾指出："毫无疑问，学校应该永远把坚定正确的政治方向放在第一位。"① 教材编写坚持正确的政治方向体现为在社会主义主流意识形态引领下，紧跟时代发展，紧密结合马克思主义理论最新成果，保持高度政治性。回顾新中国成立以来思政课教材编写情况可以看到，无论是新中国成立之初重点以领导人的著作和讲话、党的文件等资料为教材或者作为教材的编写依据，还是改革开放至今强调把马克思主义中国化理论成果"三进"，都始终坚持"政治性第一"的原则。

第二，教材内容及时融入马克思主义中国化最新成果。高校思政课的课程设置和教材编写是适应我国各个时期党和国家的指导思想、方针政策的需要而产生的，其主要内容也是各历史时期党和国家的重要发展战略和最新理论成果。例如2019年，中共中央办公厅、国务院办公厅印发的《关于深化新时代学校思想政治理论课改革创新的若干意见》中明确指出，要"在教材中及时融入马克思主义中国化最新成果、坚持和发展中国特色社会主义最新经验、马克思主义理论学科最新研究进展"②。由此，我们可以清晰地看到，每一次理论成果的创新，随之而来的就是教材编写修订。

第三，思政课教材内容始终坚持贴近实际、贴近生活、贴近学生。加强和改进大学生思想政治教育要"坚持以人为本，贴近实际、贴近生活、贴近学生，努力提高思想政治教育的针对性、实效性和吸引力、感染力"③。可以说，"三贴近"原则不仅是高校加强和改进大学生思想政治教育的指导原则，也是思政课教材编写的原则。一是贴近实际，就是要遵循马克思主义的认识论，坚持实事求是，一切从实际出发，充分反映我国仍处于社会主义初级阶段、仍是世界上最大的发展中国家这一实际，充分贴近新中国成立以来特别是改革开放和社会主义现代化建设新时期、中国特色社会主义新时代的客观实际；二是要贴近生活，高校思政课教材不能空

---

① 邓小平文选（第二卷）［M］. 北京：人民出版社，1994：104.
② 深化新时代学校思想政治理论课改革创新［N］. 人民日报，2019－08－15（01）.
③ 教育部社会科学司. 普通高校思想政治理论课文献选编（1949－2008）［M］. 北京：中国人民大学出版社，2008：203.

谈理论和逻辑推导，必须使理论和实践、现实生活、生活主流有机结合起来，要充分展示广大人民群众在奋斗中呈现的生动景象，要用理论回应、分析现实生活中出现的新情况新问题；三是要贴近学生，学生是受众主体，因而思政课教材要在遵循思想政治教育规律和学生成长成才规律基础上，贴近学生的思想实际，更要贴近因时代发展变化导致学生出现的特点和需求的变化。总之，思政课编写要全方位呈现世情、国情和党情的变化，通过贴近实际、贴近生活、贴近学生，使教材更具政治性、时代性、科学性、可读性。

第二节 "金课"建设视域下高校思政课守正创新遭受的挑战

思政课建设的总体成效是非常显著的，尤其是党的十八大以来，在各种条件的支持和支撑下，思政课建设实现跨越式发展，这也增强了我们办好思政课的信心。但是，在错综复杂的国际国内形势下，思政课建设和发展又面临着很大的挑战。

一、世界范围内各种思想文化交流交融交锋更加频繁

当今世界正经历百年未有之大变局，文化在经济社会发展中特别是在综合国力竞争中扮演的角色越来越重要，其产生的影响比以往任何时候都更加广泛和深刻。随着"世界多极化、经济全球化深入发展，科学技术日新月异，各种思想文化交流交融交锋更加频繁，文化在综合国力竞争中的地位和作用更加凸显，维护国家文化安全任务更加艰巨，增强国家文化软实力、中华文化国际影响力的要求更加紧迫"①，这构成了新时代思政课建设的文化语境。

（一）各国思想文化交流日益频繁

文化的繁荣发展离不开文化的交流。习近平总书记指出："文明因多样

---

① 十七大以来重要文献选编（下）[M]. 北京：中央文献出版社，2013：560.

而交流，因交流而互鉴，因互鉴而发展"①。文明和文化虽不是一个概念，但道理是相通的。文化交流是一个国家、一个民族实现良性发展的必由之路。亦可以说，文化交流打通了一个国际、民族与世界文化交流的渠道和桥梁。

实际上地球已经变成了名副其实的"地球村"，各个领域的互联互通已经成为可能。这在古代社会遥不可及的事情，今天已经变得很简单、很容易。特别是互联网以"零距离、多样化、全天候"的形式向世界提供瞬息万变的海量信息，已经完全打破了国界、洲界和不同民族文化的界别，文化交流日益频繁且多样化。如今我们每天都在接受着来自西方的无孔不入的文化，如肯德基、麦当劳等快餐文化，好莱坞大片等电影文化，苹果、集成电路等科技文化，这些都刷新和改变着我们的思想、性格、兴趣和行为。与此同时，中国在现代化道路探索中呈现出来的"中国方案"备受全球关注。众多所孔子学院、孔子课堂已经走出国门，在世界各地如雨后春笋般成长起来，"中国餐馆""中国功夫""中国制造"以及"一带一路"、汉语、大熊猫、中华美食、长城等有关中国的关键词也正在影响和改变着世界。很显然，世界各国文化交流已经日益频繁、日益多样、日益微妙，如果拒绝这种交流而故步自封，最终只能是落后于时代，这已经成为大多数人的共识。

改革开放以来的40多年，中国对外文化交流取得了显著成绩。改革开放之初，邓小平就明确指出中国"愿意在和平共处五项原则的基础上，同世界上一切国家建立、发展外交关系和经济文化关系"②。在这一时期，中国的对外文化关系主要表现为广泛吸收一切有益于我国社会主义建设的优秀文化成果，来为我国与世界各国的繁荣进步服务。面对一些西方资本主义国家干扰我国改革开放的步伐问题，在20世纪90年代到20世纪末，国家提出要以文化为桥梁，"向世界展示中国文化建设的成就"③。进入21世纪以来，科技的高速发展促进了经济全球化的深入，文化在经济发展、政治外交中的作用日益强大，三者相互交融，文化对外交流合作已经成为各

---

① 习近平谈治国理政（第三卷）［M］. 北京：外文出版社，2020：468.
② 邓小平文选（第三卷）［M］. 北京：人民出版社，1993：70.
③ 十五大以来重要文献选编（上）［M］. 北京：中央文献出版社，2011：32.

国总体外交的重要组成部分并占据着越来越重要的位置。党的十八大以来，随着我国国家实力和国际影响力的持续增强，中国文化走向世界的步伐迈得更加稳健，对外文化交流呈现新的时代特点，例如：尊重世界文明多样性的人类命运共同体理念指导新时期的对外文化交流；实施"一带一路"倡议，搭建平台扩大交流；广电影视部门积极参与中外人文交流，打造亮点工程；中外文学交流深化，从"走出去"到"走进去"；影视产品走出国门，文化贸易促进文化交流；中国戏剧国际化表达，成为中国主流文化传播者；等等。①

（二）各国思想文化交流日益加深

文化交流必然伴随着文化交融，这是亘古不变的法则。当代这种文化交融显得愈加深刻，呈"水乳交融"之势。自改革开放以来，我们不仅学习了世界先进的科学技术和管理经验，改变了我国经济落后的面貌，而且也学习、借鉴和融合了世界众多优秀文化成果，融入了现代化的大潮。一方面，我们在吸收外国优秀文化基因、为我所用的过程中，促进了我国文化事业的大发展大繁荣；另一方面，在世界"中国文化热""汉语热"中，从孔子儒家文化到"春节"节日文化，也逐步融入世界各地很多人的生活中，呈现了"文化搭车"②现象。

1. 中西方文化交融中呈现出"两强一弱"的特点

具体来看，表现在以下方面：一是意识文化的区域化弱化。因文化交流、交融跨越了国别，西方的理念、认识方式和对政治的评价随时随地都可以来到我们身边，各种讯息鱼龙混杂、泥沙俱下，很容易给民众造成困惑。二是文化的民族性弱化。任何文化在其发展过程中都带有明显的民族性特征，中西文化的大交融将弱化这种特征，换言之，文化交融会给人们的生活方式、价值观念等带来潜移默化的影响，比如前些年中国人热衷过"洋节"等，有些人对于一切外来的东西不加辨析，而是选择全盘接收，这就出现了文化盲从。三是文化的扩张性强化。这里尤其以美国最具代表性。

---

① 范周．中国文化产业 40 年回顾与展望［M］．北京：商务印书馆，2019：413 – 418.

② 现代文化交融的理论认为，一种文化的传播，一旦显示出较强的势头，往往成为其他文化借以扩大自身影响的途径，这就是"文化搭车"现象。参见：文化在交融中增添活［N］．人民日报，2014 – 02 – 07（03）。

美国作为世界上最强大的资本主义国家，它在以自己的方式推行霸权主义和强权政治，当然这里面也包含着它们自己的价值观念的输出，这对于那些受美国霸权主义"侵袭"的国家来说感到巨大的担忧。

2. 中西方文化交融对青年带来负面影响

不可否认，文化交融有其积极、向好的一面，但如果不能很好地加以分析和判断，则很可能会受到其不利一面的直接影响。青年因为思想意识处于成长阶段，很容易受外界文化思潮的负面影响，这些影响主要表现在以下方面：一是个人主义对集体主义的消解。中国传统文化建构的是集体利益高于个人利益，他人利益高于自我利益。中国青年学生从小接受的教育就是集体主义、爱国主义教育，自幼就形成了较强的集体主义意识和强烈的责任感，而西方文化过分强调个人利益至上和个体本位。由于青年学生缺乏判断力，对文化常常来不及理性思考、判断就加以选择接受，因而极易诱发自由主义、分散主义、利己主义，从而导致价值观出现偏差，例如，过分强调权利而不是责任、自由而不是奉献等。二是"重义"传统遭遇"重利"价值冲击。中国文化历来强调"重义轻利""以义制利"，特别重视道义或精神追求，忽视功效和物质利益。但西方文化恰恰相反，它占主导地位的是"利"而非"义"，主张人的主体意识、个体能动性和创新能力得到充分发挥。因此，青年学生在这种文化的影响下，可能会趋于一味追求现实功利、淡化理想内容，同时还会伴随着投机取巧等不良现象。三是西方生活方式的强大诱惑带来不利影响。中华民族的文化传统历来倡导在重视物质生活的同时，特别重视人的精神生活，强调艰苦朴素、勤俭节约等优良传统。随着文化交流交融的加深，西方的生活方式逐步进入了中国人社会生活的方方面面，从而引发享乐主义、自毁行为等愈演愈烈，青年违法犯罪信息也不断上升。

（三）各国思想文化交锋日益激烈

如果说世界文化交流是必然，交融是可能，那么交流中的碰撞和交锋也就在所难免。文化的碰撞和交锋会表现在意识形态、生活方式和行为方式等各方面，但在不同社会制度、不同民族的信仰和价值观之间，这种交锋会表现得尤为激烈。在某种意义上，世界文化战争在冷战时期已经打响，这种"没有硝烟"的意识形态和文化战争，兵不血刃，不仅使苏联解体和东欧剧变，近年来在中亚等许多其他国家，以美国为首的西方势力搞的所谓"颜色革命"也频频得手，导致这些国家的混乱和动荡。西方发达国家向全球推行文化霸权主义与发展中国家捍卫民族文化的斗争，现在已经越来越达到"白热化"的程度。这种文化的交锋集中表现为，在文化霸权主义渗透和扩张之下，西方主流流行文化产品的大力倾销、价值观念的广泛渗透和影响、受害国主流意识形态文化的弱化，以及民族文化认同的危机等。"以文化论输赢"已成为当前国际竞争的焦点问题，使得西方的文化战争和文化安全理论也不断地被提出和构建。约瑟夫·奈的"软实力论"、弗朗西斯·福山的"历史终结论"、亨廷赖的"文明冲突论"以及布热津斯基等人的"没有硝烟战争论"等，都曾流行一时、广为传布。鉴于意识形态、核心价值观、传统文化对国家发展和社会稳定与和谐作用的特殊性，预计这种文化交锋和文化战争必然是一场旷日持久的"持久战"，而不可能是速战速胜的"速决战"。在众多文化交锋中，中西方文化交锋最为激烈也最具代表性。接下来，将从以下几个方面阐释西方文化渗透以及中西方文化竞争带来的影响和挑战。

1. 西方意识形态的渗透对我国文化生产方式的社会主义性质构成挑战

冷战结束以来，西方国家对我国"西化""分化"的图谋并未减弱，反而加紧通过影视作品、图书报刊、商业广告等文化产品的出口，更加隐蔽地向我国输入西方价值观念，对人们的生活、工作等产生极大影响，试图削弱我国主流意识形态的影响力，以此获得文化价值领域的主导权。它们将自己塑造成自由、民主的化身，抢占理想与道德的高地，通过经济贸易、外来活动、宗教渗透等途径强势推销其社会政治制度，施行文化霸权，向我国输出西式民主、人权等政治理念，并以此为借口在国际上打压中国。西方进行意识形态渗透的方式是多种多样的，主要表现为：不断攻击马克思主义理论，歪曲、丑化我国社会主义制度，美化资本主义制度，阻碍我国社会主义先进文化的发展；利用新闻广播、互联网等现代传播媒介搬弄是非、造谣生事，诋毁破坏我们党、政、军和国家的形象，离间党群、干群、军民关系；通过设立学术研究基金、资助科研课题、组织参观访问等手段，意图拉拢国内知识精英、国外留学人员，培育学术代言人，等等。在西方长期施行思想文化渗透的影响下，我国少部分社会成员理想信念出现动摇，价值观念发生扭曲，一些人对意识形态领域斗争的长期性、复杂性、尖锐性认识不足，对中国特色社会主义文化的未来发展缺乏信心。特别是对于价值观正在培养过程中的大学生而言，这个问题显得更加尖锐、复杂。应当说，这种文化渗透正悄然破坏着我国主流意识形态的主导力，不断侵占着我国社会主义思想文化阵地，对我国文化安全构成严重威胁。在现实生活中，"社会主义主流文化面临着被西方化、边缘化和庸俗化的空前危机"① 正在不断加深且呈愈演愈烈之势。

2. 西方推行文化霸权冲击着中华优秀传统文化

中华优秀传统文化是支撑我国文化生产方式形成与完善的重要资源，"其中最核心的内容已经成为中华民族最基本的文化基因"②。但西方一些国家利用其技术优势和话语霸权，推行文化霸权主义政策，竭力标榜自身文化的"现代性"，大力宣传西方价值观念和信仰，力图影响和同化中华文化，实现对中国的文化殖民。它们故意贬低中国的历史文化，企图消解国人对民族文化的认同，破坏中华民族长期传承的道德观念，力图使人们放弃本民族特有的价值观念、思维方式、行为方式和审美情趣，侵蚀我国文化生产方式的根基。在美国的电影大片、炸薯片、电脑芯片（被称为"三片文化"）的渗透下，国内有些人在语言表达、风俗习惯、娱乐时尚、生活方式等方面不同程度地受到西方文化的影响，有人甚至对西方生活方式盲目崇拜，肯德基、好莱坞等美国文化符号俨然已经成为时下不少青年人追求的时尚潮流。国内一段时间出现的"洋节"盛行、民族传统节日相对冷清的状况也是很好的例证。西方文化在弱化、淡化中国传统文化的同时，极力宣扬拜金主义、享乐主义、个人主义等消极腐败思想观念，给我国传统美德和社会主义道德建设造成消极影响，成为社会人文精神失落和道德滑坡的重要原因。

3. 西方发达的文化产业对中华民族文化产业发展造成冲击

随着各国文化竞争的逐步加深，文化产业的发展也面临着各种挑战。近年来，虽然我们在文化产业发展上取得很大成绩，但由于自身起步较晚，无论是在规模、结构还是在产业化、市场化程度方面，都落后于西方发达

---

① 陈树文，郑士鹏. 全球化语境下我国文化安全体系的构建［J］. 中州学刊，2012（3）：100-104.

② 习近平. 在纪念孔子诞辰2565周年国际学术研讨会暨国际儒学联合会第五届会员大会开幕会上的讲话［M］. 北京：人民出版社，2014：12.

国家。这使得西方跨国文化垄断集团能够凭借自身的规模优势、技术优势等大举进入中国市场，推销其影视作品、卡通漫画、网络游戏、娱乐节目等文化产品，不断挤压着我国民族文化企业的生存和发展空间。与之相对应的是，由于我国文化产业的实力与规模都相对小，既缺少创新性、竞争力与感染力强的文化产品，又缺乏文化品牌以进军国际文化市场，对外文化直接投资经验不足，导致我国文化产品"走出去"步伐偏慢，文化的国际传播力、影响力还不够。同时，我国文化的国际话语权与当前中国不断提升的国际地位还不相称，我国在文化产业链中"走出去"仍然面临诸多难题。一些西方国家实施文化保护主义政策，对中国在海外设立"孔子学院"、文化交流中心等文化项目评头论足、制造话题，人为设置政治障碍，试图阻止中华文化对外传播。这些都在一定程度上影响了中国文化"走出去"的效果。

二、社会思想价值观念呈现多元多样、复杂多变特征

受错综复杂环境的影响，当前，我国社会思想价值观念呈现多元多样、复杂多变的特征，人们的思想活动更加复杂多样，这给思政课传导社会主义意识形态、培育青年学生树立正确的价值观念带来不小挑战。

（一）社会思想更加多元化

思想多元是社会充满活力的表现，也是社会发展进步的必然结果。但是我们需要注意的是，"在主流思想舆论进一步巩固的同时，各种非马克思主义的思想观念有所滋长，影响社会和谐稳定的舆论时有出现，引领整合多样化社会思潮的任务更加繁重"①。

1. 对大学生思想产生不利影响的主要思潮类型

在众多思潮中，对大学生思想产生不利影响的思潮有很多，比较有代表的思潮主要有以下几种类型。

一是全球化思潮。全球化的深入发展，使得各个国家、民族间的联系

---

① 刘云山. 把握正确方向 发扬优良传统 坚持改革创新 在新的历史起点上继续推动哲学社会科学繁荣发展 [J]. 求是, 2009 (13)：3 - 9.

和交流越来越密切，它不仅仅局限在经济领域，还延展到了政治、文化等多个领域。全球化是一把"双刃剑"，它一方面促进了不同思想文化的交流、交融；另一方面带来了不同思想文化体系之间的矛盾和冲突，尤其是在东西方竞争激烈加剧的形势下，西方的价值观念和意识形态通过各种渠道渗入国内，对人们原有的思想认知产生了强烈冲击。

二是新自由主义。新自由主义是近年来在世界范围内影响很大的社会思潮，也是近年来在我国最为活跃、影响很大的社会思潮之一。新自由主义主张在经济上推行自由化、私有化和市场化，在政治上推行多党制、三权分立、宪政民主等西方资产阶级民主政治制度，在价值观上奉行"个人主义"。这种思潮最大的特点在于把个人与集体、社会孤立甚至对立起来，助长了极端个人主义取向的生长，从本质上说，它是一种服务于垄断资产阶级利益的思想理念，对人们的价值观念产生了不利影响。

三是民族主义。民族主义是指一个民族以民族统一、民族独立、民族强大为主要内容的共同的思想情感、理想目标、价值取向与实践活动。民族主义有两面性，有时它是一种"强力胶"，有利于弘扬爱国主义精神，增强爱国主义情感、民族认同感和凝聚力；有时它又是一种"毒品"，会使一个民族陷入一种偏执性的狂热，易于诱发多民族国家的民族分裂主义和民族分离主义，破坏社会的安定和谐。当前中国民族主义思潮的主要特征表现在以下几点：第一，非理性，唯我独尊、盲目自大，如呼吁中国人"抵制外国货"；第二，暴力化，出现了暴力化手段和语言等，诸如打砸抢现象、网络语言暴力问题；第三，空洞性，表现为只有爱国情绪的尽情宣泄而无具体、稳定、系统的价值体系与行为规范；第四，投机性，表现为言行不一、哗众取宠、左右逢源等。①

四是消费主义。消费主义是发端于西方资本主义国家的一种思潮。消费主义主张消费至上，把对物质财富与自然资源的无节制、无限度的贪婪占有作为价值取向与生活方式，表现为奢侈消费、过度消费、超前消费、攀比消费、面子消费等具体形式。在经济全球化时代，消费主义成为西方发达资本主义国家推销个人主义、享乐主义、利己主义的意识形态渗

① 崔华前．多样化社会思潮对大学生思想行为的影响及其引领路径研究［M］．武汉：武汉大学出版社，2019：96.

透手段。对于尚未走入社会的当代大学生而言，极容易受到消费主义的影响。

五是民主社会主义。民主社会主义本质上是一种资产阶级、小资产阶级的改良主义思潮，它反对马克思主义指导、共产党执政、无产阶级革命，鼓吹指导思想多元化。改革开放后，一些人受到民主社会主义思潮的影响，充当西方敌对势力"和平演变"我国的"马前卒"与"主力军"，打着"马克思主义"与"社会主义"的旗号，行修正与歪曲马克思主义、反社会主义、否定中国共产党领导之实。此外，还借用"民主""人权"等话语，针对社会现实，迎合大学生心理，提出一些似是而非、迷惑性很强的思想理论与主张，迷惑相当一部分主体意识较强、情感情绪丰富、关注社会现实、政治鉴别力不强的大学生。

六是历史虚无主义。历史虚无主义并不是要否定所有的历史，而是以历史唯心主义为理论基础，从特定的政治目的和主观臆想出发，以支流否定主流，以片面否定全面，以个别否定整体，以主观推理否定客观规律与客观事实，有选择、有重点地否定某一阶段或几个阶段的历史。这一思潮对一些涉世未深、历史知识贫乏的大学生具有很强的欺骗性与迷惑性，易于导致大学生政治信仰的动摇与混乱、崇洋媚外不良心态的形成，甚至会引发大学生的群体性事件。

2. 多元化社会思潮在高校传播的特点

社会思潮传播的受传者顺序一般是舆论精英→高层知识分子→青年学生→普通社会大众。这种传播顺序，说明高校不仅是主流意识形态建设的主阵地，而且是多样化社会思潮的汇集地。随着改革开放的推进，多元化社会思潮"你方唱罢我登场"，纷纷"抢滩"、争夺、用心经营高校这块阵地，加紧在我国高校校内传播。这种传播，出现了一些值得关注的新动向、新变化、新特征。

第一，传播方式更加多样多变。社会思潮的传播可谓"无所不用其极"，传播方式更加多样。比如"舆论精英"、教师和朋辈的人际传播最为广泛。"舆论精英"们利用讲学、演讲、报告会传播社会思潮，教师可能会利用课堂进行教学，而一部分学生如受到"舆论精英"和教师的影响，可能开始接受所接收的思想信息，从而由"接收者"转变为"接受者"，并进而转变为"次级传播者"，在大学生"一传十、十传百"进行朋辈传播。

此外，还存在组织传播、大众传播、网络传播等。

第二，传播内容更加多元纷杂。在校园中，本土的与外来的、正确的与错误的、东方的与西方的、传统的与现代的种种社会思潮，在理论旨趣、实践关注、价值追求、根本性质等方面各不相同，呈现出一种多元并存、纷繁杂陈的态势。虽然社会主义主流意识形态在我国高校意识形态领域占据着主导地位，但"新自由主义""民主社会主义""消费主义""历史虚无主义"等思潮对当代大学生产生着程度不同的影响，共同对社会主义主流意识形态提出严峻挑战。

第三，传播手段更加丰富巧妙。多元化社会思潮之所以能在高校校园内得以传播并发生影响，与其巧妙的传播手段有很大关系。一方面，多元化社会思潮利用煽情化的表达方式，向大学生宣扬自身思想理论的科学性、公正性与合理性，使自身的思想理论在大学生中发酵升温；另一方面，多元化社会思潮往往善于"察言观色""见风使舵"，通过快速化的自身衍变，迎合与诱惑大学生，争取其"理解"与支持，赢得自身传播的时间与空间。此外，社会思潮的传播多具有隐藏性和渗透性，善于"伪装""乔装打扮"，这就带来了极大的迷惑性和欺骗性。

3. 多元化社会思潮对大学生带来的负面影响

一些社会思潮所散布的消极的、落后的、腐朽的世界观、人生观和价值观，所传播的反党、反人民、反社会主义、反马克思主义、仇视现实社会的观点，对大学生思想行为产生了不容忽视的消极影响。

第一，疏离主流意识形态。不良社会思潮在思想内容上都有异于主流意识形态，对待主流意识形态的立场、态度往往是批判性的，并以此作为博取眼球、吸引受众、扩大影响的重要手段。一些社会思潮利用社会主义、共产主义事业发展过程中出现的一些挫折，如苏联解体、东欧剧变等，炮制马克思主义"过时论""无用论""空想论""失败论"等各种论调，试图从根本上动摇人们的马克思主义信念；一些社会思潮以抹黑、丑化为手段恶意攻击中国共产党，妄图动摇中国特色社会主义的根基；一些社会思潮以美化为手段，将西方资本主义民主政治制度与价值观"普世化"，宣称要用"普世之光"照亮中国，试图以西方资产阶级意识形态消解、取代马克思主义主流意识形态；等等。多元化的社会思潮炮制各种论调，借助互联网等新兴传媒，在我国高校传播，在一定程度上使得部分大学生开始疏离社会主流意识形态。

第二，理想信念淡薄。一些社会思潮对马克思主义主流意识形态、社会主义与共产主义事业的攻击，在一定程度上使得当代大学生动摇了中国特色社会主义共同理想、共产主义远大理想与马克思主义坚定信念。此外，一些社会思潮所传播的错误的、落后的、腐朽的、消极的人生态度与价值观念，也给当代大学生的理想信念的确立带来了一些负面影响。如在享乐主义、消费主义等社会思潮的影响下，部分大学生放弃对自然、社会、人生的终极思考，选择"躺平"，嘲笑传统、游戏人生、消极颓废，推崇物欲与感官享受，信奉"今朝有酒今朝醉"的及时行乐，"当一天和尚撞一天钟"地混日子，不求上进、不思进取、生活空虚无聊、心理孤独寂寞、精神虚无迷惘、理想信念淡漠。

第三，价值观扭曲。价值取向是价值观的核心，是个体在价值追求、价值评价、价值选择等方面的一种倾向性态度。在个人主义、实用主义、功利主义、新自由主义等社会思潮的影响下，当代大学生往往更加重视自我利益需求的满足与自我价值的实现，更加强调社会、集体对个人需求的尊重与满足，把自我需要、自我发展作为首要的价值取向，把自我的经济利益需求和实惠当成学习、生活、择业、交友的首要追求，部分大学生自私自利，只重视个人物质欲求与感官享受的满足，缺乏应有的社会责任感。

第四，背离传统美德。新自由主义、个人主义等社会思潮，将反传统、反权威的思维方式，反现实的批判手法，反社会主义、反集体主义的价值准则，用各种新奇的形式加以包装并在大学生中加以推销，迎合了部分大学生的叛逆、好奇心理与自由、独立意识，使得部分大学生是非、善恶、美丑、荣辱不分，道德素质下降，社会公德意识薄弱，背离传统美德。

（二）价值观念多元化

价值是主客观相互作用的产物，是主客体相互作用中客体对主体的效应，是一种客观存在。价值意识包括价值心理、价值观念、价值观，是对一切价值、价值关系、价值现象的反映。价值观念则是人们在长期的社会生活、实践中形成的观念模式，它是人们价值生活的知识和经验在头脑中积淀而形成的有关价值和价值关系的一种观念系统，是一定社会的实际价值取向的反映,是人们进行价值评价、决定价值取向的内在依据。① 价值观念从深层次看是一种价值信念,而其突出的表现则是价值追求与价值标准。不同的主体有不同的利益和需求,由此必然会产生不同的价值观并决定着人们的思想取向和行为选择。

1. 价值观念多元化形成的原因

价值观念的变化受到客观现实环境的影响。综合来看,主要包括以下几个方面。

第一,经济市场化带来的直接影响。经济决定政治、决定文化,更决定价值取向,随着社会主义市场经济体制的建立和完善,传统的单一的利益格局被打破,取而代之的是多元利益格局的塑造,从而客观上造成人们利益产生分化。由于所占有的物质利益的不同,导致其精神利益也受到相应影响,从而出现不同的价值取向也就成为必然。

第二,改革开放的推进提供了外在条件。实践反复证明的一个道理是,中国选择改革开放的战略决策是完全正确的。随着改革开放的深入发展,西方国家的一些价值理念等悄无声息地进入中国。不可否认的是,这些价值理念含有大量人类文明的积极成果,对我国思想文化建设具有借鉴意义。但一些国家却借此"夹带私货",给我们国家带来极大的负面影响,也使得一些人的价值观念急剧分化、西化,这也就造成社会价值取向的多元。

第三,社会转型时期利益多样化造成的必然结果。当前我国正处于社会转型的重要时期,社会结构的变化造成了利益多样化。在这种情况下,传统和现代的社会价值广泛存在并且相互交织在一起。社会价值观出现了"多元并存、新旧交替"的状况。这种多样意识形态,表现为既有残留的自然经济基础上的封建意识形态和小生产力保守、落后的思想观念,又有计划经济体系遗留下的教条主义的思想意识;既有当代西方先进积极的学术思想道德观念,又有社会主义市场经济下的由利益主体分化重组中产生的各种非科学的思想观念。②

2. 价值观念多元化对大学生价值观的负面影响

大学生群体受社会阅历、年龄等因素的影响,普遍存在社会认知水平

---

① 王伦光. 价值追求与和谐社会构建 [M]. 浙江:浙江大学出版社, 2006:51-52.
② 童世骏. 意识形态新论 [M]. 上海:上海人民出版社, 2006:101.

不高的问题，且不同的群体存在明显的个性化差异，这对他们认同和践行社会主义核心价值观产生重要影响。青年是祖国的未来和民族的希望，因此，他们身上具有什么样的价值观至关重要。受价值观念多样化的影响，大学生群体在价值观念上也存在多种问题。主要表现在以下方面：

第一，对政治信仰的漠视和淡化导致政治价值观出现问题。所谓政治价值观是人们关于政治生活的根本看法、评价以及行为倾向。它是主体在长期的政治生活、政治实践中，对政治理论、政治制度、政治现象、政治行为、政治文化等的基本认识和基本评价，它通过政治主体的政治价值判断和政治行为选择体现出来。它是人们关于各种政治价值现象的观点和看法中比较稳定的、深层次的、系统化的价值选择的结构体系，是指导人们进行政治价值活动的世界观、方法论和一般思想原则。① 作为大学生，虽然具备了一定的政治认同、政治判断等能力，但受多种因素的影响，很多学生对政治理论学习表现出明显的漠不关心，从而导致对政治的信仰比较淡薄，政治价值观存在极大的不稳定性，容易受到各种错误思潮的误导。在价值观念多元化的大背景下，西方资本主义国家无孔不入地向我国输入意识形态。有些被诱导的学生极力崇拜西方的个人、民主、自由等思想，对我国倡导的主流价值观念无动于衷。尤其是在激烈的竞争形势下，部分大学生的思想认知和价值观念出现严重偏差。随着新兴媒体的发展，学生获取信息的渠道更加多样，网络上充斥的不仅有正能量的信息，各种负面消息甚至是谣言也漫天飞，一些知识储备不充分、理想信念不坚定、社会阅历不丰富的学生对主流意识形态产生了困惑。可以说，政治信仰危机问题在很多大学生身上都有显现。

第二，对自身利益的过度关注背离学生发展的正确方向。中国特色社会主义的发展已经进入了新时代的历史方位，社会主要矛盾发生了变化，但我们仍然处于社会主义初级阶段、仍然是世界上最大的发展中国家的国情没有改变。在国家制度之下，我们在经济层面坚持的就是与社会主义市场经济体制相符的价值观念。有的学者认为，社会主义市场经济的基本价值观可以概括为"为人、为公、创富、共富"八个字，并进一步阐释指出，

---

① 李忠军. 意识形态安全与大学生政治价值观研究［M］. 长春：东北师范大学出版社，2015：57.

这八个字不但体现了社会主义市场经济的基本要求，而且体现了中国特色社会主义的基本原理，体现了我们的民族精神和时代精神，体现了广大人民群众的基本愿望。① 这是整个社会应共同遵循的价值观念。但有些大学生受到消极思想的影响，鼓吹并崇尚个人利益至上，所以现实生活中出现了诸如"潜规则"、精致利己主义、盲目攀比、消极享乐等不良现象，追求个人利益的满足成为部分学生的目标和动力，这严重背离了社会主义核心价值观的基本要求。此外，还有的以"躺平"代替积极进取，这与大学生青年群体的形象格格不入。

第三，盲目崇拜西方文化从而逐步失去文化自信。放眼全球，文化变革和文化竞争正在成为国际格局中非常重要的要素。在长期的文化发展和积淀的过程中，自然而然形成了各具民族特色的文化价值观。可以说，文化价值观是一个国家和民族文化长期积淀所形成的精神财富，是对国家和民族高度认同的精神核心。就大学生群体而言，其文化价值观直接影响个人成长和发展。随着中西方文化碰撞的加剧，西方社会所坚持的个人自由主义对部分大学生带来了负面影响，最直接的便是其文化价值观出现动摇、扭曲，过于强调自我而忽视集体，特别是集体主义协作上比较缺乏，加上受网络各种良莠不齐信息的影响，对于尚处于价值观念确立阶段的大学生而言，热衷西方文化而冷落中国传统文化，久而久之，会对文化自信的树立产生不利影响。

三、主流意识形态与现实社会中的矛盾存在巨大反差

意识形态关乎旗帜、关乎道路、关乎国家安全。由于改革开放带来社会结构的深刻变化，加上西方各种思潮的大量涌入、国际环境日趋复杂等因素，意识形态领域的斗争更加复杂多变，以自由主义为代表的错误思潮挑战并冲击着马克思主义意识形态的指导地位。

（一）全球化浪潮下西方意识形态不断渗透

"我们必须清醒地看到，国际敌对势力正在加紧对我国实施西化、分化

---

① 苏伟. 论社会主义市场经济的基本价值观 [J]. 理论探讨, 2016 (3): 59 - 63.

战略图谋，思想文化领域是他们进行长期渗透的重点领域。"① 长期以来，拜金主义、个人主义、自由主义以及西方腐朽的思想观念不可避免地传入我国，尤其是西方国家企图利用"普世价值"对我国进行"和平演变"的心思从未改变过。西方资本主义国家把社会主义的发展看作是对资本主义制度的最大威胁。一直以来，这些国家企图通过各种遏制政策颠覆社会主义国家，尤其以美国为首的西方资本主义国家对中国这个最大的社会主义国家的"和平演变"从未停止过，特别是改革开放以来中国经济社会的飞速发展，使西方国家将中国视为最大的威胁与挑战。西方资本主义国家通过在宣传上鼓吹资本主义优越性及"中国威胁论"，妄图西化和分化中国，在经济上通过实施制裁、施压的手段来遏制中国的发展，企图通过市场化、私有化、指导思想多元化以及多党制度来攻击中国的社会主义制度。尤其是近几年来，美国利用"人权外交"的策略来干涉中国的内政。具体来看：

1. 经济全球化加剧了中国意识形态建设的压力

"全球化作为一种话语似乎变得越来越普遍，但是对它的最热情的宣传是来自旧的权力中心，尤其是来自美国，因而实际上更加剧了霸权企图的怀疑，经济和政治权力也许比早先更具有消解中心的色彩。"② 西方发达国家通过经济全球化进行价值输出以影响其他国家。特别是以美国为首的资本主义国家，总是倾向于通过各种手段和方式向社会主义国家传播自己的意识形态和价值观，其目的就是要维护资本主义的现行统治及其既得利益。在全球化背景下，西方社会全球化的意识形态渗透在当今主要是以其文化软实力的扩张形式来实现的，表现为强势文化对弱势文化的影响，从而改变其意识形态输出对象国人们的生活、生产、消费方式等。由此可见，当文化软实力地位确立后，进而会产生一定的政治影响，也会辐射到经济领域。

2. 多元的思想文化对马克思主义意识形态带来挑战

当今世界处于百年未有之大变局，这对于中国而言既是机遇更有挑战。

---

① 胡锦涛. 坚定不移走中国特色社会主义文化发展道路 努力建设社会主义文化强国 [J]. 求是，2012（1）：3-7.

② 庞金友. 全球化进程中国家与社会关系模式的理论之争 [J]. 教学与研究，2008（2）：65-71.

一方面，中国在参与经济全球化的过程中，走向世界参与国际竞争，能够更好地发展社会主义市场经济；另一方面，影响世界和平与发展的不稳定因素在增多，一些敌对势力的渗透和破坏活动也在意识形态领域危及我国的国家安全和社会的稳定。尤其是在全球多极化发展及美国霸权主义并存的今天，马克思主义在我国的指导思想地位面临着挑战。随着改革开放的深入推进，中国与世界各国进行广泛的交流和联系。在这一过程中，不可避免地会接触到西方资本主义文化与价值观念。随着价值观的多元化发展，各种非马克思主义、反马克思主义的意识形态在中国传播开来。西方国家借助各种西式价值观念对中国实施"西化"和"分化"。一直以来，世界范围内的资本主义和社会主义在意识形态领域的斗争长期存在。我国作为世界上最大的社会主义国家，必然会受到西方资本主义国家意识形态扩张和渗透的压力，尤其是诸如新自由主义思潮、民主社会主义思潮、极端个人主义思潮和实用主义思潮等对社会主流意识形态带来直接挑战。

3. 思想信仰的"缺失"导致意识形态的"淡化"

受国际和国内复杂环境发展的变化，人们在思想观念上存在着对马克思主义和社会主义观念上的动摇和疑虑。一些人甚至发生了严重的思想倾斜，对于马克思主义和共产主义的理念产生了一定的怀疑，价值取向上过于功利，对于理想信念看得不是很重。具体表现上来说就是在社会上出现了重报酬实惠、轻奉献责任，精神上萎靡不振，生活上腐朽堕落，对社会主义和共产主义不信仰等现象。此外，还有一些人主张在意识形态问题上消解马克思主义主流意识形态的思想引领和价值塑造。他们认为全球化进程的日趋加快加强了世界之间的联系，虽然在意识形态方面存在差别，但是各民族、国家之间仍旧存在一些共性，可以实现意识形态的消解而达到不同文化之间的相互沟通。实际上，这一类观点和认识忽略了意识形态的重要性和地位，如果不注重意识形态建设和发展，就有可能造成思想真空，引发社会政治危机。

（二）社会转型导致各利益阶层价值诉求矛盾多样

当前中国正处在社会转型的重要时期，中国社会各方面发生了前所未有的变化。虽然综合国力大幅提高、人民生活水平显著改善，但与之而来的是社会结构的深刻变化以及利益格局的深刻调整。这些变化不可避免地在思想意识领域影响着人们的价值取向，使人们的价值观念冲击着传统、单一的模式，呈现出多元并存的局面。

1. 社会经济结构的变化对社会主义共同理想产生影响

随着社会主义市场经济体制的逐步完善，我国社会结构也在不断发生变化并呈现多元化特点。这主要是由经济成分和经济利益的多样化决定的，而社会结构的多样化具体表现为社会阶层的多样化，社会阶层的多样化又会进一步推动人们生活方式、思维模式以及行为方式的多样化。社会经济结构的变化必然导致分配方式与利益格局的重组，这会进一步导致人们利益和价值观念上的变化和冲突。

理想决定行动，有共同理想才有共同步调。随着我国经济和社会发生的深刻变化，不可避免地出现价值取向多样化、多重价值观相互碰撞的现象。在这样的状态下，人们容易在理想、信念、价值追求与人生意义等方面感到困惑、迷茫、焦虑和无所适从。社会主义市场经济的发展对人们的价值判断和选择具有双重效应。一方面，人们摒弃了因循守旧、不思进取、得过且过的旧观念，变得勇于创新、积极进取，使得竞争、风险、公平、效益等观念深入人心；另一方面，受商品经济的影响，人们的价值观也出现偏差，如金钱至上、诚信缺失、唯利是图、责任感淡漠等。社会出现的各种问题加重了人们的不安全感。

2. 利益主体的多元化会分化社会主流意识形态

众所周知的是，市场经济具有瓦解整体性社会、突出个人利益和群体利益的作用。① 改革开放之后，随着社会主义市场经济体制的确立，原有的计划经济体制下的利益格局被打破，越来越多的人变得敢于追求个人价值与个人利益。利益主体的独立化、复杂化改变了人们对于国家过分依赖的同时也增加了人们之间的利益差距。市场经济一方面满足了公众得到普遍利益的愿望，同时也激发了人们追求更大利益的欲望。在这种状态下，传统的道德伦理与价值观念已不再对社会成员构成强有力的约束力量。社会分化不断加速，社会异质性不断加强，使追求同一性和稳定性的传统社会控制机制失去了基础。因此，人们在面对价值选择时，不再像过去那样，拥有统一的价值观念，而是呈现出多元化的趋势。

---

① 唐昊. 转型期中国社会利益群体的政治分析 [J]. 学术论坛，2000（4）：15-18.

在马克思主义看来，一切社会矛盾和冲突发生的根源在于经济利益的矛盾和冲突。当前，我国"经济发展正处于增长速度换挡期、结构调整阵痛期、前期刺激政策消化期'三期叠加'阶段"①，社会情况发生了复杂的变化，各阶层之间的经济收入等差异日益明晰化，导致潜在的利益冲突也被逐步放大，比如就业问题、社会公平、社会治理问题等一系列问题，如果这些问题处理不好，会引发对立情绪。这些种种社会矛盾和冲突，反映到上层建筑中必然会呈现出形形色色的意识形态，很大程度上影响社会主义主流意识形态的建设。

（三）互联网新媒介的发展影响着人们的思想观念

互联网作为一种现代化的媒介形式，在很大程度上深刻改变并重塑了社会的生产与生活结构。网络的虚拟性和现实的复杂性使得主流意识形态的传播面临着残酷的挑战。

1. 互联网改变人们的生活方式，也对政治生活和社会生活产生深刻影响

随着互联网的普及，人们的时空观念发生改变。通过网络语音聊天，相隔千里的人可以即时获得彼此的讯息，通过网络画面直播，"天涯共此时"成为现实。可以说，互联网已经融入人们日常生活的方方面面。在互联网带给人民生活的诸多影响中，其对政治生活的改变不容忽视。互联网作为一种新的传播方式，成为民主政治的助推器。它改善了民主的技术手段，普通社会成员参与政治生活的渠道被广泛开辟和拓展。同时，互联网还拓宽了人们参与政治生活的载体。有了了解国家政治和社会发展状况的窗口，人与人之间的个人距离正在缩短，社会可供讨论的公共空间进一步扩大。互联网这一公共论坛，增强了人们的公共意识，围观、评论和转发等行为，形成了以周期短、范围广为特点的网络议程设置，通过遍在效应和共鸣效应，引起网民的关注，激发了网民参与政治生活的热情。还有一些不发表意见的"吃瓜群众"，这并不代表他们没有意见，这从侧面也印证了越来越多人已经开始注意网络对政治生活，乃至整个社会生活的重要影响。此外，在互联网环境下，"互联网＋政治"模式正被逐步运用，它在推动民主政治发展的同时，也很有可能带来虚假的民主。对于良莠不齐的内

---

① 习近平谈治国理政（第二卷）［M］．北京：外文出版社，2017：229.

容，反而增加了政府对民主筛选的时间和成本。与此同时，由于网络的开放性，境内外敌对势力也可能通过购买水军、刷帖等方式制造虚假民意，妨碍我国民主政治的推行。

2. 国内网络舆论场管理难度加大

中国在发展过程中尽管取得了举世瞩目的成就，但也积累下了各种复杂矛盾不能被迅速解决。这些矛盾在传统社会中因受到时空分布差异性等因素的影响会被暂时性缓和乃至各个解决处理好，然而，网络的力量在于让时空同步，如此一来，零星矛盾和事件一旦通过网络传播，便会具有示范和累积放大效应，各种舆论空间上的诉求经由互联网这把"双刃剑"放大使得网络领域意识形态斗争日益复杂，"塔西佗陷阱"现象屡屡考验着政府的公信力。其中还会夹杂着恶意造谣和消极性议程设置等行为存在，尤其是一些别有用心之人的"乱带节奏"，使很多事情的处理被蒙上了一层"迷雾"。短短的一篇网络帖子、一条手机短信、一则网络笑话，看似无足轻重，最终却会玷污公民名誉，威胁社会稳定，影响群众生活，破坏国家形象，后果不可谓不严重。① 混乱的网络舆论环境，影响着人们的世界观、人生观、价值观的形成，降低了人们对社会主义核心价值观的认同度，削弱了主流意识形态的公信力。这对于党和政府加强网络治理提出了严峻的挑战。

3. 境外舆论场的分裂、西化图谋愈演愈烈

自冷战结束以来，在"一超多强"的多极格局下，以遏制中国为主要目标的新冷战格局正在形成。作为互联网的首创者，美国利用互联网的集中管理体制控制着全球的主机注册、地址分发和根域名解析服务，从源头上占据着互联网技术的霸主地位，可以说通过"制网权"掌控了全球网络的最新动态，在这样的绝对优势下，美国通过互联网这一"全球高速公路"强化其在全球的政治、经济、科技、文化、军事上的霸主地位。尤为隐性而致命的是它的价值观输出，在移动互联网时代的大背景下，更加快速而防不胜防。当下，国际舆论场仍基本以国家为单位，这导致了国际话语权的极度不平衡。随着中国的逐渐崛起，一些西方媒体和政客歪曲事实、抹黑中国，给不明真相的人们传递出错误的信息。此外，新自由主义、民族

---

① 认清网络谣言的社会危害［N］. 人民日报, 2012 - 04 - 16 (04).

社会主义、历史虚无主义、无政府主义等借助网络途径对马克思主义在意识形态的根本指导地位带来了冲击。

4. 互联网技术发展给国家安全、意识形态安全带来严峻形势

技术变革对社会变革起着决定性作用。互联网引发的不仅是一场信息变革，更是一场前所未闻的深刻社会变革。互联网与政治、经济、文化和军事等方面相互影响、相互作用，成为加速世界变革最快的利器。目前，国与国之间的较量，不同意识形态相互间的博弈，都在以依托互联网技术为基础的网络战争中凸显出来。网络战争已经成为新的战争形态，恐怖袭击、经贸战、金融战、信息战、文化战等都可以以一种新形式在网络战争中展开。在未来的网络空间中，以美国为首的西方会以网络战争的形式，将矛头对准中国，因而，中国的信息安全、文化安全、意识形态安全等都面临着严重挑战。

四、大数据网络和自媒体碎片化信息分散受众注意力

当今世界，以互联网为代表的信息技术日新月异，极大地改变和影响着人们的生活，这也给思政课教育教学带来了机遇和挑战。第49次《中国互联网络发展状况统计报告》显示，截至2021年12月，我国网民人数达10.32亿，互联网普及率达73%，我国手机网民规模达10.29亿，29岁以下网民人数最多，占比34.9%，基于学生群体的年龄结构可知，学生占比处于比较高的水平。互联网已经成为学生学习生活的重要组成部分，尤其是受自媒体知识碎片化传播的影响，导致思政课守正创新面临巨大挑战。

（一）互联网对学生的价值观念、生活带来负面影响

网络是一把"双刃剑"，既有好的一面，也有不好的一面。就其消极的一面来看，主要是对学生的价值观念和生活带来诸多不利影响。

一方面，错综复杂的信息给学生价值观念带来影响。网络世界信息纷杂、良莠不齐，人们在接受网络带给我们便捷的同时，也遭遇着各种不实信息、虚假信息的困扰。我们可以看到，很多事情在上网传播的过程中，最后往往可能会出现"反转"。这些对于"三观"正在形成中的大学生而言无疑是不利的。此外，因为受到网络信息化的影响，大学生思想道德意

识正在逐步弱化，导致出现了越来越多的道德失范行为，比如充当"键盘侠"，随意造谣、传谣等，这些严重影响了思政课的效度和信度。

另一方面，学生对互联网的依赖程度进一步加深。互联网的普及是一把"双刃剑"，不仅给我们的生活带来了翻天覆地的变化，但也让一部分人迷失了自我、沉迷网络、耽误学业。现在的学生群体中，手机、电脑已经成为标配，"低头族"越来越多、越来越严重，消磨了他们大部分时间和精力，也让一部分人整天活在虚拟的网络世界里，取代了社交和人际交往。此外，受到信息碎片化的影响，学生们的生物钟被彻底打破，引发睡眠时间不足、晚睡晚起等现象，从而又影响了他们的身心健康。

（二）大数据时代对思政课改革创新提出挑战

大数据是信息化发展的新阶段。随着信息技术和人类生产生活交汇融合，互联网快速普及，全球数据呈现爆发增长、海量集聚的特点，对经济发展、社会治理、国家管理、人民生活都产生了重大影响。[①] 可以肯定的是，大数据也给思政课教育教学带来了益处，比如提供海量的数据支撑、使教育理念从"传统"走向"现代"、为线上线下混合式教学提供便利等。但与此同时，也为高校思政课教学带来了挑战。

1. 教和学的非对称性更加凸显出来

习近平总书记曾提出，"要坚持主导性和主体性相统一，思政课教学离不开教师的主导，同时要加大对学生的认知规律和接受特点的研究，发挥学生主体性作用"[②]，这指明了思政课发展的客观规律，即在思政课教学中，教师是教学主体，而学生是接受学习主体。受到大数据的影响，传统思政课教学中教师的灌输与学生的接受的平衡与对称正在逐步消解。传统教学中"灌输法"居多，教师的教学与学生的接受是天然对称的。然而，现在的教学因受大数据的冲击却愈发不对称。学生接触的东西更多更广，个性化发展越来越强，当教师权威失落后，教学与接受的不对称性就成为了必然，这也是今天有些思政课教学效果难以提升的重要原因之所在。

2. 教师"传道授业"者的地位受到了挑战

在中华传统文化中，老师的地位是非常高的，比如我们常讲的"尊师

---

① 实施国家大数据战略加快建设数字中国 [J]. 中国信息化，2017（12）：14-15.
② 习近平谈治国理政（第三卷）[M]. 北京：外文出版社，2020：331.

重教"和"一日为师，终身为父"的古训等。在这背后一个深层的重要原因在于，在经济社会发展水平低下和文化落后的年代，教育是一种稀缺资源，对于生活水平低下的普通家庭，是无法正常享受到教育的，但教师的教育恰恰又是他们获取知识的关键来源。但是现在随着网络的发展，这种格局被打破，教师不再是唯一的渠道，学生的选择更加多样、多元。面对各种理论知识的需求，学生通过上网，可以获取更加丰富、更加详实的相关内容，且形式更加多样丰富，这也让一部分学生"迷恋"网上教学资源而"轻视"教师的课堂教学。所以，现在思政课教师教学面临的最大挑战在于，学生获取知识的渠道已经不再是单纯地从教师这一路径获得。

3. 教师权威者的地位日益消解

随着环境和形势的变化，过去那种教师教学和学生接受学习的对称关系开始走向不对称，过去"以教师为中心"逐步走向今天的"以学生为中心"，因而要确立以教师为主导的评价氛围越来越难。学生的自我判断各具个性，正所谓是"众口难调"。一旦学生的价值判断养成，是很难在短期内扭转和变化的。因而一旦学生对教师的权威认同度降低，便会带来许多不利影响。例如，对教师的评价问题，很多学生因为个性鲜明，导致评价失真、不客观的现象时有发生，这对教师的教学效果认定带来挑战。

（三）碎片化传播直接影响了思政课教学效果

"碎片化"已经成为人们日常生活中不可缺少的元素。"碎片化"是对当前社会传播语境的一个形象描述，它是网络时代最明显的传播特征。网络信息以"碎片化"的形式传播，每个人都可以利用"碎片化"时间，随时随地自由地表达思想和观点，交流情感和信息，展现自己的聪明才智。在当下，微博、微信、抖音、快手等自媒体逐步成为信息传播的主要工具和舆论的发源地，这对于思政课守正创新带来了不可逆的影响和挑战。

1. 信息碎片化传播使思政课吸引力变小

就思政课而言，其最鲜明的特点在于顺应时代要求，彰显时代特色。在碎片化时代，信息传播速度远远超过思政课内容更新速度，且内容更加丰富、立体，极具吸引力；而思政课受到这些碎片化信息的冲击，其影响力和吸引力在不断降低。一方面，在信息碎片化传播中，大量的网络热词和"梗"被学生迅速接纳，而思政课教学内容语言相对正式、规范，理论的味道更足，这样直接导致很多学生的积极性、主动性不高。所以，如果教师在"理论灌输"中没有采取合理的教学方法，则会引起学生强烈的反感，直接导致思政课教学效果打折扣。另一方面，思政课教学内容相对传统单一，对于最新热点问题、新闻事件不能完全在教材中及时体现出来，而学生可以在信息碎片化传播中得到此类信息的满足，最常碰到的问题是党的理论创新成果更新的速度快于教材编写修订的速度，这就对教师提出了更高的要求，如果教师不能与时俱进将这些最新内容传导给学生，则会引起学生对所学内容的困惑。

2. 信息碎片化传播方式消解思政课内容体系

前文中已经强调，思政课发展的宝贵经验之一，就在于课程设置和教材编写能够做到与时俱进，确保知识体系的系统性、完备性。和传统的思政课教学相比较，信息碎片化时代学生接受知识的方式发生了极大地变化。传统的思政课教学更多的是以教师讲授为主，方法和形式比较单一，但在信息碎片化传播过程中，思政课教学成体系、成系统的内容就被肢解开来，海量的信息充斥在学生的日常生活中，这里面会混杂着积极的、消极的信息，比如我们最常看到的就是，在海量信息中经常掺杂着许多关于历史虚无主义、个人主义等错误思潮的信息，因学生恰处于价值观成长的过程中，因缺乏相应的认知，很容易受到错误思想的干扰，极易被"带节奏"。"思想政治教育环境是构成思想政治教育系统的要素之一，是思想政治教育的外部条件，是影响人们思想与行为，影响思想政治教育进程与效果的客观基础。"① 就当下的思政课而言，它真实地存在于信息碎片化传播的社会背景下，自然不可避免地会受到信息碎片化传播的影响。

---

① 《思想政治教育学原理》编写组. 思想政治教育学原理［M］. 北京：高等教育出版社，2016：317.

第二章　新时代高校思政课"金课"体系建构

　　高校思政课教学质量和水平的提升是打造"金课"的关键手段。思政课教学的质量和水平的高低，主渠道作用发挥的好坏，直接影响到思政课育人的效果。高校思政课"金课"建设是一个涉及面广、层次颇多、内容丰富的复杂系统工程，其中包括思政课教师队伍建设、教学理念的更新、教学内容的选取、教学方法的优化、教学模式的建造、教学评价机制的建立等。

　　近年来，高校思政课教师始终以守正创新为内控灵魂和根本遵循，全面贯彻党和国家关于思政课建设的理论和方针政策，遵循高校思政课建设规律、教育教学规律和大学生成长成才规律，把握其科学内涵和建设标准，明确建设目标和任务，统筹协调各方面资源，凝聚思政课建设的合力，从多个方面系统推进、协同建设，着力打造思政课"金课"。为了增强教材的科学性、时代性、系统性、趣味性，国家反复修订统编教材、优化课程设置；为了提升思政课教学亲和力、吸引力、感染力和针对性，思政课教师不断提升自身素养、完善教学设计、丰富教学内容；为了调动学生学习的自主性、能动性和创新性，学校大力改革教学手段、创新教学方法、优化教学评价。以高标准的思政课教学为目标，以高水平的思政课教材为遵循，以高质量的思政课教学内容为支撑，以高技术的思政课教学方法为抓手，深入推进思政课思路创优、教材创优、内容创优、教法创优，完善思政课教学质量提升的顶层设计和制度安排，合理谋划思政课教学的工作格局，促使思政课在改进中加强，不断增强思政课的思想性、理论性、实效性，让思政课具有新思路，展现新气象，焕发新作为，进而增强思政课亲和力和针对性，全面提高思政课教学质量和水平。

第一节　打造"金师"，提升高校思政课教师素养

何谓素养？从狭义角度来看，素养往往被理解为道德修养，或是某种能力。但在当前，人们更多从广义上使用"素养"一词，把它当作一个有机整体，是知识、能力、态度、情感等要素的统称。刘爱莲教授认为，"思想政治理论课的教师素养和一般教师的素养不一样，它既有一般教师素养的共性，也有高校思政课教师自身的特殊性"[①]。高校思政课教师素养就是指思政课教师在教育教学实践中逐步形成和发展起来的，能适应个人发展、学生发展和社会发展需要，并能够彰显思政课教师独特性的必备品格和关键能力。

教师素养是指教师从事教育教学工作所必须具备的基本素质，一般包括良好的思想道德素质、扎实的专业素质、较高的教育教学能力、良好的心理素质能力，对于教师做好本职工作、培养人才以及促进自我发展等具有十分重要的意义。高校思政课教师队伍作为一支不可替代的关键力量，其素质能力高低，直接关系到高校思政课的建设质量，影响着人才培养的质量。因此，打造一支高素质的高校思政课教师队伍十分关键、必要，意义重大。

一、思政课教师素养对建设思政课"金课"的价值意蕴

办好思政课关键在教师。推进高校思政课守正创新，建设思政课"金课"，首先离不开一支高素质的思政课教师队伍。推动高校思政课"金课"建设要在教学主体——教师上下功夫。这主要是由思政课教师在国家人才培养体系中的重要地位和在思政课"金课"建设中的核心地位决定的。提升高校思政课教师素养，既有利于思政课教师更好地发展和完善自我，也

---

① 刘爱莲. 新时代思想政治理论课教师教学能力提升研究［M］. 南京：河海大学出版社，2020：48.

有利于更好地立德树人，帮助学生学会运用马克思主义理论分析客观事物和社会现象，教会其打开历史的正确方式，使之更为深入地理解和掌握中国化马克思主义理论，尤其是当代中国马克思主义，以及党的路线方针政策和国家发展动向等。

（一）高校思政课教师是落实立德树人、培育时代新人不可替代的重要力量

思政课教师在国家人才培养体系中承载着传播知识、传播思想、传播真理，塑造灵魂、塑造生命、塑造新人的时代重任，是要给学生心灵埋下真善美的种子，引导学生扣好人生第一粒扣子的人生导师。因此，整个国家人才培养体系和社会主义高校要实现为党育人、为国育才这个根本任务，必然离不开一支政治强、情怀深、思维新、视野广、自律严、人格正且具有守正创新精神和能力的思政课教师队伍。思政课教师队伍只有具备守正的"定力"，创新的"活力"，才能形成人才培养的"合力"。

（二）高校思政课教师是建设思政课"金课"的关键核心力量

习近平总书记指出，"办好思想政治理论课关键在教师，关键在发挥教师的积极性、主动性、创造性"①。在建设高校思政课"金课"的过程中，高校思政课教师发挥着关键核心作用，扮演着多重重要角色，例如，课程的设计者，教学活动的组织者、引领者、调控者，学生知识建构、能力培养、素质提升的主要帮助者和合作者，等等。因此，无论是从国家人才培养体系中的重要地位，还是从思政课"金课"建设中的功能作用来看，都离不开一支高素质的思政课"金师"队伍，这是建好高校思政课"金课"的首先前提与核心要素。

二、高校思政课"金师"应具备的核心素养

"核心素养"这一概念最早出现在经济合作与发展组织和欧盟理事会的

---

① 习近平主持召开学校思想政治理论课教师座谈会强调：用新时代中国特色社会主义思想铸魂育人贯彻党的教育方针落实立德树人根本任务［N］. 人民日报，2019 – 03 – 19（01）.

研究报告中。1997 年，经济合作与发展组织启动了"素养的界定与遴选：理论和概念基础"研究项目。此时，"核心素养"一词并未直接出现在项目名称中，但在 2003 年最终出版的研究报告《核心素养促进成功的生活和健全的社会》中使用了该词。同时，2002 年 3 月，欧盟的一个研究小组在其发布的研究报告《知识经济时代的核心素养》中首次使用了"key competencies"这一概念。从这个意义上讲，"核心素养"应该是舶来品。

中国官方文件中首次出现"核心素养"概念，则追溯到2014 年 3 月 30日教育部印发的《关于全面深化课程改革落实立德树人根本任务的意见》。该意见强调学生应具备适应终身发展和社会发展需要的必备品格和关键能力，培养家国情怀、社会关爱、个人修养，注重创新实践、自主发展、合作参与。该意见明确提出了"核心素养体系"这一概念，并将学生"核心素养"的培育与提升置于全面深化课程改革，落实立德树人根本任务的大格局之中。不难发现，"核心素养"最初是以学生为主体对象出场的，着重突出的是学生"核心素养"的培育和发展。

强国必先强教，强教必先强师。2016 年，习近平总书记在全国高校思想政治工作会议上指出："教师是人类灵魂的工程师，承担着神圣使命。"①2018 年，习近平总书记在北京大学师生座谈会上的重要讲话中强调："人才培养，关键在教师。教师队伍素质直接决定着大学办学能力和水平。"②2018 年，中共中央、国务院颁布的《中共中央国务院关于全面深化新时代教师队伍建设改革的意见》也明确提出了"造就党和人民满意的高素质专业化创新型教师队伍"的目标任务。教师是立国之石、强教之本、兴教之源，是学识之师、品行之范、仁爱之尊。教师承负着传授知识、传播信仰、传承思想、传递真理的使命担当，肩负着塑造品行、塑造精神、塑造人格、塑造灵魂的时代重任。教师是国家富强之本，民族兴旺之源。学生核心素养的提升很大程度上取决于教师的核心素养水平，教师应通过不断提升自身素养，争当有理想信念、有道德情操、有扎实学识、有仁爱之心的好老师，做学生锤炼品格、学习知识、创新思维、奉献祖国的引路人。

---

① 习近平谈治国理政（第二卷）［M］. 北京：外文出版社，2017：379.
② 习近平. 在北京大学师生座谈会上的讲话［M］. 北京：人民出版社，2018：7－8.

思想政治理论课是落实立德树人根本任务的关键课程，关系到新时代中国特色社会主义教育培养什么人、怎样培养人、为谁培养人这一根本性问题，思政课作用不可替代，而"办好思想政治理论课关键在教师，关键在发挥教师的积极性、主动性、创造性"，① 思政课教师队伍责任重大，使命光荣。2019 年 3 月 18 日，习近平总书记在学校思想政治理论课教师座谈会上强调，思政课教师要给学生心灵埋下真善美的种子，引导学生扣好人生第一粒扣子；尤其强调思政课教师要做到"六个要"的明确要求，从政治、情怀、思维、视野、纪律、人格六个维度高度凝练和概括了新时代思政课教师核心素养的表现形态，勾画出了新时代思政课教师核心素养的生动画像，为新时代思政课教师核心素养提升指明了方向。②

（一）政治要强

"政治要强"居于"六要"之首，是作为"人师"的政治高线和终生追求。"政治要强"除了强调教师在"学懂、弄通、悟透"马克思主义理论方面的要求之外，还强调教师的政治导向能力。换言之，教师要"真学真信"，坚持和弘扬马克思主义的魅力，教学和工作中要坚持以马克思主义信仰为根基，铸就每一位学生的理论自信和实践自觉。新时代，旗帜鲜明讲政治，是对教师教学的核心要求。只有让有信仰的人来讲信仰，才能把思政课讲得敞亮、讲得深刻、讲得透彻。

德国哲学家、教育家雅斯贝尔斯在《什么是教育》一书中写道："教育须有信仰，没有信仰就不成其为教育，而只是教学的技术而已。教育的目的在于让自己清楚当下的教育本质和自己的意志，除此之外，是找不到教育的宗旨的。"③ 思政课教学实质上是一种道德、精神、价值、观念、信仰的生产，思政课教学的教学内容就是道德、精神、价值、观念、信仰的产品。高校思政课教师通过教学，也即通过道德、精神、价值、观念、信

① 习近平. 思政课是落实立德树人根本任务的关键课程［M］. 北京：人民出版社，2020：10.

② 新华网. 习近平主持召开学校思想政治理论课教师座谈会强调用新时代中国特色社会主义思想铸魂育人贯彻党的教育方针落实立德树人根本任务王沪宁出席［EB/OL］.（2019 - 03 - 18）. https：// baijiahao. baidu. com/s？id = 1628348125926935404&wfr = spider&for = pc.

③ 雅斯贝尔斯. 什么是教育［M］. 邹进译. 北京：生活·读书·新知三联书店，1991：44.

仰的生产与培育，生产出满足学生需求、顺应时代要求、符合社会发展的道德、精神、价值、观念、信仰的产品。高校思政课教师只有树立崇高的教学信仰，才能真正理解思政课教学的本质和目的，才能全身心地投入知识普及、理论宣传、观念转化、精神塑造、价值传播、信仰培育的教书育人的伟大事业中，才能自觉地感知和践行培养担当民族复兴大任的时代新人的崇高使命，才能使其成为新时代的思政课"金师"。

高校思政课教师树立崇高的教学信仰就是要旗帜鲜明地讲政治、讲原则、讲底线，始终在政治理想、政治信仰、政治立场、政治方向上同党中央保持高度一致并落实到日常教学实践活动中。政治要强是高校思政课教师首位要求和第一素质。旗帜鲜明讲政治是马克思主义政党的鲜明特色和突出优势。我国高校是党领导的社会主义高校，因此，必须旗帜鲜明地讲坚持中国共产党领导的政治，讲坚定马克思主义信仰的政治，讲人民至上、服务人民的政治，讲致力于实现社会主义现代化和中华民族伟大复兴的政治；在"培养什么人、怎样培养人、为谁培养人"这个大是大非的根本政治问题上，脑子要特别清醒、方向要特别明确、立场要特别坚定、行动上要特别坚决，不能有任何动摇、模糊、迟疑。作为思政课教师，讲政治是作为"人师"最根本的政治底线；政治强是作为"人师"的政治高线和终生追求。所谓政治要强，就是思政课教师要坚持党的全面领导，在政治立场、政治方向、政治原则、政治道路上同党中央保持高度一致，是马克思主义和习近平新时代中国特色社会主义思想的信仰者、践行者、捍卫者、传播者，坚定贯彻党的教育方针，坚守立德树人的根本任务。① 高校思政课教师担负着引导青年大学生树立科学的世界观、人生观、价值观，坚定他们对于马克思主义的信仰、共产主义和社会主义的信念、实现中华民族伟大复兴中国梦的信心以及党长期领导和执政的信任的神圣职责，因此，首先自己必须立场稳固，方向明确，道路正确，爱岗敬业，忠于党的教育事业。试想，如果作为青年学生思想发展和健康成长的指导者和引路人的教师在方向上出现错误、思想上出现偏差、理想信念上动摇滑坡，会把我们广大的青年学子引向何处？如果这样，培养的就不是党和国家的接班人和建设者，而是掘墓人和破坏者。因此，必须"要让有信仰的人讲信仰"

---

① 刘娜. 思政课教师"政治要强"的时代内涵［J］. 教育评论，2021（9）：128－132.

"思正之人讲思政"。

（二）情怀要深

情怀要深的着力点在于教师自身深厚的家国情怀。思政课教师在教学过程中，要以情化人，用自身丰富的生命和情感体验，感染和激励学生，培育他们为人民服务和为民族谋复兴的使命感、责任感。为此，教师要扎根学生生活实际，找寻与学生的情感共鸣。思政课教师作为立德树人、铸魂育人不可替代的重要力量，只有自身拥有博大深厚的大情怀，才能担负起培育堪当时代大任的时代新人的重任。何谓大情怀？它指一个人有精神内涵、有宽广胸襟、有人间大爱。它有两个特征，一是广，指胸怀博大，表明人的胸怀达到了很宽广的程度；二是深，指情感强度，表明人的美好感情达到了很深厚的程度。① 思政课教师"情怀要深"的具体内涵包括以下几个方面：

一是家国情怀。思政课教师首先必须热爱国家，只有热爱自己的国家，才能从内心对国家产生深深的敬意，才会有国家的荣誉感和情怀，也才能引导学生拥有家国情怀。新时代高校思政课教师，一定要坚持爱党、爱国、爱社会主义相统一，心系国家和民族，常怀"国之大者"，在党和人民的伟大实践中关注时代、关注社会，汲取养分、丰富思想，为党育人，为国家育才，以自己教书育人的实际行动报效国家和社会，教育引导学生厚植爱国主义情怀，把爱国情、强国志、报国行自觉融入坚持和发展中国特色社会主义事业、建设社会主义现代化强国、实现中华民族伟大复兴的奋斗之中。

二是人民情怀。人民是历史的创造者、中国特色社会主义的建设者、实现社会主义现代化和中华民族伟大复兴中国梦的主体力量，以人民为中心、人民至上，是我们党和国家的根本立场和最高价值标准，因此，思政课教师一定要尊重人民、热爱人民、忠于人民、为人民服务，并教育引导学生树立群众观点、站稳群众立场、坚定人民价值标准。思政课教师要把为人民服务作为开展教学及其实践活动的遵循，心里装着人民，装着学生，从人民的需要出发，从学生的需求出发，才能真正以理服人、以情动人。

---

① 刘建军. 思政课教师要做有深广情怀的人［N］. 中国教育报，2019 - 04 - 04（05）.

三是历史情怀。今日蓬勃发展之中国是从 5000 年中华民族历史、180 多年近现代中国历史、70 多年新中国历史、40 多年的改革开放史中发展而来的，也是百年以来党带领人民奋斗出来的。厚重的历史是我们宝贵的资源和财富，蕴含着中华民族连绵不断、生生不息的基因和密码，蕴藏着今日中国继续前行、开辟未来的智慧和力量。因此，思政课教师一定要有强烈的历史自觉、自信，并教育引导青年学生形成正确历史认知、坚定历史自信、获得历史滋养，在认识回应时代和社会的关切中，应当用自身的时代情怀教育学生积极向上，不怕困难，勇于担当，成为新时代的认真学习者、积极建设者、有效建言者。

四是传道情怀。"传道"是各学段、各学科（课程）所有教师的共同责任，更是思政课教师的主业主责。作为思政课教师一定要牢记立德树人、培根铸魂的使命任务，真心热爱思想政治教育事业，全力投入思政课教学工作，以崇高的使命感、强烈的责任感教育引导青年大学生树立正确"三观"，增强"四信意识"、坚定"四个自信"，真学、真信、真用马克思主义。

五是仁爱情怀。习近平总书记指出：教育是一门"仁而爱人"的事业，爱是教育的灵魂，没有爱就没有教育；好老师应该是仁师，没有爱心的人不可能成为好老师；教育风格可以各显身手，但爱是永恒的主题。① 思政课教师的仁爱情怀，就是把对家国的爱、对教育的爱、对学生的爱融为一体，心中始终装着学生，让思政课成为一门有温度的课。

（三）思维要新

思维是行为的先导，有什么样的育人思维，就会有相应的育人行为与之相适应。所谓思维要新，就是指要不断打破旧思想、旧观念的束缚，破除思维定势，树立与时代发展、形势任务、客观实际要求相一致的能够不断促进工作进步的新思想、新观点、新思维的过程及相关活动。做好高校思政课改革创新，打造新时代思政"金课"，要因事而化、因时而进、因势而新。

广大思政课教师要担负起为党育人、为国育才的时代使命，自己必须

---

① 习近平. 做党和人民满意的好老师［N］. 人民日报，2014 - 09 - 10（02）.

要坚持与时俱进，敢于创新、勇于创新、善于创新，不断地用创新思维提高思政课教学水平，提升育人实效。新时代思政课教师主要创新以下三大思维。一是辩证思维。日常的教学活动中，不仅讲求政治学与学理性的有机协调，还要讲求主体与客体的互动互构。二是批判思维。在比较中辨析清楚正误，在甄别中寻找真理。批判性地将错误思潮的危害剖析给学生，让学生能够建构正确的认知，学会甄别错误思潮。三是发展思维。以动态的眼光来看待学生的成长，不能以僵化的思维和教条主义来教育教导学生。值得注意的是，创新思维必须要以守正为前提。习近平总书记在全国学校思政课教师座谈会上指出，在教学中可以讨论问题，更要讲清楚成绩；可以批评不良社会现象，更要引导学生正面思考；可以讲社会主义建设的复杂性和艰巨性，更要引导学生对社会主义前景充满信心①。无论怎么讲，最终都要落到引导学生树立正确的理想信念、学会正确的思维方法上来。因此，创新思维，必须要以守正为前提，必须要守人才培养目标之正，要守教学内容之正，要守教育教学效果之正等。

思政课教师要学会用辩证唯物主义和历史唯物主义，更新教学理念、创新课堂教学，给学生深刻的学习体验，引导学生树立正确的理想信念、学会正确的思维方法。②具体来说，一是要更新教育教学理念。思政课要教会学生科学的思维。思政课教师给予学生的不应该只是一些抽象的概念，而应该是观察认识当代世界和当代中国的立场、观点、方法，要善于把理论话语变成生活语言，把基本原理变成生动道理，让根本方法变成管用办法，教育引导学生学会、弄懂、应用辩证唯物主义和历史唯物主义，掌握其立场、观点和方法，增强分析问题和解决问题的能力。二是要善于创新课堂教学。课堂是教育的主战场、人才培养的主渠道，在某种程度上说，课堂模式基本决定人才培养模式，课堂教学效果制约着人才培养效果。习近平总书记强调思想政治教育工作要"用好课堂教学这个主渠道"。思政课教学作为一项富有创造性的工作，要抓好这个主战场、用好这个主渠道，首先必须要在遵循思政课教学规律、学生认知规律的基础上，树立科学育人理念，精选教学内容，优化教学方法，严谨设置教学流程，科学设计课

①② 习近平主持召开学校思想政治理论课教师座谈会强调：用新时代中国特色社会主义思想铸魂育人贯彻党的教育方针落实立德树人根本任务［N］. 人民日报，2019－03－19（01）.

堂教学；其次，以"八个统一"为指导，充分发挥教师的主导作用和学生的主体作用，综合运用多种资源和手段，活化教学过程，活跃课堂氛围，掀起课堂革命，不断增强思政课的思想性、理论性、亲和力、针对性，提高思政课的到课率、抬头率、点头率，实现思政课教学入耳、入脑、入心，提升认同感，增强获得感，提高实践力。

（四）视野要广

思政课教师视野要广之所以必要，其原因在于：一是由思政课本身的多维性、动态性特点决定的，二是由知识经济时代知识快速更新的特点所决定的，三是由信息化环境下学生的特点所决定的。[①] 对此，习近平总书记深有感触地指出，讲好思政课不容易，因为这个课要求高。思政课教学涉及马克思主义哲学、政治经济学、科学社会主义，涉及经济、政治、文化、社会、生态文明和党的建设，涉及改革发展稳定、内政外交国防、治党治国治军，涉及党史、国史、改革开放史、社会主义发展史，涉及世界史、国际共运史，涉及世情、国情、党情、民情，等等。这样的特殊性对教师综合素质要求很高。国内外形势、党和国家工作任务发展变化较快，思政课教学内容要跟上时代，只有不断备课、常讲常新才能取得较好教学效果。思政课上学生会提一些尖锐敏感的问题，往往涉及深层次理论和实践问题，把这些问题讲清楚讲透彻并不容易。基于以上原因，思政课教师要提升教学吸引力、感染力，提高育人实效，还必须要有知识视野、国际视野、历史视野，通过生动、深入、具体的纵横比较，把一些道理讲明白、讲清楚。[②]

新时代高校思政课教师要有广博的知识视野，不拘泥于某一个学科的知识，也不单向度地解释某一个问题，而是应当从多角度、整体性等方面驾驭和统合所传授的知识。高校思政课教师除了具有马克思主义理论功底这个看家本领之外，还要广泛涉猎其他哲学社会科学以及自然科学的知识，拥有交叉渗透的知识结构，对历史学、哲学、文学、法学、政治学、心理

---

① 徐奉臻. 视野要广：思政课教师的基本功 [J]. 思想政治教育研究，2019，35（03）：60-63.

② 习近平主持召开学校思想政治理论课教师座谈会强调：用新时代中国特色社会主义思想铸魂育人贯彻党的教育方针落实立德树人根本任务 [N]. 人民日报，2019-03-19（01）.

学、社会学、生态学、经济学、文化学、逻辑学、数字媒体技术等最新研究动态和成果，都有一定程度的了解、把握和引介，既要在某些特殊领域成为钩深索隐的"专才"，又要在更广泛的领域成为博洽多闻的"通才"。

新时代高校思政课教师要有宽广的国际视野。思政课教师除了要关注中国故事，还要关注全球故事，尤其是在中国已经矗立在世界舞台中央的当下，思政课教师更应拥有更宽广的国际视野，善于用国际化的眼光和胸怀去引导学生。高校思政课教师要善于利用国内外的事实、案例、素材，在比较中回答学生的疑惑，既不封闭保守，也不崇洋媚外，引导学生全面客观认识当代中国、看待外部世界，善于在批判鉴别中明辨是非。

新时代高校思政课教师还要有深邃厚重的历史视野。思政课教师若能很好地驾驭历史知识，善于史论结合，有理有据地比较和解读历史与现实，才能保证说理深入浅出，更有说服力，进而逐步增强其教学能力。因此，思政课教师不仅要对5000多年的中华文明史、500多年的世界社会主义史、中国共产党100年的奋斗史、中华人民共和国70多年的发展史、改革开放40多年的实践史的基本历史事实有较为准确的把握，还要将新时代中国特色社会主义取得的历史性成就、发生的历史性变革，通过生动、深入、具体的纵横比较，讲明白、讲清楚。总之，思政课教师通过广博的知识结构，可以"它为我用"，扩展思政课的力度和吸引力；通过宽广的世界眼光，可以"洋为中用"，扩展思政课的广度和辐射力；通过深厚的历史学识，可以"古为今用"，扩展思政课的深度和穿透力。

（五）自律要严

自律，与他律相对，就是指社会主体"自己为自己立法"，在没有外来监督和压力的情况下自觉遵守法律法规、规章制度、道德规范等的行为。"自律要严"不是一般意义的自律，是指社会主体的严格自律。在世界面临着百年未有之大变局和中国正处在实现现代化和实现民族伟大复兴战略全局的"两个大局"的叠加影响和交互作用下，意识形态领域的斗争从未像今天如此复杂激烈，我国对于堪当时代大任新人的需求也从未像今天如此渴望强烈。在此时代背景下，思政课教师使命更加光荣，责任更加重大，是落实立德树人、铸魂育人根本使命任务不可替代的重要力量，承载着传播知识、传播思想、传播真理，塑造灵魂、塑造生命、塑造新人的时代重任，因此，思政课教师对自己的要求必须要严格，要养成高度的自律精神，做到律心、律言、律行。只有高要求才能出精品，只有严要求才能守住思想政治教育的主阵地。从更长远的角度来讲，目标的严格，更能确保实现有担当重任的人才培养目标。

新时代高校思政课教师要严格遵守政治纪律和政治规矩。思政课不同于一般的专业课，它是国家上层建筑工作即意识形态工作的重要组成部分，其突出特点就是具有鲜明的政治性。因此，高校思政课教师一定要时刻牢记政治性，教育教学工作中要通过严格遵守政治纪律和政治规矩，大力贯彻落实政治性。高校思政课教师在从事教育教学实践过程中，必须严格遵守以党章为核心的党内法规体系和以宪法为根本的国家法律体系，坚决贯彻落实党和国家的教育方针政策以及其他政治纪律和政治规矩，不断增强"四个意识"，坚定"四个自信"，做到"两个维护"。

新时代高校思政课教师要严格遵守教学工作纪律。教学工作纪律是各高校为贯彻落实党和国家教育方针政策、法律法规和各项纪律，加强教师队伍建设，规范教学工作秩序，落实立德树人任务，提高人才培养质量而制定的一系列规章制度。高校思政课教师掌握着课堂的主导权和话语权，一定要严格并模范地遵守各种教学工作纪律，切实遵守职业准则，主动维护良好的课堂秩序，自觉弘扬主旋律，积极传递正能量。

新时代高校思政课教师要严格遵守科研学术规范。高校思政课教师除了要搞好教学工作外，还要承担一定的科研任务，这对于提升教学能力和水平、增强教育教学效果具有积极的促进作用。科学研究是一项艰辛的创造性劳动，高校思政课教师在开展科研和学术活动过程中，一定要耐得住寂寞，坐得住冷板凳，杜绝急功近利、弄虚作假和各种违反学术道德的行为，要做严谨治学、刻苦钻研的典范。

新时代高校思政课教师要严格遵守道德和生活规范。高校思政课教师不仅在课堂上和工作中要严格自律，而且在课下和日常生活中依然需要严格要求自己，坚守本心，规范自己的言行，做到课上课下一致、网上网下一致，避免在课上讲得不错却在课下乱讲。高校思政课教师还要坚持以德立学、以德施教，在日常生活中与学生们保持清清白白、干干净净的师生关系，绝不能出现违反廉洁纪律和师德师风的现象或行为。

（六）人格要正

教师的人格魅力是一种重要的教育资源，是教师自我塑造良好精神风貌和行事风格的凝练与升华。所谓"人格"，是指一个人的道德品质、性情、气质和能力等内在特征的总和，由此展现出的人格形象也就成为一个人总体的内在品格的外在表达。人格特质的内涵包括性格、兴趣、气质以外，还包括能力、动机、心态、情绪表达等诸多方面。综观优秀的教师，总是倡扬关爱、真诚、包容等优秀特质，不断摒弃和克服消极、悲观、抱怨、责备、冷淡等不良人格因素，并以此感染和教育学生"人格要正"。因此，作为一名光荣的人民教师还要深刻理解高尚人格的丰富内涵，充分认识到"为人师表"的重要性，自觉彰显作为学生榜样的人格特质。

对于思政课教师而言，其"人格"构成主要包括政治人格、道德人格、情感人格和智能人格，并由此塑造出教师整体的人格形象。[①] 人格魅力是指一个人的性格、信仰、品行、气质、才学、品质、情感、道德等诸多因素体现出来的一种人格影响力、凝聚力、亲和力、吸引力、感召力。教师的人格魅力则是教师政治信仰、知识涵养、品德修养、职业素养、情感教养、心理素质等方面体现出来的对学生思维方式、价值观念、学习习惯、行为举止等方面产生潜移默化的感染力、凝聚力、辐射力。思政课教师要不断提高和增强自身的人格魅力，用积极向上的人格力量引导学生成长的自觉性。

思政课的亲和力、吸引力和感染力，不仅来自马克思主义理论本身的科学性、价值性和真理性，还来自思政课教师融信仰、情感、品质、意志、心理、教养等于一身的对学生具有凝聚力、渗透力、影响力的人格魅力。思政课教师的人格魅力是在其日常教学实践过程中自觉形成的，以其内在崇高的理想信念、高尚的人文情感、积极乐观的人生态度为支撑，以其外在的儒雅风度、学者气质、师者形象为依托。习近平总书记在学校思政课教师座谈会上强调："有人格，才有吸引力。亲其师，才能信其道。要有堂堂正正的人格，用高尚的人格感染学生、赢得学生"。[②] 新时代思政课教师

---

① 王向明. 思政课教师"人格要正"如何体现［N］. 光明日报，2019 - 04 - 09（13）.
② 习近平谈治国理政（第三卷）［M］. 北京：外文出版社，2020：330.

在强化思想政治教育过程中要坚守正道，既要"学高为师"又要"身正为范"，内外兼修，知行合一，在行中学、行中思、行中悟，以持续的学习、体悟和自觉转化，通过重行和践行来塑造思政课教师的人格魅力，用健全人格来引导学生，用真情实感来感化学生，用为人师表来赢得学生，用渊博学识来吸引学生，做学生的表率和引路人。

在我国高校，虽然其他专业课教师肩负着"传道"的责任与任务，但是高校思政课教师却是以"传道"为主业主责。有人格，才有吸引力。亲其师，才能信其道。因此，高校思政课教师只有拥有高尚的人格，才能更好地感染学生、赢得学生，才能更好地落实立德树人、铸魂育人的使命任务，才能更好地教育引导青年大学生真学、真懂、真信、真用马克思主义，并真心拥护中国共产党的领导和中国特色社会主义制度。作为高校思政课教师，首先要有坚定的政治人格。日常工作和生活中始终做到政治信仰坚定，政治立场端正，政治方向正确，政治鉴别力敏锐，在大是大非面前能保持政治清醒，深刻领悟"两个确立"的决定性意义，进一步增强"四个意识"、坚定"四个自信"，做到"两个维护"，并积极引领青年学生政治进步。其次，要有高尚的道德品格。高校思政课教师要以无比敬业的精神追求、严谨求实的治学态度、认真负责的教学行为、严于律己的个人风范、正派庄重的职业形象等感染带动学生不断追求道德品格的发展完善。再其次，要有丰实的情感人格。思政课本身是有温度的，鲜明、真挚、丰富的情感是思政课教育教学的催化剂，思政课教师充满真情、热情、激情的教育教学活动，往往直击心灵触点，激起情感共鸣，引发思想共振，对于青年学生学"道"、明"道"、信"道"、行"道"具有积极的促进作用。最后，要有的卓越的智能人格。思政课教师的智能人格是在教育教学活动中所体现出来的综合素质和能力，反映的是自身的专业知识积累和水平。高校思政课教师不仅应该具有扎实厚重的马克思主义理论功底，还要拥有广博合理的知识结构，用丰富的学识魅力吸引学生，用真理的力量感召学生，以深厚的理论功底赢得学生。

三、打造具有"六要"核心素养的思政课教师队伍

如何才能打造一支具有"六要"素养，能够建好思政课"金课"、落

实好立德树人根本任务、培育好时代新人的"金师"队伍呢？具有良好素养的高校思政课教师队伍不是自发形成的，也不是轻而易举就能建成的，需要在党和国家高度重视的基础上，由教育行政部门、高校、思政课教师等多方共同努力，经过长期的教育、锻炼和培养才能形成。

（一）党和国家重视高校思政课教师队伍建设

党的十八大以来，以习近平同志为核心的党中央高度重视思政课教师队伍建设。例如，2016 年 12 月，习近平总书记出席全国高校思想政治工作会议时明确强调，要从选拔、培训、锻炼、机制等方面整体推进高校思政课教师等思政工作队伍建设①。2017 年 2 月中共中央、国务院印发的《关于加强和改进新形势下高校思想政治工作的意见》指出：要进一步提升教师思想政治素质，加强思想政治工作，建立中青年教师社会实践和校外挂职制度，加强师德师风建设，增强教师教书育人的责任担当。要完善教师评聘和考核机制，完善教师职业道德规范，实施师德"一票否决"等。2019 年 3 月，习近平总书记又在全国学校思想政治理论课教师座谈会上发表讲话时强调指出，办好思想政治理论课关键在教师，关键在发挥教师的积极性、主动性、创造性，并对思政课教师队伍建设提出了"六要"的素养要求，要求中央相关部门和各级学校高度重视思政课教师队伍建设并提出明确具体要求，比如配齐建强思政课专职教师队伍、创新有利于吸纳优秀人才和发挥其聪明才智的工作机制、改革思政课教师评价机制、高度重视思政课教师队伍后备人才培养等。② 由此可见，党和国家对于高校思政课教师队伍建设的空前重视，为新时代高校思政课教师队伍建设创造了前所未有的良好政治氛围和制度环境。2019 年 8 月，中共中央办公厅、国务院办公厅印发的《关于深化新时代学校思想政治理论课改革创新的若干意见》明确强调，要"建设一支政治强、情怀深、思维新、视野广、自律严、人格正的思政课教师队伍"，并从人员配置、素质培养、评价机制、激励力度、后备人才培养等方面作出了明确的要求，同时还进一步明确了各方各层的责任。

---

① 习近平谈治国理政（第二卷）［M］. 北京：外文出版社，2017：376 – 380.
② 习近平主持召开学校思想政治理论课教师座谈会强调：用新时代中国特色社会主义思想铸魂育人贯彻党的教育方针落实立德树人根本任务［N］. 人民日报，2019 – 03 – 19（01）.

（二）主管部门和高校应积极创造条件、搭建平台、建立工作机制

教育主管部门和高校在加强思政课教师队伍建设中发挥着贯彻落实和组织实施的关键作用。作为主管部门应该根据党和国家指示精神与思政课教师队伍建设发展需求，统筹协调好各领域和各方面资源条件，制定思政课教师队伍建设发展规划，完善教育培训体系，建好培训基地，建强保障机制等，为思政课教师成长发展和提高完善创造有利条件、搭建良好平台。为此，2019年4月教育部印发了《普通高等学校思想政治理论课教师队伍培养规划（2019—2023年）》和《普通高等学校马克思主义学院建设标准（2019年本）》、2020年1月教育部出台《新时代高等学校思想政治理论课教师队伍建设规定》、2021年9月中共中央办公厅印发了《关于加强新时代马克思主义学院建设的意见》等。各省（区、市）为贯彻落实党和国家的指示、意见和政策，也都制定了促进高校思政课教师队伍建设的工作方案和实施意见。作为高校，应该根据党和国家要求、上级主管部门指示、学校思政课建设需求、单位思政课教师实际，从人员选聘、培养培训、教学研究、考核评价等方面建设完善的思政课教师成长发展机制。就此，各高校依据中央指示和要求、根据上级主管部门的指导和意见，并结合自身实际，也及时作了相应的贯彻和落实。

（三）高校思政课教师应自觉加强学习、修养和锻炼

为了提高自身素养，高校思政课教师一方面应自觉和主动用好党和国家、主管教育部门以及所在高校提供的各种宝贵的学习培训和实践锻炼机会，另一方面，还应在日常的工作和生活中，注重和加强自我学习、自我锻炼、自我修养。思政课教师通过不断学习党的创新理论、党和国家的方针政策、党的纪律、国家法律法规、先进教育理论和教学方法，通过不断参加政治历练、思想淬炼、实践锻炼、专业训练，通过不断加强政治修养、纪律修养、理论修养、思想道德修养等，全面提升自身的思想政治素质和业务素质水平，努力做一个"信仰坚定、学识渊博、理论功底深厚"的高校思政课教师。

第二节 铸造"金芯"，丰富高校思政课教学内容

推进高校思政课"金课"建设必须通过不断丰富和优化教学内容为其熔铸高品质的"金芯"，这是建设高校思政课"金课"的基础与核心。思政课如果内容空洞无物、浅薄寡意、陈旧乏味甚至离旨偏题，不管教学手段和形式如何新颖时尚，课堂气氛多么热闹活跃，都难掩其弱效少义，最终都会弱化教学成效，降低学生获得感，影响人才培养质量。正所谓"皮之不存，毛将焉附"。因此，思政课"金课"建设必须以"内容为王"为根本、为核心、为基础。

那么高校思政课如何才能实现"内容为王"、铸成"金芯"呢？为此，必须要在把握党和国家的育人目标、坚持科学的教育教学理念的基础上，遵循守正创新的原则，以"守正"明方向、固根本、强底气，以"创新"添动力、增活力、加魅力，既要确保教学内容的真材实料、口味纯正，又要实现教学内容的新鲜度和吸引力，不断丰富和优化高校思政课教学内容。

一、教学内容对高校思政课"金课"建设的重要意义

基于党和国家育人目标的要求，根据时代变化、实践发展、理论创新以及学生的特点和需求不断丰富和优化高校思政课教学内容，对于优化思政课教学设计、增强教学实效、提高育人质量等具有十分重要的意义。

第一，优化教学设计的关键。高校思政课贯彻落实"三进"目标任务、提升教学实效、提高人才培养质量离不开守正基础上的大量创造性转化工作。转化工作的一个方面就是要求实现高校思政课教材体系向教学体系的顺利转化。这个转化工作是一个创造性的系统性工程，转化的结果是一份系统完整、科学合理的教学方案，包括教学目标设置、教学内容的选取、教学方法的选择、教学流程的设计等。其中教学内容和素材的选取至关重要，制约和影响着其他要素和环节的设计和效果。如果教学内容不丰、不新、不深、不厚，缺乏针对性，不仅教学目标无法实现，教学方法和教学流程的成效也会大打折扣，并拉低整个教学方案的水平和质量。反之，如

果教学内容政治性、思想性、理论性突出，新鲜度、广度、深度、厚度、温度等彰显，那么将会带动和影响整个教学方案水平和质量的提升，从而更加有利于实现高校思政课教材体系向教学体系的高效转化。因此，高校思政课教学设计中必须要高度重视教学内容的创新和优化这个关键环节。

第二，提升教学实效的王道。习近平总书记明确指出，思政课建设要向改革创新要活力，不断增强思政课的思想性、理论性、亲和力、针对性。① 思政课改革创新的"三性一力"方向和目标也离不开优质教学内容的有力支撑。比如，思政课的思想性要通过传授系统的马克思主义理论尤其是最新的中国化马克思主义理论，将党领导人民百年奋斗的伟大实践和辉煌成就，以及其间涌现出的英雄人物、先进模范和形成的宝贵精神财富等体现出来。思政课的理论性则建立在丰富的事实、严密的逻辑、颠扑不破的论证基础之上，通过马克思主义理论本身的科学性、逻辑性、学理性等体现出来。思政课的亲和力和针对性则离不开教学内容贴近学生的实际和生活，关注学生所思所想、回应学生期待等。反之，如果内容空洞无物、浅薄寡意、陈旧乏味甚至离旨偏题，不管教学手段和形式如何新颖时尚，课堂气氛多么热闹活跃，都难掩其苍白无力和"无情无义"，最终都会弱化教学成效，降低学生获得感。正所谓"皮之不存，毛将焉附"。因此，高校思政课建设与改革创新必须要始终坚持内容为王。

第三，提高育人质量的依托。建设社会主义现代化强国与实现中华民族伟大复兴的中国梦必须要抓好"后继有人这个根本大计"，必须要造就源源不断、规模宏大、可堪大任的时代新人。所谓"时代新人"，是"社会主义建设者和接班人"在新时代的体现和要求，是指走在中国特色社会主义新时代的前列，具有坚定、自信、奋进、担当的精神状态，具有理想信念、爱国情怀、道德品质、知识见识、奋斗精神和综合素质，能够担当中华民族伟大复兴历史重任的奋进者、开拓者、奉献者。② 在落实"立德树人"根本任务，培养造就心怀"国之大者"堪当大任的时代新人方面，高校思政课发挥着不可替代的重要作用。无论是坚定理想信念的培养，正确"三观"的确立，还是过硬本领的锻造，家国责任情怀的养成，都必须以高

---

① 习近平. 思政课是落实立德树人根本任务的关键课程［J］. 求是，2020（17）：4-16.
② 刘建军. 论"时代新人"的科学内涵［J］. 思想理论教育，2019（02）：4-9.

品质的丰富内容为重要载体，通过全面、系统、深入地学习马克思主义理论知识，通过不断锻炼运用马克思主义分析和解决实际问题的能力，通过不断提高思想和政治觉悟、实践和行动自觉，形成科学的认知体系、正确的价值体系和过硬的本领能力。反之，如果没有高品质的教学内容这一载体的有效支撑，思政课的政治引导、价值引领、能力塑造等就会变成简单的政治宣传、空洞的价值观说教、无法实现的空中楼阁。

二、新时代高校思政课教学内容的安排与选择

新时代高校思政课要讲清马克思主义基本原理、讲透彻马克思主义中国化的最新理论成果，从教材编写和教学大纲维度分析，高校思政课教学内容主要包括如下方面：

第一，"马克思主义基本原理"的教学内容是讲授反映马克思主义世界观和方法论的最基本的原理，帮助学生深刻领会、准确把握马克思主义的根本性质和整体特征，学习掌握贯穿其中的马克思主义立场观点方法，提升运用马克思主义基本原理分析世界的能力，增强对人类社会发展规律、特别是中国特色社会主义发展规律的认识和把握，树立共产主义远大理想和中国特色社会主义共同理想。

第二，"毛泽东思想和中国特色社会主义理论体系概论"的教学内容是讲授中国共产党把马克思主义基本原理同中国具体实际相结合产生的马克思主义中国化的两大理论成果，帮助学生理解毛泽东思想、邓小平理论、"三个代表"重要思想、科学发展观、习近平新时代中国特色社会主义思想是一脉相承又与时俱进的科学体系，引导学生深刻理解中国共产党为什么能、马克思主义为什么行、中国特色社会主义为什么好，坚定"四个自信"。

第三，"中国近现代史纲要"的教学内容是讲授中国近代以来争取民族独立、人民解放和实现国家富强、人民幸福的历史，帮助学生了解党史、国史、国情，深刻领会历史和人民选择马克思主义、选择中国共产党、选择社会主义道路、选择改革开放的必然性。

第四，"思想道德与法治"的教学内容是讲授马克思主义的人生观、价值观、道德观、法治观，社会主义核心价值观与社会主义法治建设的关系，

帮助学生筑牢理想信念之基,培育和践行社会主义核心价值观,传承中华传统美德,弘扬中国精神,尊重和维护宪法法律权威,提升思想道德素质和法治素养。

第五,"形势与政策"的教学内容是讲授党的理论创新最新成果,新时代坚持和发展中国特色社会主义的生动实践,马克思主义形势观和政策观、党的路线方针政策、基本国情、国内外形势及其热点难点问题,帮助学生准确理解当代中国马克思主义,深刻领会党和国家事业取得的历史性成就、面临的历史性机遇和挑战,引导大学生正确认识世界和中国发展大势,正确认识中国特色和国际比较,正确认识时代责任和历史使命,正确认识远大抱负和脚踏实地。

第六,"习近平新时代中国特色社会主义思想概论"的教学内容是习近平新时代中国特色社会主义思想核心要义、精神实质、丰富内涵、实践要求,旨在通过系统学习,强化学生"四个意识"、坚定"四个自信"、做到"两个维护"。这一当代重大思想理论成果具有鲜明的政治高度、独特的理论品质和坚定的理想信念导向。高校思政课教学应将《习近平谈治国理政》系列丛书,《习近平新时代中国特色社会主义思想学习纲要》等权威著作与教材内容结合起来进行科学的教学设计,进一步加强阐释习近平新时代中国特色社会主义思想的理论内涵和实践品格,加深大学生对习近平总书记战略思维、创新思维、辩证思维、历史思维、底线思维的理解。

第七,融入中国优秀传统文化的教学内容。随着西方各种社会思潮的涌入,中华传统文化本应有的理论价值被不断忽视和解构,当代大学生受到拜金主义、享乐主义、极端个人主义等不良价值观的蛊惑,对中华传统文化甚至持有怀疑、嘲讽、否定的态度,给高校思政课教学带来了极大挑战。中华传统文化当中蕴含着丰富的理论资源,中华传统美德、中国革命道德是中华传统文化的精髓、延续和发展,是不同时代优秀价值观念的集中体现,以爱国主义为核心的民族精神凝聚着中华传统文化中的理想信念、思想品格和价值取向,蕴含着珍贵的红色基因,这些为大学生的成长成才提供了宝贵的精神养分,有利于引导大学生树立正确的价值观、道德观,将爱国情、强国志、报国行融入中华民族伟大复兴的中国梦。因此,应将中华优秀传统文化融入高校思政课改革创新,在实现中华传统文化的创造性转化与创新性发展中增强高校思政课教学的理论素养。

三、优化高校思政课"金课"教学内容的策略措施

推进高校思政课教学内容建设，还必须积极改革创新，不断增强教学内容的丰富性、时代性、吸引力，为思政课教学添动力、增活力、加魅力，从而使高校思政课"在改进中加强、在创新中提高"。具体来说，推进高校思政课教学内容的改革创新可以尝试从以下维度进行探索和努力。

（一）保持与时俱进，增加教学内容新度

"时代是思想之母，实践是理论之源。"时代在发展，实践在进步，理论创新也在不断加速推进。因此，思政课要"因时制宜"，思想政治教育要"因事而化、因时而进、因势而新"。高校思政课要落实好立德树人根本任务、增强教育教学实效、提高人才培养质量，就必须保持与时俱进性，通过及时吸收党的最新理论创新成果、党和国家的方针政策和发展战略、中国特色社会主义建设的光辉历程、新鲜实践经验和辉煌成就等，不断从时代发展中汲取养分，从而保持教学内容的鲜活性和时代性。就此，习近平总书记指出，"国内外形势、党和国家工作任务发展变化较快，思政课教学内容要跟上时代，只有不断备课、常讲常新才能取得较好教学效果"①。就吸收创新理论成果方面，当前最主要的就是要把当代中国马克思主义和 21 世纪的马克思主义——习近平新时代中国特色社会主义思想融入教学体系中并阐释好，教育引导同学们掌握其核心要义、主要内容、精神实质、历史地位和实践要求，增强同学们学习和践行习近平新时代中国特色社会主义思想的自觉性和积极性。就吸收党和国家的方针政策和发展战略方面，则要求把关乎当前和今后发展的一系列重要方针政策和重大战略讲清楚、讲明白、讲透彻，并引导同学们积极关注、深入思考、努力践行。就吸收新鲜实践经验和当代辉煌成就方面，当前最主要的就是把党的十八大以来以习近平同志为核心的党中央领导全党和全国各族人民，自信自强，守正创新，统筹推进"五位一体"总体布局、协

---

① 习近平 . 思政课是落实立德树人根本任务的关键课程 [J]. 求是，2020 (17)：4 – 16.

调推进"四个全面"战略布局、统揽"四个伟大"、坚持全面深化改革和扩大对外开放并战胜国内外一系列重大风险挑战的伟大历程，所形成的宝贵历史经验以及发生的一系列历史性变革和取得的历史性成就等宣传好、阐释好，增强青年大学生的自信自强意识，教育引导青年学生积极投身到实现中华民族伟大复兴和全面建设社会主义现代化国家的时代洪流中。

（二）培育国际视野，增加教学内容广度

思政课教学内容之所以强调国际的宽广度，最根本的是增强思政课教学效能感和提高人才培养质量的要求和需求决定的。2018 年 9 月 10 日，习近平总书记在全国教育大会上指出，"新时代社会主义建设者和接班人，不仅要有中国情怀，而且要有世界眼光和国际视野"[1]。要培养具有"世界眼光和国际视野"的建设者和接班人，离不开一支具有国际视野的思政课教师队伍和包含并体现国际味的思政课教学内容。对此，习近平总书记要求思政课教师要有"宽广的国际视野"，"要善于利用国内外的事实、案例、素材，在比较中回答学生的疑惑，既不封闭保守，也不崇洋媚外，引导学生全面客观认识当代中国、看待外部世界，善于在批判鉴别中明辨是非"[2]。习近平总书记还进一步指出，"办好思政课，要放在世界百年未有之大变局、党和国家事业发展全局中来看待"[3]。那么高校思政课教学内容具体该如何增加国际性和具有国际味呢？对此我们可以从以下方面进行思考和努力：第一，正确阐明中国与世界的紧密联系。一方面中国的发展离不开世界，另一方面中国的发展只会对世界有利。要把中国发展对世界的贡献讲全面、讲清楚、讲透彻。第二，善于吸收和借鉴国外学者和媒体的有益观点解读中国历史和现实。第三，合理运用国外尤其是西方发达国家存在的缺陷、弊端和问题，映衬中国发展道路的正确性和成就的显著性。第四，对国外各种涉华错误言论和观点进行坚决批驳，教育引导学生正确看待问题，增强思想免疫力等。

---

① 十九大以来重要文献选编（上）[M]. 北京：中央文献出版社，2019：651.
②③ 习近平. 思政课是落实立德树人根本任务的关键课程 [J]. 求是，2020（17）：4－16.

（三）坚持历史自信，增加教学内容厚度

"历史是最好的教科书"，也蕴含着丰富的营养剂。中华民族的历史源远流长，近代以来中国人民奋斗史可歌可泣，中国共产党的百年奋斗史波澜壮阔，中华人民共和国的建设史辉煌峥嵘，改革开放历史和新时代奋进历程翻天覆地，经历了无数兴衰沉浮、艰难险阻和抗争探索、浴血奋斗、创新创造，涌现了灿若群星的各类历史人物和英雄人物，孕育了丰硕独特的宝贵精神文化资源，取得了举世瞩目、影响深广的辉煌成就，创造了辉煌灿烂的中华文明，为世界文明作出了中国贡献。这为高校思政课不断丰富教学内容提供了十分丰厚宝贵的历史资源和素材，这是我国无与伦比的独特优势，思政课教师和思想政治教育工作者没有理由不坚定历史自信。习近平总书记说，"当今世界，要说哪个政党、哪个国家、哪个民族能够自信的话，那中国共产党、中华人民共和国、中华民族是最有理由自信的"①。因此，高校思政课教师一定要树立正确的历史观和党史观，培养深邃的历史视野，坚定历史自信，善于从"中华民族文化基因库""党和国家红色基因库"、中国当代发展活史馆等寻找历史素材，挖掘历史资源，通过"生动、深入、具体的纵横比较，把一些道理讲明白、讲清楚"②，通过发掘发扬宝贵精神财富和总结借鉴历史经验，不断从历史中汲取智慧和前行力量。

（四）加强理论研学，增加教学内容深度

高校思政课的教学对象和学习主体是具有一定知识储备和一定理论思维的青年大学生，他们的学习需求和思想期待已经不再局限于教学内容的趣味性，对于理论知识和理论分析能力的需求也更加强烈。这就对高校思政课教师的素养和高校思政课的教学内容提出了更高的要求。因此，相较于中学思想政治课，高校思想政治理论课不仅在课程名称上多了"理论"二字，而且更强调要在内容上加重理论分量，增加理论供给，突出理论色

---

① 中共中央文献研究室. 习近平关于社会主义政治建设论述摘编 [M]. 北京：中央文献出版社，2017：48.

② 习近平. 思政课是落实立德树人根本任务的关键课程 [J]. 求是，2020（17）：4–16.

彩,引导大学生站在理论高度思考问题,提升理论素养,为大学生增强理论思维进而达至科学的高峰打基础、作铺垫。[①] 高校思政课要在教学内容上强化理论色彩,增加理论深度:一是要求思政课教师密切关注理论和学术研究前沿,找准与思政课教材内容的连接点和切入点,把理论和学术研究成果有机融入教学内容之中,增加思政课的理论含量。二是要求高校思政课教师提高自身理论研究和教学研究水平,加强对教材重点、难点和疑点的研究,通过研究深化和拓展对于知识点本身、知识点之间关系、教材内容与理论体系之间关系的理解和认识,从而为提高高校思政课理论教学水平和效果奠定理论基础。

(五) 贴近学生实际,增加教学内容温度

要让高校思政课更有亲和力、吸引力、针对性和实效性,变成既叫座又叫好、既有流量更有质量、广大青年学生真信喜爱、终身受益的课程,就必须在选择教学素材和设计教学内容时贴近学生实际,满足学生思想期待,让思政课教学内容更有温度,而不是一副高高在上的冰冷说教面孔。习近平总书记指出,"心中始终装着学生,让思政课成为一门有温度的课"。[②] 要使高校思政课教学内容贴近学生,富有温度,就必须尊重学生的学习主体地位,遵循学生认知规律和接受特点,了解学生学习状况,包括知识储备、思维水平、思维特点、学习兴奋点、学习困惑、学习方式等,并以此为基础精心设计教学内容,增强教学内容的吸引力和针对性,激发同学们学习的积极性、主动性,变被动学习为主动学习。高校思政课贴近学生实际优化教学内容,具体可以从以下方面进行探索和尝试:一是可从学生关注的焦点和当前社会热点事件中选取教学素材;二是结合学生的专业特点选取相关教学素材;三是可以紧密结合学生的生活实际选取相关教学素材等。

综上所述,推进高校思政课教学内容的改革创新和丰富发展,为高校思政课"金课"铸造品质"金芯",必须坚持守正与创新相结合。"守正"就是始终以教学目标为方向、依归和牵引,守好教学内容的政治性、思想

---

① 陈金龙.提高教学实效须坚持"内容为王"[N].人民日报,2019 - 01 - 25 (09).
② 习近平.思政课是落实立德树人根本任务的关键课程[J].求是,2020 (17):4 - 16.

性、理论性，遵循思政课教材的科学性、权威性、规范性等，吃透教材，用好教材；"创新"就是要通过与时代结合、与国际结合、与历史结合、与学术结合、与学生实际结合等，不断提高高校思政课教学内容时代性、开放性、历史性、理论性、吸引力。高校思政课"金课"的品质"金芯"就是在"守正"与"创新"之间适度动态的张力中形成和铸就的。

第三节　酿造"金方"，创新高校思政课教学方法

教学方法是指教学共同体（主要是教师和学生）为了完成一定的教学目标和教学任务，在教学活动中采用的手段、方式和策略的统一体，是教法与学法的统一。教学方法不仅是对各种教学方式手段的运用，还是对教学活动所包含科学规律的反映，是解决教学活动内在矛盾和处理教学关系的规律、原则、准则的具体化。[①] 需要指出的是，不能将教学方法理解为一种技巧和策略的简单操作，也不能机械和教条地应用其他学科的教学方法，而是要依据时代变换，创新教学方法，根据课程的具体内容和特点，选用合适的教学方法，这些教学方法要体现多样性和可变性。2018 年，教育部印发的《新时代高校思想政治理论课教学工作基本要求》，从课堂教学、实践教学、网络教学等方面对高校思政课创新教学方法提出明确要求：要求由单一理论灌输向多元教学方法转变，探索互动式、参与式、探究式等教学方法；要求由传统教学手段向现代教学手段转变，广泛应用以大数据融媒体为支撑的智慧教学；要求由课堂理论教学向理论教学与实践教学相结合转变，实践活动内容形式丰富多元。[②]

一、教学方法对高校思政课"金课"建设的重要意义

高校思政"金课"的建设离不开科学教学方法的有力有效支撑。思政

---

① 宇文利. 努力掌握并用好思想政治理论课教学的科学规律 [J]. 思想理论教育导刊，2017（9）：139 – 142.

② 教育部关于印发《新时代高校思想政治理论课教学工作基本要求》的通知 [EB/OL]. http：//www. gov. cn/xinwen/2018 – 04/26/content_5286036. htm.

课的本质是讲道理，要注重方式方法，把道理讲深、讲透、讲活。好的思政课不能凭势压人，必须依托科学有效的方式方法实现以理服人，通过不断完善创新方法，精心选取教学方法，创造性地运用方法，把"马克思主义为什么行""中国共产党为什么能""中国特色社会主义为什么好"这些大道理"讲深、讲透、讲活"；把观世界、悟人生、做事情的人生哲理"讲深、讲透、讲活"，使广大青年学子在心悦诚服的基础上对真理真信服，对理想信念真坚定，对"四个自信"真强化，对马克思主义的世界观、人生观、价值观真认同、真树立、真实践，从而使高校思政课真正成为落实"立德树人"任务的成色十足的"金课"。因此，思政课教学法是各类教学法与思政课有机融合而形成的方法体系，对于落实"立德树人"根本任务，提升思政课教学实效，培育堪当实现民族复兴大任的时代新人具有十分重要的意义。

第一，有助于教学目标任务的顺利达成。高校思政课是落实"立德树人"不可替代的关键课程，对于青年大学生形成和树立正确的"三观"，增强爱党、爱国情感，坚定理想信念，坚定"四个自信"和历史自信，提高为实现中华民族伟大复兴和建设社会主义现代化国家而奋斗的思想和行动自觉起着关键作用。高校思政课为实现这些目标任务，既需要准备营养十足的丰富新鲜食材——健康完善的教学内容，也需要良好的烹饪技巧——有效的教学方法手段，要通过良好的教学方法把精彩丰富的教学内容呈现出来，努力使教学内容既"好看""好吃"，又"营养健康"，既有意思，又有意义，能够入眼、入耳、入脑、入心，顺利实现教学内容的内化，促进认知、情感、价值的外化，从而实现教学目标任务的有效达成。

第二，有助于提高思政课的吸引力。长期以来，思政课给人留下了"内容高大不接地气、概念抽象冷冰冰、理论高深无大用"的刻板印象，学生上课亦存在着到课率、抬头率不高，学习兴趣不浓，积极性和主动性不强等问题。出现这些问题的原因是多方面的，其中既有教学理念不新、教学内容缺乏吸引力的原因，也有因教学方法手段未及时优化导致好的教学内容讲不清、讲不透、讲不深、讲不出彩的情况，如习惯性地强输硬灌，缺乏探究性、讨论式等策略和技巧；教师唱独角戏，忽视学生的主体地位，缺乏互动性；教学手段传统老套，不会应用现代信息技术手段等，这些都大大降低了思政课的吸引力，影响了学生们对于思政课的看法及学习效果。

对此，高校思政课必须积极采用案例式、探究式、体验式、互动式、专题式、分众式等多种教学方法，运用现代信息技术等各种现代技术手段，并努力探索其他行之有效的新方法和新手段，从而不断提高思政课教学吸引力和实效性。

第三，有助于提升高校人才培养质量。人才培养是高校最基本的职能之一，人才培养的质量直接反映着高校办学效果的好坏和办学水平的高低。在中华民族实现伟大复兴的关键时期，党和国家对于人才的基本要求就是培养和造就一批又一批有理想、有本领、有担当、有纪律、能堪民族复兴大任的时代新人。思政课在高校的人才培养中发挥着不可替代的关键作用：帮助人才树立正确的"三观"，坚定共产主义远大理想和中国特色社会主义共同理想，增强实现中华民族伟大复兴的信心，增加对于党长期领导的信任等，离不开思政课的教育和培养；帮助人才形成完善的知识结构和突出的实践能力，尤其是马克思主义理论的系统知识以及运用其分析和解决问题的能力，离不开思政课的教育和培养；培养人才的家国情怀，增强人才报效国家、服务社会人民、善待他人的责任意识和行动自觉，离不开思政课的教育和培养；帮助人才形成良好道德品质、法律法规素养、遵规守纪素养等，也离不开思政课的教育和培养。

二、优化高校思政课"金课"教学方法的思路和实践

那么，思政课教学活动中该如何创新、完善、选取和运用教学方法呢？笔者认为，必须在综合考虑思政课教学内部各种要素及环境条件的基础上，增强针对性，加强协同性，注重实效性。

（一）必须以教学目标为统领

所有的教学手段和方法都是为实现教学目标任务服务的，这里的教学目标任务主要包括三个层次：一是指宏观层面的目标任务，即党和国家对高校思政课提出的总体要求和根本任务，如"立德树人"，培育时代新人等。二是中观层面的目标任务，即高校每一门思政课在国家育人体系中所承担的专门性任务。例如，本科阶段的"毛泽东思想和中国特色社会主义理论体系概论"课程主要帮助学生理解和把握马克思主义中国化进程中产

生的系列重大理论成果及其内在关系，引导学生深刻理解马克思主义及其中国化时代化创新成果的真理力量。三是微观层面的目标和任务，即高校思政课每一次或每一堂教学活动所要达成的目标和任务。因此，思政课教学设计和活动在创新发展、进行选取和创造性运用教学方法时，必须着眼于微观目标的达成，面向于中观和宏观目标的推进。

（二）必须以教学内容为规约

教学方法受教学内容的制约，必须与教学内容相适应。例如，在高校思政课教学过程中，如果教学内容较为新颖、系统、复杂，且学习起来有一定的难度，那么在教学过程中就可以采取以讲授为主的方法。如果同学们对于教学内容已经有了一定的认知，并且较为感兴趣，需要进一步拓展提升，那么就可以采取合作讨论的教学方法。如果同学们对于某一理论知识已经有了一定的掌握，因缺乏现场或实物感知，从而理解不深，情感不浓，觉悟不高，则可以采取实践教学法或参观教学法等，以加深理解，升华感情，提升认识。总之，教无定法，但必须依据内容而定。

（三）必须以教学对象为基础

与其他课程的教学要求一样，思政课教学要取得良好的教学效果，必须认真研究教学对象，分析他们的特点和需求，做到因材施教。这里的"教"，不仅包括教育教学内容，也包括教育教学方法。中国古代思想家和教育家孔子特别重视并躬身笃行因材施教。苏联著名教育家苏霍姆林斯基说，"世界上没有才能的人是没有的。问题在于教育者要去发现每一位学生的禀赋、兴趣、爱好和特长，为他们的表现和发展提供充分的条件和正确引导"[1]。习近平总书记在强调思政课统一性要求的同时，也强调具体的教学活动必须因地制宜、因时制宜、因材施教。因此，高校思政课教学活动在选取、使用和创新教学方法时，决不能搞一刀切，一个模子全覆盖、用到底，必须认真研究学情实际，充分考虑到不同院校类型、不同学段层次、不同年级水平、不同学科专业、不同认知水平学生的状况和特点，从而增强教学针对性，提高实效性。例如，对于知识储备一般的学生，可以多用

---

① 苏霍姆林斯基.教育格言［J］.天津市教科院学报，2016（5）：92.

案例教学法、参观考察法；对于基础知识相对扎实的学生，可以采取探究式、研讨式等方法。对于重实证、偏量化思维的理工科的学生可以多用数据元素较多的案例进行教学，对于求宏观、重价值的文科专业学生则可以多用研讨式、辩论式的方式开展教学，等等。总之，教学方法的选取和使用，必须充分考虑教学对象的特点，增强针对性，务求实效性。

（四）必须以环境条件为依据

任何教育教学活动，包括思政课教学活动都离不开一定的环境条件，并且都会受到环境条件的影响和制约。这里的环境条件，既包括大的时代背景、社会环境，也包括区域环境，具体周边环境和学校内部环境条件等。这些环境条件对于教学活动产生的影响，既有可能是积极有利的，也可能是消极负面的。作为思政课教师在选取、使用和创新教学方法时就必须充分考虑到这些环境条件，既要充分利用有利的条件，又要努力克服不利的环境条件，并努力化不利环境条件为积极有利因素。比如，改革开放四十多年以来，尤其是中国特色社会主义进入新时代后，党和国家事业取得了一系列历史性成就，发生一系列深刻变革，这是我国发展历史过程中的最好时期，也使我国比以往任何时期都更接近于中华民族伟大复兴的目标。这是我们今天所处的时代大背景，并为思政课开展案例教学提供了坚实依据和有力支撑。全球化和信息化对于思政课教学产生了双重影响。一方面为思政课教学提供了有利的条件，表现为拓宽了教师视野，方便了教师备课，更新了教学手段，促进了师生互动，活跃了课堂氛围，提高了教学实效；另一方面也对教学提出了挑战，比如，学生知识信息获取的便利化和多元化，打破了教师对于知识的垄断，对于教师的教学提出了更高的要求。尤其值得注意的是，全球化和信息化条件下，各种知识信息鱼龙混杂、真伪难辨，其中更是不乏西方有毒意识形态的入侵和渗透，这些对于思想尚不成熟的青年大学生接受正面信息、形成正确的"三观"，会产生不同程度的冲击和破坏。这一时代环境条件，要求思政课教学必须更新方法，创新手段，重视现代信息技术手段，教学方法正反结合，在旗帜鲜明地加强正面教育的同时，还要善于运用反例法，对各种错误思想观点进行深入有力批判，在广大青年学生思想中形成免疫屏障。还有，某些高校如果周边红色资源丰富，则可以采取参观考察法，以增加同学们形象记忆，引起情感共鸣，提高思想认识。总之，思政课教学方法的选取和运用，必须要做到"因事而化、因时而进、因势而新"。

（五）必须考虑教师素质能力状况

由于素养条件不同、兴趣偏好不同等，每一位思政课教师在选取和使用教学方法时，也必然会有所不同。因此，每一位思政课教师都应当根据自己特点和实际优势，扬长避短，选择与自己最相适应的教学方法，并能深刻理解、熟练把握、灵活运用，才有可能在实际教学活动中有效地发挥其功能和作用。否则，可能会出现事倍功半、"夹生饭"等状况，效果也会大打折扣。

（六）必须提防认识误区

在选取和应用思政课教学方法过程中，还必须提防认识误区。对此，一些学者在梳理和总结高校思政课教学方式方法改革取得显著成效的同时，也指出了其中出现的一些认识误区与问题不足。高校思政课教学方法主要存在以下不足：一是过于重视方法和形式的创新而弱化思政课的政治性、价值性、导向性等；二是把"教学方法创新这一手段当成改革之目的"，一味追求新、奇、特、怪来吸引学生眼球，把思政课教学方法的改革创新娱乐化、庸俗化，而忘记思政课本身的使命，偏离了改革的目的；三是不加区分地把传统的教学方法（如讲授法）当作改革的对象、批评的靶子，为改革教学方法而夸大其缺点，忽视其优点；四是以新颖的教学方法和形式来代替系统地讲授、深入地分析，致使思政课堂呈现内容零乱化、知识碎片化、体系分割化、讲解表层化，甚至格调庸俗化的趋势，从而影响思政课的系统性、权威性、科学性、理论性等；五是以思政课教学方式方法改革为名，有意或无意地削弱课堂教学、减少思政课时。[①] 此外，也有强调学生主体性而忽视教师主导性的做法，因为教师的"不在场"，导致学生自主学习变成了放任自流。[②]

---

① 柴艳萍. 高校思政课教学方式方法改革再思考［J］. 思想理论教育导刊, 2017（9）: 115 - 119.

② 李榄，张春晖. 思想政治理论课教学方法创新存在的误区及化解［J］. 学校党建与思想教育, 2015（17）: 63 - 64.

高校思政课教学方式方法改革创新过程中之所以出现上述误区和问题，其主要原因在于对于思政课教学方式方法改革创新的本质目的、根本任务、重要原则、重大关系没有搞清楚。高校思政课教学方式方法不管改什么、怎么改，都必须坚持有利于实现思政课的思想性、理论性、亲和力、针对性，增强教学实效，增加学生的获得感，进而有利于"立德树人"根本任务的落实和培养堪当民族复兴大任的时代新人根本目标的实现。因此，高校思政课教学方式方法改革创新也必须要在"守正"的基础上进行创新，不能偏离思政课教学效果提升之正，思政课使命任务之正等。

总之，打造高校思政课"金课"，离不开教学方式方法的改革创新这个关键环节，而教学方式方法的改革创新，必须坚持"守正"这一基础，综合考虑多种因素，沿用好办法，改进老办法，探索新办法，实现多种方法有机组合和协同发力。

第四节 塑造"金型"，探索高校思政课教学模式

科学合理、富有实效、可复制推广的教学模式是构建高校思政课"金课"必不可少的关键要素和重要依托，对于规范高校思政课教学、增强教学实效性、落实"立德树人"根本任务、提高人才培养质量具有十分重要的意义。

相较于教学模式的探索和实践以及思考和认识，教学模式这一概念则出现得相对较晚。一般认为，美国学者乔伊斯（B. Joyce）等最先把模式一词引入教学领域，并率先使用教学模式这一概念。他们在《教学模式》一书中认为："教学模式是一种方式，通过这种方式建立一个有利于学生成长且具有激励性的生态系统，学生可以与这个生态系统的组成部分互动，以此实现学生的自主学习。"[①] 此后，在学术和教育领域，关于教学模式这一概念的探索和研究越来越多，并形成了较为丰富的认识和成果，如方法说、过程说、结构说等。对此，我国学者提出，教学模式是遵循某种教学思想

---

① 乔伊斯等. 教学模式（第9版）[M]. 兰英，等译. 上海：华东师范大学出版社，2021：4-5.

和教学理论，根据教学规律和学生认知特点，为完成特定的教学目标和教学任务，依靠一定的教学方法和教学平台，按照教学活动的顺序在教学实践中形成的比较稳定的、系统的一种教学行为范式。① 在把握教学模式的含义时，需要对一些相关的概念进行区分和厘清。例如，教学模式与教学方法和策略等是一组关系密切但又有显著不同的概念和范畴。一般认为，教学模式是指一定教学思想或教学理论指导下建立起来的较为稳定的教学活动结构框架和活动程序。教学方法和教学策略等则是指教学共同体为完成一定教学任务、实现教学目标所采取的方式、手段、技巧、方案、媒介等。由此可见，教学模式包含教学方法和策略，教学方法和策略则是教学模式重要构成要素。

在此基础上，国内学术界也从教学模式的概念出发，对高校思政课教学模式的含义提出了不少有价值的观点和看法。一种颇具启示性的看法认为，高校思政课教学模式有狭义和广义之分。从狭义的角度来看，高校思政课教学模式是指高校思政课课堂教学模式，是教师基于一定的教学思想和理念，围绕教学目标和教学内容，按照一定的教学程序，有效开展课堂教学活动，对大学生进行马克思主义理论教育和中国特色社会主义理论体系教育的一种范式。从广义上来说，高校思政课教学模式不仅包括课堂教学模式，还包括实践教学和网络教学模式，是三者的有机结合。因此，高校思政课教学模式是指在一定的教学思想或理论的指导下，特定的教师、学生、媒体、社会环境按照一定的程序，整合各种教学资源，围绕着一定的教学内容通过互动以实现思想政治教育教学目标的一种教学行为范式。②

一、教学模式对高校思政课"金课"建设的功能地位

高校思政课教学模式对于高校思政课建设具有十分重要的地位和作用，其具体作用主要体现在以下几个方面：

---

① 董前程. 高校思想政治理论课教学模式改革研究［M］. 北京：中国社会科学出版社，2018：47.

② 董前程. 高校思想政治理论课教学模式改革研究［M］. 北京：中国社会科学出版社，2018：54.

（一）中介作用

教学模式是教学经验与教学理论之间的一种可操作性的知识系统，是再现教学实践活动的一种理论性的简化结构，具有实践性和理论性密切联系、有机统一的特点。其理论性是指，任何教学模式都是某种（些）教学理论的简化表现方式，它通过简明扼要的象征性的符号、图式和关系的解释，来反映它所依据的教学理论的基本特征。其实践性是指，任何教学模式都来源于教学实践，是对一定具体的教学活动方式进行优选、概括、加工的结果，同时又要服务于具体的教学实践活动，具有较强的可操作性。[①]因此，高校思政课教学模式所具有的中介功能和作用就成为沟通思政课教学理念、理论与具体教学实践活动之间有机互动的桥梁和纽带，既使教学理念和理论在教学活动中得到较为充分的贯彻和实现，也使教师超越了经验和感觉，摆脱了教学中的盲目性和随意性。

（二）规范作用

教学模式是一定教学思想或教学理论指导下建立起来的较为稳定的教学活动结构框架和活动程序，稳定性和程序性是其显著特征。每一种教学模式都是大量教学实践活动的理论概括，在一定程度上揭示了教学活动带有的普遍性规律，形成了特定的逻辑步骤和操作程序，它规定了在教学活动中师生先做什么、后做什么，各步骤应当完成的任务。[②]教学模式所具有的规范作用，一是体现在对于高校思政课教学活动的示范引导作用，使教师能够比较迅速地掌握独立的教学能力，减少从头探索浪费的时间和精力；二是对于高校思政课教学活动具有诊断矫治作用，减少教学活动的盲目性、随意性甚至错误性问题的发生。正是由于高校思政课教学模式具有这样显著的功能和作用，从而有助于提升思政课教学的质量和水平，增进教育教学实效性，进而提高人才培养质量。

---

① 教学模式 [EB/OL]. https：//baike. baidu. com/item/% E6% 95% 99% E5% AD% 6% E6% A8% A1% E5% BC% 8F/5268353？fr = aladdin.
② 课堂教学模式 [EB/OL]. https：//baike. baidu. com/item/% E8% AF% BE% E5% A0% 82% E6% 95% 99% E5% AD% 6% E6% A8% A1% E5% BC% 8F/1597702？fr = aladdin

（三）促进作用

教学模式的促进作用，一方面体现在由于其相对稳定的教学结构和教学程序所呈现的可操作性，便于教师掌握和运用，从而促进了教师教学能力的提升及其职业发展，进而带来教学效果的改进。另一方面，对于"教学模式的研究也会促进教学研究方法论的革新。长期以来人们在教学研究上习惯于采取单一刻板的思维方式，比较重视用分析的方法对教学的各个部分进行研究，而忽视各部分之间的联系或关系；或习惯于停留在对各部分关系的抽象的辩证理解上，而缺乏对教学活动的特色和可操作性的研究。教学模式的研究指导人们从整体上去综合地探讨教学过程中各因素之间的互相作用和其多样化的表现形态，以动态的观点去把握教学过程的本质和规律，同时对加强教学设计、研究教学过程的优化组合也有一定的促进作用。"①

二、探索和开发高校思政课教学模式的目标方向和基本遵循

教学模式在高校思政课"金课"建设中的重要地位和作用，要求必须高度重视思政课教学模式的探索和开发。明确目标方向和遵循科学正确原则是做好这一工作的重要前提和基本要求。

（一）思政课教学模式的探索开发必须明确目标方向

高校思政课教学模式除了具有一般教学模式的共性特征外，比如指向性、完整性、简约性、可操作性、稳定性、灵活性，还必须要符合高校思政课的学科特色和课程特点。这就要求在思政课教学模式的探索开发过程中，既要遵循一般性教学模式的特点和规律，更要关照高校思政课本身的课程特点和特殊性要求，这是探索和开发高校思政课教学模式必须坚持的正确方向，也是确保思政课教学模式科学性和有效性的基本前提。相较于其他课程，高校思政课最显著的特征就是鲜明的意识形态性，即对广大青

---

① 课堂教学模式 ［EB/OL］. https：//baike. baidu. com/item/% E8% AF% BE% E5% A0% 82% E6% 95% 99% E5% AD% A6% E6% A8% A1% E5% BC% 8F/1597702？fr = aladdin.

年学生具有政治引导、思想引领和价值塑造的基本功能。因此，在探索和开发高校思政课教学模式中，必须要始终遵循马克思主义理论指导，坚决贯彻党和国家的教育方针政策，始终把政治引导、思想引领和价值塑造作为内控灵魂和思想主线，大力落实立德树人的根本目标任务。

（二）思政课教学模式的探索开发必须遵循原则

在探索和开发高校思政课教学模式中除了必须坚持正确方向外，还必须遵循如下原则：

一是整体性原则。高校教学模式的开发和建设是一个系统工程，涉及多种要素、多个方面、多个环节，如教学理论、教学目标、教学内容、教学方法策略、教学环境条件、教学评价、教学主体、操作程序等。因此，在开发和构建思政课教学模式过程中必须要坚持整体系统原则，全面、综合、系统考虑，防止片面化、碎片化。

二是针对性原则。教学模式的稳定性总是相对的，因为，任何教学模式都是在一定的理论指导下，围绕着一定的教学目标，面向不同的教学对象，针对一定的教学内容，根据不同的教学环境和条件等而形成的，不存在放之四海皆准的普适性教学模式，因此，在探索和开发高校思政课教学模式中必须因人而异、因事而化、因时而变、因势而新、因实制宜。

三是主体间性原则。主体间性原则不同于主体性原则，前者强调在相互尊重的基础上，注意发挥教师和学生两个主体的积极性，实现二者有机互动和教学相长，有效避免偏重或弱化任何一方所带来的问题，有助于达成教学效果的最优化和最大化。

四是开放性和发展性原则。高校思政课教学模式不是一个封闭的、静态的系统，而是一个开放的、动态性的系统，会随着教学实践活动、教学内部各要素以及教学环境条件的变化而不断地发展和完善，因此，在探索和开发高校思政课教学模式过程中必须坚持开放性和发展性原则，通过改革创新不断地进行完善和发展。

三、高校思政课教学模式的实践与应用

探索和开发高校思政课教学模式必须在理解和把握其内在结构要素、

形成和发展规律的基础上，找准着力点，采取有力措施，精准集中持续发力。就高校思政课教学模式的结构要素来说，主要包括特定的教学理念或理论、明确的教学目标、有效的实现条件、相对固定的教学程序和科学的评价体系。① 就其形成和发展的特点及规律而言，必须坚持继承性与创新性、稳定性与灵活性、理论性与操作性、普遍性与个性化等诸方面相统一。具体言之，探索和开发高校思政课教学模式可以从以下方面着力：

一是学透先进理论。科学有效的思政课教学模式离不开先进教学理论和理念的指导，缺乏先进教学理论和理念的指引和支撑的教学模式是没有灵魂和根基的，其成效必然是大打折扣的。因此，开发和建设高校思政课教学模式必须要树立和贯彻先进正确的教学理念或理论，要善于学习理论、吃透理论、应用理论。

二是吃透教学目标。任何教学模式都是围绕着一定的教学目标设计和展开的，教学目标对教学模式具有导向功能，因此，构建高校思政课教学模式必须吃透和把握教学目标，为此既要理解和把握高校思政课的整体宏观教学目标，又需要理解和把握每一章、每一节、每一课的具体目标，只有目标明确，活动才更有效。

三是摸透教学对象。研究并把握教学对象的学习特点和接受规律是科学设计教学模式，确保教学模式具有针对性、富有有效性的重要前提。因此，在开发和构建高校思政课教学模式的过程中必须要充分考虑到当代青年大学生的成长环境、学科专业特点、年级层次、心理特点、学习状况等，努力避免教学模式出现千人一面、千篇一律的情况。

四是精心设计活动。教学模式的呈现及其教学效果的达成最终要通过教学活动来实现。因此，在开发和构建高校思政课教学模式过程中，必须要在学透教学理论、吃透教学目标、摸透教学对象的基础上，始终高度重视教学活动的精心设计和组织实施，其中包括教学内容的选取、教学方法（教学手段、教学策略）的选择、操作程序的设计等。

五是建立科学评价标准。教学评价既是教学模式的构成要素，也是验证教学模式有效性的重要环节，还是不断改善优化教学模式、提升思政课

① 董前程. 高校思想政治理论课教学模式改革研究［M］. 北京：中国社会科学出版社，2018：47.

教学效果的重要保障。因此，在开发和构建高校思政课教学模式过程中，必须在遵循科学原则的基础上，把准教学目标、核心内容、关键环节等，精心设计评价指标。

总之，开发和构建高校思政课教学模式的着力点和基本任务就是通过树立贯彻先进教学理论，认真研究青年学生学习特点，系统深入分析思政课教学环境条件，精心组织教学内容，优化教学方法手段，制定规范的操作流程等，形成特色鲜明、针对性强、操作性强、实效性好的教学模式。

第五节 构造"金评"，完善高校思政课教学评价

构建科学有效的教学评价体系是打造高校思政"金课"不可或缺的关键要素和重要环节。所谓教学评价是依据一定的教学目标和客观标准，运用科学合理的方法和手段，对教学过程及结果进行测量，并给予价值判断的过程。[①] 就学理上而言，教学评价的对象和内容十分丰富，包括教学主体（教师和学生）、教学设计、教学内容、教学环境、教学过程、教学效果等，但主要包括评教和评学两个关键环节，即对教师的教学过程和效果与学生的学习效果进行评价。根据评价在教学活动中发挥作用的不同，可把教学评价分为诊断性评价、形成性评价和总结性评价三种类型，同时根据评价需要和认识水平，教学评价所使用的方式方法也不尽相同。

一、教学评价对于高校思政课"金课"建设的重要意义

构建科学合理的教学评价体系对于高校思政"金课"建设具有重要的理论价值和现实意义。

（一）规范和完善思政课教学

思政课教学评价体系是一个涉及主体多元、领域广泛、环节众多的复

---

① 教学评价 [EB/OL]. https：//baike. baidu. com/item/% E6% 95% 99% E5% AD% A6% E8% AF% 84% E4% BB% B7/7811330？ fr = aladdin

杂有机动态体系。从主体来看，教学评价的主体包括教师、学生、教学管理部门等多个主体；从教学评价的对象和内容上来说，涵盖教学主体、教学目标、教学内容、教学方法、教学设计、教学活动、教学环境等众多因素；从环节和流程来看，包括教学准备、教学过程、教学反思、教学效果等多个环节和流程。构建科学合理的思政课教学评价体系旨在通过发挥其"指挥棒""诊断仪""矫正器"的作用，不断地对高校思政课教学活动和教学流程进行引导、诊断、调节，促进高校思政课教学活动和过程的规范化，并完善和发展之。思政课教学评价体系在规范和完善思政课教学方面所发挥的具体作用主要表现在以下几方面：一是体现在对教师的教学准备、教学活动和教学过程进行引导和诊断，促进教师所有教学活动和整个教学流程符合一定的标准和规范；二是对学生的学习活动进行引导和调节，包括学习动机、学习态度、学习行为等，要求学生课前认真准备，课中遵守纪律、积极参与、认真思考、适时内化，课后及时巩固、提高、拓展、转化等；三是便于教学管理部门对思政课教学活动进行管理和监测，为改善思政课教学活动提供基础数据信息。

（二）提高思政课教学实效性

教学评价除了通过规范和完善思政课教学活动和教学流程来提高教学实效外，好的教学评价还通过反馈、强化、竞争功能来提高思政课的教学实效性。首先，适时而客观全面的教学反馈有助于改进和完善思政课教学。评价作为一种反馈和矫正系统，有利于判断教学过程中的每一步在该过程中是否有效；如果无效，必须及时采取什么变革以确保过程的有效性。[①] 思政课教学评价依据一定的标准通过对每一个教学活动、每一个教学环节、每一个教学要素、每一方面的环境条件等进行检测和反馈，及时总结经验、发现问题、改革完善等，从而提高思政课教学实效性。其次，教学评价的强化功能可以通过调动教师教学工作积极性和激发学生学习积极性达到提升教学成效的目的。强化理论指出，当人为了实现一定的目标而采取某些行动并作用于环境和对象后，如果这种行动得到积极回应即受到肯定或鼓

---

① 布鲁姆等. 教育评价［M］. 邱渊，等译. 上海：华东师范大学出版社，1987：5. 转引自董前程. 高校思想政治理论课教学模式改革研究［M］. 北京：中国社会科学出版社，2018：172.

励时，这种行为就会在以后重复出现。在高校思政课教学活动中，如果教师的教学行为和付出或学生的学习和努力，适时受到肯定和鼓励时，就会极大地激发教师的教学积极性和学生的学习兴趣，从而使思政课教学取得更加良好的效果。最后，教学评价的结果，尤其是学生的学业成果，能引起任课教师之间、学生之间、班级之间、学科之间的横向比较，从而有助于教师、学生等认识到自己在总体中的相对地位，客观上能起到竞争的作用，有助于维持教学过程中师生适度的紧张状态和进一步激发教师和学生的积极性，从而达到提升思政课教学效果的作用。

（三）促进师生的共同成长和发展

科学有效的教学评价体系对于思政课教师队伍建设和学生的健康发展具有十分重要的作用。其中，高素质的思政课教师队伍是打造高校思政"金课"的关键要素，青年学生的思想政治素质和道德修养的提高是建设高校思政"金课"的主要目标，也是衡量高校思政"金课"建设成效的核心标尺。因此，构建科学有效的高校思政课教学评价体系十分必要、紧要和重要。例如，增值评价就是党和国家明确提倡的、学术界积极关注的一种新的教学评价理念和方式。中共中央、国务院 2020 年 10 月印发的《深化新时代教育评价改革总体方案》指出，"坚持科学有效，改进结果评价，强化过程评价，探索增值评价，健全综合评价，充分利用信息技术，提高教育评价的科学性、专业性、客观性"。作为一种较为新颖的评价方式，思想政治教育增值评价不同于传统的注重结果性评价的工具理性评价范式，这种新型的教学评价方式聚焦于教育对象思想品德素质的进步和发展，是一种重视起点、关注过程及结果的，兼顾价值理性和工具理性的评价范式，对于提升教育对象的发展高度、延展思想政治教育工作者的成长空间以及改善思想政治教育质量评价尺度等方面都具有积极的作用。增值评价之所以能够提升思想政治教育对象的发展高度，是因为它克服了过去重智育轻德育、重分数轻素质的现象，真正关注学生的成长需求，从对教育对象的整体性评价转向关注每一个学生的心理、思想、行为等思想品德素质的进步和成长，充分体现了对学生成长发展需求和期待的满足，更加符合教育规律和教育本质，可以使学生感受到教育的公平性，意识到自己被关心、被重视、被肯定、被赏识，使学生更多地从横向与他人作比较转向反观自身，在自我比较、自我教育中看到自己的不足与进步，进而实现自我肯定、自我提升、自我升华，促进德智体美劳全面发展。增值评价能够促进思政课教师成长发展的关键在于，它有助于矫正传统的思想政治教育评价大多指向奖惩优劣评判，而忽视了思想政治教育工作者的专业发展偏向，追求的是尊重人才，从而保证了教育评价过程的公平性与客观性，使思想政治教育工作者的努力可以被看到、被承认、被认可，保障了思想政治教育工作者专业成长发展的诉求，为思想政治教育工作者的自我提升提供依据，能够在遵循思想政治教育工作者专业成长规律的基础上，挖掘其成长潜力，扩展其成长空间。①

二、高校思政课"金课"教学评价体系建构的基本遵循

由于思政课教学评价体系是一个包含着多种要素、涉及多个领域、具有多层次环节的复杂有机动态体系，因此，构建高校思政课教学评价体系必须要以科学严谨的态度认真研究思政课教学评价的特点和现状，坚持正确的发展方向，坚持科学的思维和方法，积极稳妥地推进。

（一）摸清特点和现状

搞清楚高校思政课教学评价的基本特征及其发展状况是建设高校思政课教学评价体系的必要前提。不同于高校其他专业性课程，高校思政课最显著的特征在于其鲜明的意识形态性，它通过对广大青年学生开展马克思主义基本原理和中国化马克思主义理论教育，开展正确的党史、革命史、国史教育，开展科学的人生观、价值观、道德观、法治观教育，开展正确的形势观政策观、党的路线方针政策、基本国情、国内外形势教育等，对广大青年学生进行政治引领、思想引导、价值塑造。由高校思政课课程特点所决定，高校思政课教学评价除了具有一般课程教学评价的共性特征外，也体现了自身的特殊性，比如，评价体系突出政治性，评价结果强调价值性，评价时限注重延时性，评价方式讲求模糊性和定

---

① 陈华洲，负婷婷. 思想政治教育增值评价的理论内涵与实现路径［J］. 思想理论教育，2022（6）：52－58.

性化，等等。就思政课教学评价建设发展现状而言，一方面，新中国成立以来高校思政课评价发生了深刻变化。从评价观念来看，思政课评价有一个从无到有、从简单直接粗放评价到日益具体明确和精细化评价的过程，评价观念日益明确；从评价的主体来看，思政课评价从以学生为主体逐渐拓展到教育行政管理部门和教师，评价主体日益多元；从评价内容来看，思政课评价从成绩考核拓展到工作考核和教学质量考核，评价内容日益深入；从评价方法来看，思政课评价从定性评价、成绩考评到品德测评和量化指标评定，评价方法日益科学。另一方面，思政课教学评价中还存在着一些不足。例如，思政课评价范围主要局限于教学评价，评价的目的偏重总结性评价，评价的主体相对单一，评价的标准相对模糊，评价的方法相对简单，等等。①

（二）明确方向和目标

方向明、目标清，才能行动稳、成效好。构建高校思政课教学评价体系必须要明确发展方向和建设目标。立足于中国特色社会主义新时代，着眼于培养堪当实现民族伟大复兴时代新人，服务于高校思政"金课"建设这一现实落脚点，在此，我们认为当今时代高校思政课教学评价体系建设发展的目标方向应是：以习近平新时代中国特色社会主义思想为指导，全面贯彻新时代党中央重要会议精神和党的教育方针，遵循思想政治教育规律、思政课教学规律、青年大学生成长发展规律，坚持科学有效，改进结果评价，强化过程评价，探索增值评价，健全综合评价，充分利用信息技术，提高教育评价的科学性、专业性、客观性，为高校思政课建设发展服务，为落实立德树人根本任务服务。

（三）坚持原则和方法

树立科学思维，遵循正确原则和方法是推进高校思政课教学评价体系建设的基本要求和必要前提。对此，我们应该遵循以下几个方面：第一，坚持政治性评价和科学性标准相统一。思政课鲜明的政治导向性、思想引

① 余双好，张琪如. 高校思想政治理论课课程评价的特点及改革路径［J］. 思想理论教育，2021（3）：18－24.

导性、价值引领性，要求在设计和实施高校思政课教学评价中必须全面、全程贯彻和体现政治性，并把政治性作为衡量思政课建设成效的首要、根本标准。与此同时，思政课教学评价还应遵循科学性标准。其原因在于：一是思政课除了鲜明特性外，还与高校其他课程具有共通性，因此，教学评价中都需坚持客观性、全面性、发展性、动态性、可操作性等基本要求和标准。二是思政课评价的政治性要求，也要通过科学性来实现，只有尊重思想政治教育规律、思政课教学规律、学生学习接受规律，科学设计评价指标等，政治性要求才能得以贯彻、检测和实现。第二，坚持全面评价与重点评价相统一。高校思政课教学包含的要素和环节众多，涉及的领域和部门广泛，产生的效果影响复杂多变等，因此，在建设高校思政课教学评价指标体系时，必须要全面、综合考虑，力求做到全面、客观、公正。"开展思想政治理论课教学质量评价，主战场在课堂，主力军在教师，主旋律在遵循规律"①，因此，思政课教学评价还要善于抓住关键要素、重点部位、重要环节进行重点评价，避免平衡用力。第三，坚持过程评价与效果评价相统一。教学流程与教学效果关系密切，相互影响。高校思政课建设和教学包括多个流程、环节，并且影响建设和教学流程及效果的因素也是复杂多样。因此，我们在建设高校思政课教学评价体系时，既要关注教学效果，又要关注整个建设过程和教学流程。一方面通过掌握教学效果及时总结反思教学流程和建设过程；另一方面则通过关注教学流程和建设过程促进和保障教学效果，防止畸轻畸重对思政课建设和教学带来的不利影响。第四，坚持价值与知识、能力评价相统一。高校思政课集知识传授、能力培养、价值引领等多重功能于一体，因此，在建设高校思政课教学评价指标体系时，必须要综合考虑到这几个方面，知识学习是基础，能力培养是关键，价值塑造是根本。第五，坚持即时评价与长时评价相统一。"高校思想政治理论课教学评价与其他教学评价的又一显著差异就在于其评价既包括对教学要素和教学效果的即时评价，又包括潜在性的延时评价，是即时评价与延时评价的统一。"② 高校思政课承担着知识传授、能力培养、价值塑

---

① 余双好．关于思想政治理论课教学质量评价问题的思考［J］．学校党建与思想教育，2018（13）：14－18．

② 许传红．高校思想政治理论课教学评价探微［J］．学校党建与思想教育，2012（12）：50－51．

造、思想政治和道德素质培养等多重任务，其中知识掌握、能力达成程度等可以运用即时性评价检测手段，而思想政治和道德素质、"三观"的形成、行为模式的养成则需要一个较长的过程，因此，需要做长时段的考察。第六，坚持定量评价与定性评价相统一。精确定量评价和模糊定性评价也是高校思政课教学评价体系建设过程中必须坚持的重要原则和方法。高校思政课教学的评价包括教学的事实性、知识性评价，这种评价是完全可以进行精确评价的。而高校思政课在引导和帮助大学生树立正确的世界观、人生观和价值观，提高思想道德素质，促进学生全面发展方面发挥的作用，又是难以完全精确评价的。[①] 因此，高校思政课教学评价应该坚持定量和定性两种评价方法相结合的评价原则。

三、创新高校思政课"金课"教学评价的方案设计

创新新时代高校思政课的教师评价是以评促改、以评促教、以评促学的重要抓手，更是打造高校思政课"金课"，促进其高质量发展的关键一环。过去，传统的高校思政课教师评价模式主要是通过考察教师"怎样教"来评判教学质量，其评判的主要维度包括以下六个方面：第一，教师的教学目标，即想要达到什么样的教学效果。第二，教师的教学理念，即教师的教学育人价值观。比如，以学生为中心，育人为本的教学理念。第三，教师的教学内容，即选择什么样的素材、讲述什么样的知识去完成上述教育目标和践行上述教育理念。第四，教师的教学方法，即如何运用素材。第五，教学进程，即如何把控教师教学的课前、课中和课后。第六，教师的教学基本功，即教师的教学能力。比如，政治引领能力、创新教学能力、自我学习能力等。当然，上述六个维度是一种宏观的指导维度。在实际操作中，一般采取听课评课、专家评教、教师竞赛、网上评教等具体方式来对教师进行教学评价。

但上述的教师评价多侧重于"课堂教学评价"，对于教师本身的人格魅力、师德师风、实践教学等方面的评价略显薄弱。有些思政课教师学

---

① 骆郁廷. 试论高校思想政治理论课教学评价的特殊性 [J]. 教学与研究，2007（4）：71 - 75.

识素养不高，知识储备不全面，不注重专业基础之外知识的积累与拓展，知识面狭窄，知识结构不完善，对哲学、历史学、科学等学科的学习不积极，多学科理论素养跟不上现代学生的求知欲望，其讲述的高校思政课也多呈现出"只对着 PPT 讲，不对着学生讲""只照着书本讲，不对着党的最新成果讲""只讲着大话、空话、套话和口号，却不讲干货"，以至于其成为了一门"水课"。有些思政课教师存在政治信仰危机、政治立场不坚定的现象，政治纪律性不强，向学生传递满腹牢骚、怨天尤人等不良情绪。有些思政课教师的政治方法掌握不到位，不能够正确引导学生对重大理论和实践问题的认知，不能运用正确的政治方法消解学生对有些内容的反感和抵触心理，最终影响了高校思政课课程的实际效果，以至于其成为了一门"毒课"。有些高校思政课教师对实践教学的认识还不够到位甚至出现偏差，导致高校思政课成为了局限于教室的课程，却忽视了高校思政课也能融入社会、融入实践。除此之外，一些高校的思政课教师面临以科研成果论成败优劣的评价考核机制，抑制了思政课教师的教学动力。由此可见，创教师评价之新，是打造高校思政课"金课"的重要要求。为此，新时代打造高校思政课"金课"需要从以下几点优化教学评价。

第一，采用质性研讨的评价方式。教学评价过程中要关注教师的不足，尽量提出客观的反馈和合理的建议，并与教师进行研究商议，以帮助教师改进教学质量，提升教学能力。应摒弃听课打分了之的评价方式，这无助于教师教学能力的提升，反而有可能挫伤教师提升教学能力的积极性。[①] 在工作重心导向上，要确立以思政课教学为核心的评价导向，鼓励思政课教师潜心教学、开展教学研究，将更多时间投入精彩教案、精彩课件和精彩课程的钻研，把思政课真正建成"金课"。

第二，健全师德师风评价体系。2018 年，习近平总书记在北京大学师生座谈会上指出，"评价教师队伍素质的第一标准应该是师德师风"[②]。2019 年教育部在《高校思想政治工作质量提升工程实施纲要》中就要求：

---

① 王宪平. 课程改革与教师教学能力发展研究［M］. 上海：学林出版社，2009：221.

② 习近平. 在北京大学师生座谈会上的讲话［EB/OL］.（2018 – 05 – 02）. http：//www. gov. cn/gongbao/content/2018/content_5294413. htm.

"在教师教学评价、职务（职称）评聘、评优奖励中，把思想政治表现和育人功能发挥作为首要指标，引导广大教师不忘立德树人初心，牢记人才培养使命，将更多精力投入教书育人工作上。"① 为此，要建立和完善道德考核机制，定期对思政课教师的道德素质进行考评，要对师德师风不好、学术不端的教师实行"一票否决"。高校思政课教师"人格要正"，才能为人师表，方能让真理的力量更加熠熠生辉。在平时的课程考核（包括学生打分、督导听课、同行听课等环节）中加入道德考核的要求，用奖励机制促进思想政治理论课教师自觉提升自己的道德修养。

第三，建立全程评价、全程参与的教学评价体系。评价应是全程、全员和开放性的。只有实现评估主体的多元化、社会化，形成符合我国思政课改革现状的政府评估、学校自我评估和专家共同参与的多元评价主体，建立起自评与互评相结合的评价体系，才能真正提高思政课教学评估工作的透明度和权威性。总而言之，就是要健全"学生评价＋督导评价＋同行评价＋自身评价"的综合评价体系，让教学过程中的各个参与方都融入教师评价体系之中，提高教师评价的全面性和客观性。

第四，创新课堂教学与课外教学的综合评价模式。考察高校思政课教师教学不仅仅是要看其如何"掌控课堂"，还要看其如何"引领课外"。在课堂教学中，要评价其知识传授与价值观灌输的效果，考察其能否将教材体系转换为教学体系。促使知识体系向价值体系转化，也是评价思政课教师综合能力的重要维度。也就是说，如何将"米"做成"饭"，以高超的"烹饪技术"做出可口的"饭菜"，也就是将价值性知识转化成学生可接受能消化的内在营养，是思政课教师教学能力的重要组成部分，也就是回答"怎么教"的问题。此外，还要把实践教学和理论教学一样纳入考核范围，把教师实践教学考核纳入教师总体考核，考核结果与教师的职务评聘、晋升、评优等挂钩。

第五，健全公正合理的考核激励机制。学校应根据高校思政课教学实践的要求，制定行之有效的考核办法和奖惩机制。应把教学质量和水平作为首要评价标准，进一步提升教师教学业绩在校内绩效分配、职称评聘、

---

① 高校思想政治工作质量提升工程实施纲要 ［EB/OL］．（2017 - 12 - 04）．http：//www. moe. gov. cn/srcsite/A12/s7060/201712/t20171206_320698. html.

岗位晋级考核中的比重并使之进一步合理化，鼓励思政课教师把主要精力放在研究教学内容、创新教学方法、提高教学实效上。比如，通过设置一定的奖励机制，积极鼓励那些业务水平高、教学能力强的老教师，帮助年轻教师成长，帮助他们解决在形成价值性知识和系统性理论体系中的困惑，帮助他们改进课堂教学实施能力。对于曾因承担大量课程教学而耽误了科研业务水平，以致对教学能力提升意识不足的老教师，应强化对他们的考核，督促他们更新理论知识和教学技能，提升理论教学水平。另外，对于教学效果差、教学评价极低的教师要批评、警告，甚至处罚。

第三章　"金课"建设视域下高校思政课守正创新的逻辑理路

新时代，高校思政课要想成为一门"金课"，而不是"水课"，必须要坚持守正创新。只有坚持好守正，高校思政课才不会偏离正确的方向，才不会丧失立德树人的初心和使命。只有坚持好创新，高校思政课才不会因循守旧、僵化封闭，才不会跟不上时代的步伐、师生心理的动态变化、课程的改革拓展。因此，守正创新是新时代高校思政课建设的逻辑旨归。

第一节　"金课"建设视域下高校思政课守正创新的逻辑前提

新时代，高校思政课的守正创新是有特定的逻辑前提的。这种逻辑前提就是高校思政课本身的特殊性，这也决定了高校思政课能够成为一门"金课"。高校思政课之所以能够成为一门"金课"，是因为高校思政课具有政治性、方向性、规律性和人本性的特征。

一、政治性：坚持党对高校思政课坚强领导

从课程属性上看，高校思政课属于政治课。我国高等学校的思政课在新中国发展的不同时期有不同的名称。20 世纪 50 年代，被称为"政治理论课"。60 年代，被称为"共同政治理论课"。在"文化大革命"期

间，被称为"政治课"。70 年代末 80 年代初被称为"马列主义课"。后又被称为"马克思主义理论课"。"85 方案"中被称为"马克思主义理论课程和思想教育课"。"98 方案"中把思想品德课与马克思主义理论课统一简称为"两课"，"05 方案"正式以"思想政治理论课"来概括原来的"两课"各门课程。但无论课程名称如何变化，其政治课的课程属性定位是明确的，其目的不仅是传播一般性的知识，更是为了塑造学生的政治倾向和政治价值观，培育他们理解"中国共产党为什么能、马克思主义为什么行、中国特色社会主义为什么好"的重要课程，更多地体现在高校思政课要做好政治导向引领、政治知识讲授、政治立场培育、政治信仰确立等诸多方面的工作。可以说，政治性是高校思政课最显著、最突出、最核心的特征。

习近平指出："政治引导是思政课的基本功能。"① 在中国，自高校思政课出现以来，政治性一直是其贯穿始终的要求。虽然不同的时代，党和政府对于高校思政课"政治性"的外延会随着时代的进步、课程的改革和形势的变化有所扩展，但其核心意涵始终不变，即始终坚持党对高校思政课的坚强领导。早在 1951 年 9 月 13 日，中共中央就专门印发了《中央关于挑选适当人员担任大中学校的政治课教员的指示》的文件。在这份文件中，明确大学和中学的政治课的政治属性，强调要在党的统一领导下。毛泽东曾强调：教师和学生要在政治上"有所进步"，为此要学习马克思主义，了解时事政治，从而形成正确的政治观点。② 1957 年 10 月 11 日，《中央宣传部关于设立社会主义教育课程向中央的报告》更是指出，高校思政课必须要在党委的领导下开展教学。1964 年后，党和政府逐渐强调，包括高校思政课在内的各个课程"必须为无产阶级政治服务"。十一届三中全会后，党和政府相继出台"85 方案""98 方案""05 方案"。在这些方案中，都强调高校思政课必须要"又红又专"。这种"红"其实就是强调高校思政课的政治性，强调高校思政课要做好党的理论宣传，要坚持党的坚强领导。新时代，习近平总书记在学校思想政治理论课教师座谈会上，针对高校思政课的守正创新就提出"八个统一"。其中，第一个"统一"就强调

① 习近平. 思政课是落实立德树人根本任务的关键课程 [J]. 求是，2020 (17)：4 – 16.
② 毛泽东著作选读（下册）[M]. 北京：人民出版社，1986：780 – 781.

要"坚持政治性"。2015年，党和政府重新修订了2011版的《高校思想政治理论课建设标准（暂行）》。新修订的2015版着重强调了思政课要以"政治要强"为基准。由此可见，政治性是高校思政课的核心属性，其核心意涵就是强调坚持党的领导。

党政军民学，东西南北中，党是领导一切。当前，制约高校思政课成为一门"金课"的重要因素就是党的领导弱化了。一方面，高校思政课教师在讲好"中国共产党为什么能"这一事实方面力度不够，讲述方式僵化，照本宣科，效果不好。高校思政课教授要讲好中国共产党领导全国各族人民克服了各种困难才走到今天，100年的风雨历程以铁一般的事实告诉我们，只有中国共产党才能领导中国人民走上富强之路。中国共产党是推动中国社会发展主体力量的代表，它始终坚持为人民利益而奋斗，所有这一切充分体现了中国共产党的执政合法性。为此，思政课教师应充分研究、阐释中国共产党领导地位的历史必然性。思政课教师应当在近代史教学中阐述马克思主义政党在中国形成和发展的历程，以及对中国革命的重要指导意义；在当代国情教育中阐述中国共产党如何引领中国走向社会主义现代化强国的新征程。在此基础上，思政课教师将坚持和维护中国共产党领导的重要性上升到新高度，向学生阐释党在统领全局中的关键作用，讲好"中国共产党为什么能"。

另一方面，党的领导在高校思政课课堂里隐身，甚至一些质疑党的领导的声音出现在高校思政课课堂里。尽管高校党委始终牢牢掌握大学生思想政治工作的领导权，党中央也先后颁发一系列加强思政课教师政治导向能力的文件，但学校对这一问题的重视和落实仍然存在不小差距。造成这一问题的主客观原因是多方面的。从客观方面看，伴随着高校生源扩招、多校区教学模式形成，高校党组织数量和层级也逐渐增多，这就加大了党组织领导思政工作的难度。而且在网络化、信息化和社会思潮多样化的冲击下，高校思想政治工作的难度更是不断提升。主观原因有学校领导班子没有从全局高度真正认识到思政课的重要地位。因此，新时代要将高校思政课建设摆上高校高质量发展的重要议程，各高校党委要抓住制约高校思政课建设的突出问题，营造党委统一领导、党政齐抓共管、各部门各负其责、全社会协同配合的良好氛围。

二、方向性：恪守意识形态领域的底线原则

习近平总书记指出："学校是意识形态工作的前沿阵地，可不是一个象牙之塔，也不是一个桃花源。"① 新时代，高校意识形态领域面临诸多挑战，威胁着我国的意识形态安全。为此，高校思政课要唱好主旋律，传播正能量，开展好意识形态教育，恪守意识形态领域的底线原则，而这不仅是高校思政课方向性的重要体现，更是促使高校思政课成为一门"金课"的重要要求。

作为"金课"的高校思政课要始终坚持马克思主义的指导地位，始终拒腐防变，牢牢把意识形态底线守好。当前，各种社会思潮，如新自由主义、民主社会主义、文化保守主义、历史虚无主义、"普世价值"思潮，以及拜金主义、享乐主义、极端利己主义等，不仅不同程度充斥社会和学校意识形态领域，而且企图以多样化社会思潮来矮化、否定、冲击和取代马克思主义在我国意识形态领域的指导地位，马克思主义指导思想面临着多样化思潮的严峻挑战。"思想宣传阵地，社会主义思想不去占领，资本主义思想就必然会去占领"②。一个国家和政权的瓦解往往发端于意识形态领域，意识形态防线若被攻破，核心价值就会瓦解与沦丧，从而导致国家凝聚力的丧失、精神支柱崩塌，威胁国家的文化安全、意识形态安全和政治安全。而学校是意识形态工作的前沿阵地，反渗防变是高校思政课发挥立德树人关键课程作用的重要维度。反渗，即反西方意识形态渗透；防变，即防范颜色革命与和平演变。学校意识形态建设要注重反渗防变，守土有责，守土尽责。高校思政课要发挥建设性和批判性的双重功能，在坚持建设为主的同时，加强对西方意识形态和价值观念的分析与批判，防范西方的意识形态和价值渗透，抵御和平演变和颜色革命。也就是说，高校思政课教师要提高政治敏锐性和鉴别力，培养反思批判精神，发扬斗争精神，直面现实主要矛盾和学生思想困惑，借助现代信息技术手段极力批判腐朽落后的价值认识和错误思潮，坚持真理，

---

① 习近平. 思政课是落实立德树人根本任务的关键课程 [J]. 求是，2020 (17)：4-16.
② 十三大以来重要文献选编（下）[M]. 北京：人民出版社，1993：1646.

批驳谬误。同时在批判时要注意言之有理、言之有据，用真理的力量回击错误思潮。

作为"金课"的高校思政课要做好意识形态引领，夯实意识形态底线。高校思政课要聚焦大学生的政治信仰度，增强其信仰纯洁性和坚定性。要提升其政治敏锐性，引导学生从政治高度看待问题、从细微苗头察觉问题、从复杂现象剥离问题。要提升大学生的政治辨别力，引导学生明确是非界限、辨别政治倾向。思想性也体现为高校思政课教学在主流意识形态的价值承载、意义表达上所发挥的重要作用。高校思政课要积极回应西方错误思潮的挑战，引导大学生积极践行社会主义核心价值观，帮助学生立大志、明大德、成大才、担大任。高校思政课教学需帮助学生建立批判性思维和树立批判性精神，教会学生明白"思考什么、为什么思考、如何思考"，引导当代大学生关注社会现象，剖析社会现实问题，批判错误的社会行为，在洞察人情冷暖中塑造大学生日常行为，提升大学生明辨是非的能力。另外，高校思政课教学还应注重培养大学生研判当下世界和时代具体情况的能力。面对世界百年未有之大变局和统筹实现中华民族伟大复兴的大局，高校思政课教学要讲清现实世界形势和时代方向，在批判各种错误的社会思潮和观点中，激发大学生的危机意识、担当意识、大局意识，促使学生领悟到建设中国特色社会主义的曲折和困难。对此，2015 年 1 月，中共中央办公厅、国务院办公厅印发《关于进一步加强和改进新形势下高校宣传思想工作的意见》指出，加强和改进新形势下高校宣传思想工作的主要任务之一是："巩固共同思想道德基础，大力加强社会主义核心价值观教育，把培育和弘扬社会主义核心价值观作为凝魂聚气、强基固本的基础工程，弘扬中国精神，弘扬中华传统美德，加强道德教育和实践，提升师生思想道德素质，使社会主义核心价值观内化于心、外化于行，成为全体师生的价值追求和自觉行动。"① 因而，思政课教学对学生观念的塑造和引导远远大于知识的讲解和传授，要引导学生独立思考，学会用正确的方法认识世界，明辨是非，扬善弃恶，巩固和维护社会主义意识形态在高校思政课守正创新过程中的领导权、主导权和话语权。

---

① 加强和改进新形势下高校宣传思想工作 [N]. 人民日报，2015－01－20（01）.

三、规律性：遵循高校思政课教育教学的"三大规律"

2016 年 12 月，习近平在全国高校思想政治工作会议上提到：高校思政课的改革创新，要"遵循思想政治工作规律，遵循教书育人规律，遵循学生成长规律"，要"要因事而化、因时而进、因势而新"。① 这其实就指出了高校思政课的规律性的特征，而这正是高校思政课转为一门"金课"的重要基础。新时代高校思政课必须要遵守思想政治工作规律。"思想政治工作从根本上说是做人的工作"②，要引导人的思想观念，尊重人的创造性，发挥人的主观能动性。新时代高校思政课必须遵循教书育人的规律。教师在传授知识的同时，还需注重对学生品德的塑造，价值观的树立与引导。新时代高校思政课还必须遵守学术成长规律。只有在了解教育对象身心发展特点的基础上，才能在教学理念、教学方式与方法、教学内容与载体等方面做到"有的放矢"。

第一，作为"金课"的高校思政课要遵循思想政治工作规律，尤其是其"生命线"的规律。要从高校思政课的特殊性入手，重视"生命线"的作用。思想政治工作是"经济工作和其他一切工作的生命线"③，这种"一切工作"理应包括高校思政课的守正创新工作。1958 年 9 月 29 日中共中央、国务院发布《关于教育工作的指示》，提出学校应配备力量去做教师和学生的政治思想工作，进而保证了高校思想政治工作开展的方向和力度。1980 年 4 月 29 日，教育部、共青团中央联合发出《关于加强高等学校思想政治教育工作的意见》，进一步强调学校要做好大学生的思想政治工作，并将其列入党委的重要议事日程。1999 年《中共中央关于加强和改进思想政治工作的若干意见》指出，要发挥高校思政课的作用，解决当前高校思想政治工作中"一手硬，一手软"的问题。《关于深化新时代学校思想政治理论课改革创新的若干意见》更是提出，要发挥高校思政课立德树人的作用，加强和改进思想政治工作，遵循思想政治工作规律。当然，思想政治

①② 习近平. 把思想政治工作贯穿教育教学全过程开创我国高等教育事业发展新局面 [N].
人民日报，2016 – 12 – 09（01）.
③ 中共中央文献研究室. 三中全会以来重要文献汇编（下）[M]. 北京：人民出版社，
1982：1130.

工作规律除"生命线"规律外，也包括适度张力规律、教育与自我教育规律、同向规律、协同规律。为此，必须协调好上述规律，回归思想政治工作的基本价值旨归。

第二，作为"金课"的高校思政课要遵循教书育人的规律。新中国成立后，毛泽东曾提出，高校政治课不仅要培养德、智、体全面发展的受教育者，也要培养"有文化""有社会主义觉悟"的劳动者。① 改革开放后，高校思政课的育人目标就聚焦于"社会主义事业的建设者和接班人"。新时代，高校思政课的育人功能不断得到强化，成为"立德树人"的关键课程。对此，习近平总书记指出，"要把立德树人的成效作为检验学校一切工作的根本标准，真正做到以文化人、以德育人"②。《关于深化新时代学校思想政治理论课改革创新的若干意见》在谈及思政课如何"铸魂育人"时，明确要求"坚持用习近平新时代中国特色社会主义思想铸魂育人，以政治认同、家国情怀、道德修养、法治意识、文化素养为重点，以爱党、爱国、爱社会主义、爱人民、爱集体为主线，坚持爱国和爱党爱社会主义相统一，系统开展马克思主义理论教育，系统进行中国特色社会主义和中国梦教育、社会主义核心价值观教育、法治教育、劳动教育、心理健康教育、中华优秀传统文化教育"③。可以说，培养什么人、怎样培养人、为谁培养人，是高校思政课守正创新的关键问题。高校思政课作为立德树人的关键课程，必须坚持为党育人、为国育才。

第三，作为"金课"的高校思政课要遵循学生成长规律。"思想政治工作从根本上说是做人的工作"，因而思政教师必须要"格物致知"，密切接近自己的教育对象，深入了解其所思所想，把握其成长规律。为此，必须要把握学生的"共性"与"个性"。我们绝不能将教育"70后""80后"的方法不加改变地用于"90后""00后"，成长于田野自然、电视纸媒的大学生和成长于"互联网＋""微时代"的大学生，在知识结构、思维方式、生活习惯、意志品质等方面都有差别，其差异性决定了我们高校思政课内容和方式的选择必须与时俱进；与此同时，也不能因其差异性，就忽

① 毛泽东著作选读（下册）[M]. 北京：人民出版社，1986：780-781.
② 习近平. 在北京大学师生座谈会上的讲话 [N]. 人民日报，2018-05-03（02）.
③ 中办国办印发《意见》深化新时代学校思想政治理论课改革创新 [N]. 人民日报，2019-08-15（03）.

视了其共性，那就是一切青年都有对美好新奇事物探索的渴望，对"优质"课程的期待，对教师尊重学生不同意见的包容。高校思政课要吸引人，思政教师必须不能与学生"隔心"——即常用批判、鄙薄的态度，居高临下地认定大学生"不读书""理论素养低"等。应当把对授课对象的体察了解、强大的思想理论深度、表达方式符合对象口味"有的放矢"的教学方法，带进高校思政课堂。教师在自己课堂教学中尤其要注意不能照本宣科，要把教材更多地交给学生阅读，及时解答学生思想疑惑，力求上一堂"有深度，有趣味，有解渴"的高校思政课，只有这样才能真正由"教材体系"转向"教学体系"，使课程内容对学生而言入耳入脑入心。需要指出的是，高校思政课教师必须认真研究学生的身心成长规律、认知规律、理论接受、信仰生成的规律，教学目标、教学内容研究、教学设计、教学反馈和评价，都需要紧紧围绕学生的精神需要、思想困惑来开展，以提升教学的针对性、有效性和亲和力。尊重学生认知规律，分阶段有针对性地引导学生如何学习，客观上要求教师要有善用新教法的创新教学能力。

四、人本性：坚守以学生为中心的价值立场

思政课要"坚持以学生为中心，加大对学生的认知规律和接受特点的研究，发挥学生主体性作用"[①]。其实，这也指出了高校思政课具有人本性的显著特征。这种人本性就是指高校思政课始终坚持以学术为中心的价值立场，而这也是高校思政课升华为"金课"的生长点。

高校思政课教师要勇于放下身段，走近学生，关注学生的实际。经济全球化、信息传播多样化的时代背景下，历史的现实的，本土的外来的，积极的颓废的，等等，各种思想相互交织与碰撞，使得当代大学生的思想非常复杂，关注的焦点问题也非常复杂，涉及人生、经济、政治、文化、自然等方面。思政教师只有走近学生，才能了解学生的所思所想，这样开展实践教学才有针对性。思政课教师要热爱、信任、尊重和理解学生。在

---

① 张烁. 把思想政治工作贯穿教育教学全过程开创我国高等教育事业发展新局面 [N]. 人民日报，2016 - 12 - 09（01）.

教学过程中，思政课教师的情感感召力来源于对学生的热爱、信赖、尊重和理解。对学生的热爱、信赖、尊重和理解是增强师生感情的重要前提，也是思政课教师情感生活的重要内容。教师对学生的真挚情感可以调节学生的情绪和行为，有效提升教学行为的感染力，这是情感因素迁移、扩散和泛化的结果。

思政课教师在实际教学活动中应坚持以学生为中心，多采取互动性强、参与度高的教学方法，提高学生学习兴趣，增强学生获得感、成就感和满足感。比如可采取启发式、探究式、问题式、议论式、辩论式、演讲式和专题式等参与度较高的教学方式方法，"用喜闻乐见的语言、生动鲜活的事例、新颖活泼的形式"① 将课堂气氛带动起来，以此将过去"教师讲学生听"的单向教学模式转变为"教师与学生互动讨论"的双向教学模式。在思政课实施过程中，思政课教师既要充分利用情感因素，主动利用一切机会，积极与学生开展线上线下的交流和沟通，又要有针对性地及时回应学生课内课外学习和思想的困惑，对学生施以教化和影响，理解、尊重和信任学生，使学生对课程产生积极的情感体验，从而提升思政课教师对学生的感染力和影响力，既亲其师，又信其道。思政课教师要重视与学生的情感互动和情感积累，使学生在教师的热爱、信赖、尊重和理解下，主动地接受思政课的内容，从而实现思政课的教学目的。需要指出的是，高校思政课不能为吸引学生，一味地迎合学术，名为以学生为中心，培养学生合作和独立学习能力，将课堂变成"热闹"的展示"舞台"，甚至"标新立异"或"哗众取宠"，流于片面和断章取义，往往缺乏基础理论的系统性传授，缺乏教学的深刻性和思想的严肃性，这种课堂热闹有余而"营养"（理论知识）不足，也是不可取的。

第二节　"金课"建设视域下高校思政课守正创新的逻辑展开

"金课"建设视域下高校思政课守正创新，是一个复合话题，"守正创

---

① 李海峰. 高校思想政治理论教师角色研究 [M]. 北京：人民出版社，2012：56.

新"是一个复合词，"守正"和"创新"不是简单的并列关系，而是一种修饰关系，是守正修饰创新。守正创新是以守正为前提和基础的一种新型创新，思政课教学的守正创新是在遵循基本规律，坚守其意识形态属性和价值目标的前提下，紧扣时代发展，在理念、内容、方法等方面实现创新。

一、守正创新是新时代高校思想政治理论课"金课"建设的重要抓手

思想政治理论课是落实立德树人任务的关键课程，是培养担当民族复兴大任的重要课程。新时代办好高校思政课必须坚持守正创新的原则，正确处理好守正与创新之间的辩证关系，在守正的基础上创新，在创新过程中守正。

（一）守正是新时代高校思想政治理论课"金课"建设的根基

"正"者，大道也。守正是中国传统文化的核心价值。司马迁在《史记·礼书》中指出："循法守正者见侮于世，奢溢僭差者谓之显荣。"① 其意为把握事物本质、遵循客观规律，恪守正道、坚守初衷、胸怀正气、行事正当，追求心正、行正、法正。思政课设立的初心与使命就是要以马克思主义理论为指导，全面贯彻党的教育方针，对学生开展马克思主义世界观、人生观、价值观的教育，巩固马克思主义在意识形态领域指导地位，落实立德树人根本任务，培养"树立远大理想、热爱伟大祖国、担负时代责任、勇于砥砺奋斗、练就过硬本领、锤炼品德修为"的时代新人，为党育人、为国育才。守正是新时代高校思政课"金课"建设的前提基础，也是高校思政课改革创新的原则遵循。新时代高校思政课教学改革创新不能改变育人初衷和其本质属性，要以守正为根本导向，守正道、把方向、管大局、固根本、保阵地。坚守马克思主义信仰、坚守马克思主义主流意识形态、坚持党对思政课全面领导，坚守教师为主导、教材为主阵地、课堂为主渠道，坚持用党的创新理论武装头脑、指导实践、推动工作，将思政课教学之本、育人之道内化于心、外化于行。

---

① 司马迁. 史记（卷二十三）[M]. 北京：中华书局，1982：1159.

（二）创新是新时代思想政治理论课"金课"建设的源泉

中国的传统文化历来强调创新，引导人们以一种革新的姿态，打破旧思维、旧传统、旧观念、旧模式，有意识、有目的地实现"新"的超越和飞跃。创新是中华民族传统文化之源，是中华民族生生不息的秉性、发展进步的动力。从历史上看，中华民族自古以来就是崇尚创新，不断谋求变革创新，拥有创新精神、创新意识、创新传统的民族，中华民族的血液一直流淌着创新的文明基因。中国传统文化中"创新"一词滥觞于《礼记·大学》。商汤王将"苟日新，日日新，又日新"铭刻在澡盆上，以时刻自警、自惕、自励、自新，这种革旧图新的思想就是要激励自己不断创新。

创新是高校思政课教育教学的基本要义，也是推动高校思政课高质量发展的活力源泉和不竭动力。思政课具有鲜明的时代性、客观性、实践性与人民性，始终与时代发展同向、与现实境遇同频、与实践探索同行、与学生思想共振。在这个"惟创新者进，惟创新者强，惟创新者胜"的新时代，必须使创新成为新时代高校思政课的重要组成部分，必须使创新融入思政课教学全过程，转化为学生的价值追求、思想认同和行为品质。新时代推动高校思政课创新发展就是要秉承与时俱进、开拓创新的精神品质，应时代境遇而进、应使命担当而行、应挑战威胁而化，结合社会发展和学生需求，坚持合规律性与合目的性相结合、坚持合工具性与合思想性相统一，探索教学内容创新、教学方法创新、教学手段创新、教学形式创新、教学模式创新、教学评价创新，将思政课教学创新外化于行，使其富有生机、富有活力、富有成效。

（三）把握守正与创新的辩证统一是新时代思想政治理论课"金课"建设的应有之义

高校思政课教学蕴含的守正与创新具有辩证统一关系。在厘清二者的关系时，不能简单地将二者孤立分开，而应深刻、全面、具体地把握二者之间的互动逻辑。守正是创新的基础和前提，只有坚守正道、把握根基，创新才有明确的价值引领和鲜明的政治立场。根基不牢、地动山摇。如果缺乏传统的坚守、原则的遵循，哗众取宠、趋利媚俗，抑或守正的根基不牢，偏离导向、放弃立场，创新便会误入歧途，成为无源之水、无本之木。

只有不断地创新，高校思政课才能更好地担负起坚守正道、传播新思想、弘扬正能量、唱响主旋律、守好主阵地的教育使命。创新是在继承优良传统基础上的创新，创新是为了更好地守正，不断创新，守正才能获得活力源泉和动力基础。没有了创新，守正就失去了生机活力，只能被看成是眷恋于僵化的、陈旧的、过时的保守。

思政课守正与创新不是相互否定，而是相互联系、相辅相成、辩证统一于教学实践中。守正好比"固本"，创新好比"活水"，推动高校思政课守正创新既要"固本"，又要"活水"。只有努力在守正的基础上创新思维、创新方法、创新手段、创新模式，才能守初心担使命、守正道创新局，才能将思政课教学入脑入心，切实提高新时代思政课教学质量和水平，不断增强其理论性、思想性、亲和力与针对性。只有在创新的过程中坚守正确政治方向、舆论导向和价值取向，才能实现新突破、跟上新时代，才能坚守初心、砥砺前行，更好发挥其"重要阵地和主干渠道""核心课程和灵魂课程"的作用。①

二、"金课"建设视域下高校思想政治理论课守正的基本遵循

高校思政课教学的改革创新不是推倒重来的重构和再造，不是随心所欲、漫无边际的瞎想和乱撞，也不是哗众取宠、华而不实的噱头和作秀，而是守正基础上的改革创新，通过守正为高校思政课建设明方向、固根本、强底气，确保思政课教学的科学性、政治性和学理性。新时代，无论面对的国内外形势如何变幻，高校思政课教学始终要把握政治方向、坚持人民立场、坚守育人初心、勇担铸魂使命，在文化多元、意识形态多样的交流碰撞中凝聚共识、引发共鸣。

（一）守方向之本，坚持社会主义的办学方向

思政课既是社会主义建设的必然产物，也是为社会主义现代化建设服务的；既是社会主义建设不可分割的重要组成部分，又是服务于社会主义

---

① 肖贵清. 新时代高校思想政治理论课的守正与创新［J］. 思想教育研究，2019（3）：80－84.

建设、促进人自由全面发展的强大推力。高校思政课作为立德树人、铸魂育人的关键课程，承担着传播知识、传授理论、传承思想、传递价值的历史使命，肩负着的塑造灵魂、塑造生命、塑造新人的时代重任，必须始终坚守其社会主义属性，坚持社会主义办学方向，不忘本来、吸收外来、面向未来，深深扎根中国大地。只有全面贯彻党的教育方针，坚持党对高校思政课建设的全面领导，坚持社会主义办学方向，才能擦亮政治底色、坚守人民立场、回归教育初心、担当育人使命，把中国特色社会主义高等教育的特色和优势有效转化为培养堪当民族复兴大任时代新人的强大能力。

坚持社会主义办学方向不是抽象的概念、空洞的口号、高调的宣扬，而是新时代高校思政课改革创新的行动纲领和基本遵循。新时代，建设高校思政课"金课"，要准确把握高等教育的时代方位和历史使命，在思政课建设的改革创新中坚守高等教育人才培养的主阵地，坚持社会主义办学方向。这就要求我们，一方面要头脑清醒、立场坚定、旗帜鲜明，坚持党对思政课建设的全面领导，紧紧围绕"培养什么人、怎样培养人、为谁培养人"这一根本问题，为党育人、为国育才；另一方面要坚持不懈地用马克思主义思想理论武装头脑，持续推进社会主义意识形态建设，大力弘扬社会主义核心价值观，筑牢永葆社会主义办学方向的思想高地。

（二）守理论之基，夯实马克思主义指导地位

马克思主义是实现无产阶级解放和全人类自由全面发展唯一正确的、科学的、革命的理论，是无产阶级追求真理、把握规律、认识世界、改造世界的强大思想武器。它揭示了自然界、人类社会和人类思维发展的一般规律，具有科学性、人民性、实践性、开放性的理论特质。"无论时代如何变迁、科学如何进步，马克思主义依然显示出科学思想的伟力，依然占据着真理和道义的制高点。"① 马克思主义理论及其马克思主义中国化创新性成果作为思政课教学的核心内容，为思政课教学提供教学之"本"，为思政课改革创新注入动力之"源"。习近平总书记在学校思政课教师座谈会的讲话中明确指出："办好思政课，就是要开展马克思主义理论教育，用新时代

---

① 习近平谈治国理政（第二卷）［M］. 北京：外文出版社，2017：329.

中国特色社会主义思想铸魂育人"①。高校思政课只有坚持马克思主义为指导思想，用党的创新理论铸魂育人，才能巩固高校思政课的根和魂，才能以科学的真理引领学生、以深邃的思想说服学生、以透彻的理论感染学生，才能确保高校思政课思想性和政治性不偏离预期轨道和既定方向。

高校思政课教学坚持马克思主义指导地位，就是要善于运用马克思主义立场、观点、方法来帮助青年大学生洞察世界局势、把握时代潮流、分析社会问题、追踪理论前沿、解答思想疑惑、澄清错误认识，引导和培养学生树立正确的历史观、民族观、国家观、文化观，用马克思主义理论的穿透力、感召力、亲和力来引领学生、打动学生、影响学生。坚持马克思主义指导地位就是用马克思主义理论及马克思主义中国化的最新成果有机融入各门思政课程，贯穿教育教学和人才培养全过程，用党的创新理论武装青年大学生，引导他们立鸿鹄之志、担时代大任，在成长的道路上始终与历史同向、与时代同行、与祖国同步、与人民同心，坚定做马克思主义忠实的信仰者、积极的传播者和坚定的践行者。

（三）守使命之责，落实立德树人的根本任务

思政课作为思想政治教育的主渠道、主阵地，是传递知识、教授技能、锤炼品格、滋养心灵、丰富情感、塑造灵魂的课程，承担着培养社会主义建设者和接班人的重大使命。新时代，推动思政课改革创新，建设思政课"金课"最终的价值归宿就是要推动立德树人根本任务落细、落小、落实，实现育人效果的最大化。立德树人是教育现代化育人功能的生动展现，是办好中国特色社会主义教育的根本任务，也是新时代高校思政课教师的神圣职责和使命担当。习近平总书记在第二十三次全国高等学校党的建设工作会议上强调："办好中国特色社会主义大学，要坚持立德树人。"② 在2019 年召开的学校思想政治理论课教师座谈会上，习近平总书记指出："思政课是落实立德树人根本任务的关键课程"③。2022 年五四青年节到来前夕，习近平总书记到中国人民大学考察调研，就不断推进思政课教学改

---

① 习近平. 论党的宣传思想工作 ［M］. 北京：中央文献出版社，2020：376.

② 习近平就高校党建工作作出重要指示强调坚持立德树人思想引领加强改进高校党建工作 ［N］. 人民日报，2014 – 12 – 30（01）.

③ 习近平. 思政课是落实立德树人根本任务的关键课程 ［J］. 求是，2020（17）：4 – 16.

革创新、打造高精尖水平思政课、切实发挥思想政治理论课立德树人作用，培养听党话、跟党走的新时代青年作出重要指示①。习近平总书记的这些指示精神和对我国高等教育和思政课根本任务的科学论断，为我们牢记为党育人、为国育才使命提供了科学指引和强大动力，也为办好新时代思政课提供了根本遵循和理论指南。

新时代强化思政课守正意识，就必须把"立德树人"作为思政课教育教学的根本任务，把"一代又一代拥护中国共产党领导和中国特色社会主义制度、立志为中国特色社会主义事业奋斗终身的有用人才"② 作为思政课教师的崇高使命。实现思政课铸魂育人的教育使命，就必须要明确思政课的政治属性、学科属性、时代属性、价值属性，从青年学生个体差异、主体价值、内在诉求、利益关切、情感需要出发，激发思政课建设的内部潜力，释放思政课改革创新的动能，提升思政课教育教学的质量和水平，推进思政课内涵式、高质量发展，将思政课建设成为学生真心喜爱、终身受益、毕生难忘的课程。通过坚守思政课育人的初心，不断增强青年大学生思想水平、政治觉悟、道德品质和文化素养，激励他们自觉将个人"小我"融入祖国的"大我"之中，把个人的理想追求融入国家和民族的事业中，与时代主题同频共振，与广大人民同向同行，培养他们争做走在时代前列的奋进者、开拓者。

（四）守育人之道，遵循教育教学的基本规律

思政课教学是指教学主体在一定时空以思政课程为中介对教学对象开展特色教育活动，也是思政课教师在具体的教学环境下运用教学方法、教学载体，将知识、思想、理论、情感、品格、心理等教学内容传输给青年学生的过程。它既是对青年学生精神世界的价值建构，也是对青年学生有计划、有目的、有组织地开展思想政治教育的过程。高校思政课的教学对象是朝气蓬勃、富有活力的青年大学生，把握思想政治教育规律、把握教书育人的规律、把握学生成长规律、把握思政课程建设规律，就掌握了高

---

① 坚持党的领导 传承红色基因 扎根中国大地 走出一条建设中国特色世界一流大学新路 [N]. 人民日报，2022 - 04 - 26（01）.

② 习近平. 习近平在全国教育大会上强调坚持中国特色社会主义教育发展道路培养德智体美劳全面发展的社会主义建设者和接班人 [N]. 人民日报，2018 - 09 - 11（01）.

校思政课教学的思想性、理论性、实效性和针对性。习近平总书记指出："讲好思政课不仅有'术',也有'学',更有'道'。"① 总书记着重强调的"道"便是对教育教学规律、马克思主义理论教育规律、思想政治教育规律、思政课建设规律、学生成长成才规律的遵循。只有遵循思政课教学之道,把握内在的客观规律,才能提升思政课教学的亲和力、影响力和针对性,才能完成立德树人、铸魂育人的崇高教育使命。

新时代,打造思政课"金课"必须把握师生思想动态、身心特点和发展需求,从思政课教学的本质要求、课程属性、育人导向出发,遵循客观教育教学、教书育人的规律,注重理论教育和实践活动相结合、知识教育与价值引导相统一、普遍要求和分类指导相协调、言传与身教相一致,从教学理念、教学手段、教学方法、教学模式等方面探索新路,使思政育人元素融入课堂、嵌入课程,寓价值观引导于知识传授和能力培养,使思政课贴近青年学生生活实际、思想实际和学习实际,润物无声地给青年学生以思想内涵、理论滋养、人生启迪和精神力量②,以崇高的理想信念、鲜明的人格魅力、鲜明的人格魅力引领风气、引领风尚、引领潮流,在为祖国、为社会、为人民立德立言中展示自我、成就梦想、实现价值。

三、"金课"建设视域下高校思想政治理论课创新的实践进路

进入新时代,大学生性格特点鲜明突出,思想动态更加复杂多样,价值观念更加多元易变,信息交流更加开放便捷,这就要求高校思政课改革创新也要紧跟时代步伐,主动积极应对与适应变化,把握变化大"势",做到因势而谋、应势而动、顺时而进,不断增强高校思政课教学的科学性、时代性、针对性和实效性。

(一)创理念之新,彰显教学理念科学性与前瞻性

教学理念是教学活动中关于教与学等一系列育人活动的观点、态度、

---

① 习近平. 思政课是落实立德树人根本任务的关键课程 [J]. 求是, 2020 (17): 4 – 16.
② 顾海良. 高校思想政治理论课"要坚持在改进中加强" [J]. 思想理论教育导刊, 2017 (01): 4 – 8.

观念，是教学主体设定教学目标、选择教学内容、创新教学方法的内在动力，也是教学对象参与教学活动，发挥积极性和主动性，获得知识、提升能力、养成素质的影响因子。教学理念是教学实践过程中的领航灯、指向标，是教学主体从事教学活动的指导思想和行动指南，有什么样的教学理念就会有什么样的教学行为，也就会产生什么样的教学效果。通过教学理念的升华，重构教学生态、提升教师素养、激发学生思维，促使教师从"知识讲授者和传道者"向"学生成长引导者与帮助者"转换，引导学生从"要我学"的被动接受向"我要学"的主动参与转变，实现课堂教学从"以教为中心"向"以学为中心"，从"传授知识为本"向"培养素质为本"的根本转化。

新时代，深化思政课教学理念创新要紧跟时代发展的步伐，坚持党的创新理论为指导，立足教育实践，在坚守科学性、知识性、特色性的前提下创新与变革教育理念，增强思政课思想性、理论性、亲和力、针对性。新时代高校思政课应更加注重坚持整体性的教学理念，将马克思主义理论学科与思政课各门课程协同联动，把思政课与其他专业课程联系起来，实现思政课程与课程思政同向同行，构建"大思政"育人格局，形成相互联系、层次分明、统一协作、整体综合的教学结构体系。新时代高校思政课应更加注重坚持主体性的教学理念，尊重学生在教学过程中的主体地位，始终以学生为中心，以问题为导向，强化释疑解惑，使学生既"知其然"，又"知其所以然""知其所以必然"，实现学生知识、能力、思想、态度、情感、品格等综合全面发展。新时代高校思政课应更加注重坚持开放性的教学理念，打破封闭僵化的教育思维，冲破思想固化的藩篱，摆脱观念束缚的桎梏，从传统与现代、国内与国外的各种教育思想中汲取先进的、科学的、合理的教育理念和文化资源，实现从保守、封闭、狭隘的传统教育理念向开放、包容、创新的现代教育理念转化。

（二）创内容之新，反映教学内容现实性与时代性

教学内容是教学主体依据教学目标和教学对象特点，密切结合学科发展趋势与前沿，在充分利用和有效开发教学资源的基础上，通过对教学大纲要求、课程标准内容和教科书内容的重组，在教学实践中传授给学生的基本知识、信息、技能、经验的总称。在思政课教学中，教学内容是一个

严密完整的知识体系，也是完成教学任务、实现教学目标的核心和关键。时任教育部部长陈宝生通过到高校调研，指出高校思政课抬头率不高、亲和力不强的原因在于："内容不适应大学生的需要，'配方'比较陈旧，'工艺'比较粗糙，'包装'不那么时尚，亲和力不够，抬头率自然就低了"①。这里的"配方""工艺""包装"便是分别指思政课教学内容、教学方法和教学手段。在这所有的教学要素中，教学内容是最根本的，它决定了教学目标的实现和教学效果的提升。若思政课教学内容陈旧，缺乏时代化、现代性的元素，脱离学生实际、忽视学生个性，其教学效果自然无法得到保障。

新时代，思政课肩负着培养堪当民族复兴大任时代新人的崇高教育使命，因此，思政课教学内容也应在现有教材基础上进一步融合创新，充实教学内容、增添教学案例。新时代思政课教学内容要结合学生思想实际和身心发展特点，增强亲和力和获得感。思政课教师要精准分析学生的个性特质、洞察学生的理论需要、掌握学生的思想关切、了解学生的思想疑惑、走进学生的成长情境，把学生日常学习中的疑点、盲点、难点"挖掘出来"，切实将学生关心的热点话题、聚焦的疑难问题深入浅出地融入思政课教学内容之中，将课程要素与学生要素相结合，真正把学生的思想困惑、理论误区、认识偏差及时匡正修补，实现教学内容的融会贯通。新时代思政课教学内容要结合前沿理论与社会热点，彰显时代感和针对性。思政课教师要与时俱进，紧跟学术界前沿理论以及党中央重大热点问题，将社会发生的时事热点，党的创新理论以及习近平总书记关于党和国家事业发展的重要论述及时融入思政课教学内容体系，激励学生"关注时代、关注社会，汲取养分、丰富思想"，促成思政课教学目标的达成。

（三）创形式之新，体现教学形式多样性与丰富性

当今世界，以信息技术为代表的新一轮科技革命方兴未艾，信息技术创新日新月异，新技术、新发明、新创造正在潜移默化地改变、影响人们的生活方式、思维习惯和价值观念。身处新时代的青年学生也凸显出时代

---

① 陈宝生就"教育改革发展"答记者问［EB/OL］.（2017－03－13）. http：//www. moe. gov. cn/jyb_xwfb/gzdt_gzdt/moe_1485/201703/t20170313_299293. html.

个性，他们视野开阔、思维活跃、观念多变；他们崇尚自由、追求独立、反感束缚，面对如此纷繁复杂的变化，传统的教学方式已不能满足青年学生的期待和需求，探索形成寓教于乐、润物无声的教学形式，增强思政课教学的吸引力、感染力和说服力，实现思政课教学由抽象到具体、由深奥到通俗、从枯燥到生动的转变尤为重要。

新时代高校思政课改革创新需要在形式上大胆探索，为思政课高质量教学注入新活力、新动能。一方面，在继承传统课堂讲授的前提基础上，进一步丰富思政课教学课堂的内涵与外延，把传统课堂与互联网技术平台结合起来，推动思政课教学传统优势同信息技术高度融入，打造共享课堂、智慧课堂、互动课堂、线上课堂等，使思政课堂更有活力和生机。另一方面，将思政课教学与红色基地、红色文化、红色歌曲相结合，创新"思政＋红色基地""思政＋红色文化""思政＋红色歌曲"等教学形式，用革命传承、文化浸染、音乐赋能等形式来进行知识灌输、理论传播、思想交流、精神熏陶、行为引导，激发学生情感共鸣、心理调适、思想共振和价值认同。

（四）创方法之新，凸显教学方法差异性与人文性

教学方法是教学主体和教学对象为了完成既定的教学任务、实现共同的教学目标，在教学过程中所采取的途径、手段、技术、策略的总称。教学方法是一个具有多层面、立体化、动态性的复杂的系统，这一复杂系统是教学活动系统的有机组成部分，并与教学活动系统中的各要素相互影响、相互作用。教学方法既是一门科学，也是一门艺术。适合教学对象的教学方法会增强教学内容的生动性、吸引力和感召力，深化师生之间的教学互动，强化学生的情感认同、理论认同和价值认同。与其他课程相比，思政课具有较强的政治性、思想性、理论性和实践性。因此，优化思政课教学方法的设计和实施成为普遍共识。2022 年 4 月，习近平总书记在中国人民大学考察时强调，思政课的本质是讲道理，要注重方式方法，把道理讲深、讲透、讲活。① 总书记的重要论述给我们深刻的启迪：好的思政课不能凭势

---

① 坚持党的领导传承红色基因扎根中国大地 走出一条建设中国特色世界一流大学新路 [N]. 人民日报，2022－04－26（01）.

压人，必须以理服人、以情动人、以行育人，不断创新教学方法，把大道理说清楚、讲透彻、讲明白。

新时代，高校思政课改革创新应以一以贯之的原则遵循与客观规律作为内在机理。创新思政课教学方法要突出个性差异，针对不同年龄、不同专业、不同类型、不同学科的学生，要在遵循学生个性发展规律、把握学生个性需求的原则基础上创新差异化的教学方法，构建以学生为本、双向互动、生动活泼的创新性教学方法，使其贴近学生的认知水平、思想实际和生活实际。创新思政课教学方法要增进人文关怀，通过师爱传情、对话引情、参与激情、课间寓情等方式手段，以"情感式教学"感动学生，以"对话式教学"引导学生，以"自助式教学"激励学生，以"快乐式教学"愉悦学生，以"延伸式教学"打动学生。[①] 创新思政课教学方法要紧跟时代步伐，把握时代脉络，既要继承因材施教、循序渐进、知行合一的传统教学方法，又要创新符合时代发展、展现时代特色、融入时代特点的现代教学方法；既要借鉴其他学科教学方法的有益成果，又要探究彰显思政课差异性、层次性和时代性的独特之"道"，最终使思政课教学由灌输型、封闭型、说教型向启发型、开放型、情感型转变。

（五）创评价之新，兼顾教学评价客观性与能动性

教学评价是教育实践活动的重要环节，是一项十分严谨的教育科学。教学评价是围绕教学目标，遵循评价原则，设定评价指标，运用评价方法，对教学过程及教学效果进行测量，并给出客观价值判断的过程。教学评价对教学目标制定是否合理、教学行为是否恰当、教学效果是否有效等进行教学质量监控，并决定着教与学的效果。"思政课考核评价，既是思政课教育教学的重要环节，也是提高思政课育人实效和教学效果的重要组成部分。"[②] 因此，建立健全多维度的思政课教学质量考核评价体系和监督检查机制，在各类考核评估评价工作和深化高校思政课改革创新中落细落实，

---

① 贾凤姿. 关于增强高校思想政治理论课教学人文关怀的思考［J］. 思想理论教育导刊，2012（09）：62－64.
② 万姗姗. 高校思政课，如何考核真水平［N］. 光明日报，2022－01－11（14）.

对打造思政课"金课"具有重要意义。

新时代，高校思政课教学评价要立足教学实际、把握客观规律，完善立德树人体制机制，扭转不科学的教育评价导向，构建公平公正的教学评价体系。首先，要坚持科学性与可行性相结合。高校思政课教学评价方案的制定、指标的设计、过程的运行、结果的反馈都要遵循科学的原则、客观的规律，以防评价者自身的主观偏好、思维习惯、感情亲疏影响评价结果的公平公正。高校思政课教学评价还要兼顾可操作、可行性原则，不宜把评价指标、评价流程、评价方法设定过于复杂，以免影响评价实施。其次，要坚持整体性与灵活性相统一。高校思政课评价要坚持整体性原则，通过设定评价指标、优化评价层次，对涵盖高校思政课各环节、各过程、各方面进行综合性整体评价。高校思政课教学评价还要保持灵活性，在评价指标的设置、评价方法的选择上都要因地制宜、因势利导、灵活变通。最后，要坚持全面性与差异性统一。高校思政课评价要坚持全面性原则，选用教师、学生、同行、督导、社会等多重评价主体，以自评、互评、教师评价等评价方式对整个教学活动进行全面评价。在具体评价实施过程中还要充分考虑到地域差异、水平差异、文化差异、层次差异等要素，打破单一的评价标准，以"差别对待"的原则来对待差异化的学习效果。

第三节 "金课"建设视域下高校思政课守正创新的逻辑指向

新时代，打造高校思政课"金课"，是高校思政课高质量发展的必然要求，也是高校思政课守正创新的必由之路。为此，必须要落实立德树人的根本任务，培养担当民族复兴大任的时代新人。必须要增强高校思政课的思想性、理论性、亲和力和针对性，着力提升高校思政课的质量和水平。必须要强化学生对高校思政课的"悦纳感""获得感""认同感"，而这也正是"金课"建设视域下高校思政课守正创新的逻辑指向。

一、落实立德树人的根本任务，培养堪当民族复兴大任的时代新人

新时代，习近平总书记多次强调，学校的根本任务是立德树人，立德树人关系党的事业后继有人，关系国家的前途命运。习近平总书记更是以自己的亲身经历说明，高校思政课对一个人成人成长成才的重要影响。他说，"我上中学时，学的政治课本叫《做革命的接班人》，书上讲的'热爱生产劳动，艰苦奋斗，用自己的双手建设富强的社会主义祖国'，'立雄心壮志，做革命的接班人'等，影响了我们这一代人的理想信念和人生选择。"① 因此，习近平总书记指出："高校思政课是落实立德树人根本任务的关键课程"②。习近平总书记的论断不仅指出了高校思政课的根本属性、重要作用和根本任务，更指明了高校思政课守正创新的基本方向，即：高校思政课必须要落实和贯彻好立德树人的根本任务，为国家和社会培养能够承担起民族复兴大任的时代新人。

何谓"立德树人"？立什么德、树什么人，从来就不是抽象的。办好高校思政课，就是要坚守为党育人、为国育才的立场，培养担当民族复兴大任的时代新人，培养德智体美劳全面发展的社会主义建设者和接班人。从这个角度看，新时代语境下的立德树人就是指培养德、智、体、美、劳全面发展的社会主义建设者和接班人，亦即能够担当民族复兴大任的时代新人。为此，需要动员全社会的力量、运用各种资源，方能有效完成。但比较而言，学校在其中还是得承担关键责任。这主要是因为："培养什么人，是教育的首要问题。"③ 这也说明，学校的立身之本在于立德树人，而落实立德树人根本任务的关键课程是思想政治理论课。那么，如何立德树人呢？

第一，学校要承担起落实立德树人根本任务的主场所的责任。学校立身之本在于立德树人。学校作为学生主要的生活和成长环境，既是一种物

---

① ② 习近平. 思政课是落实立德树人根本任务的关键课程 [J]. 求是，2020 (17)：4—16.
③ 习近平在全国教育大会上强调：坚持中国特色社会主义教育发展道路培养德智体美劳全面发展的社会主义建设者和接班人 [N]. 人民日报，2018—09—11 (01).

质性存在，又是一个总体性范畴，由不同层次、不同类别的学校组成。应当说，几乎每一个人终其一生都或长或短地在学校里待过，接受过不同程度的学校教育。那么，学校存在的目的究竟是什么？答案无非是两个方面，一是知识和技能的传授，二是品行和德性的养成。从比较意义而言，帮助学生养成良好的品行和德性更是学校的立身之本。正如党的十八大以来，习近平总书记多次强调的那般，学校是立德树人、培养人才的地方，是青年人学习知识、增长才干、放飞梦想的地方。"要把立德树人的成效作为检验学校一切工作的根本标准，真正做到以文化人、以德育人，不断提高学生思想水平、政治觉悟、道德品质、文化素养，做到明大德、守公德、严私德。"① 虽然"立德树人"是听起来比较现代的概念，但其实早在古代社会就受到了人们的高度重视和推崇。古人有言："大上有立德，其次有立功，其次有立言，虽久不废，此之谓不朽。"（《左传·襄公二十四年》）这可以被看作关于"立德"一词的最早记述，表明了古人把培育高尚品德作为最高的价值追求。"树人"一词则可以追溯到"终身之计，莫如树人。"（《管子·权修》）这里所讲的是塑造人才、培养人才。除此之外，"《孟子》有言'人之所以异于禽兽者几希；庶民去之，君子存之'，说的是人和动物最根本的区别在于人有道德追求。在传统的价值观念里，不重视道德培养的教育不是成功的教育。立德与树人呈现了一个完整的教育理论体系，立德是方法，树人是目的，立德是过程，树人是成效。"② 确实，学校的使命不能局限于专业教育，若那样，只可能把学生培养成一种有用的机器，却不太可能使之成为一个全面发展的人。同渊博的知识一样重要的还有对美和道德上的善的追求、批判性思维以及鲜明的辨别力。这些都是落实立德树人根本任务的要求，也是学校自立的根本。

第二，高校思政课要承担起落实立德树人根本任务的关键课程的角色。明确学校的立身之本是立德树人，这只是落实立德树人根本任务的第一步，接下来还要确定落实的载体以及主体。从学校内部的横向比较来看，很多课程都发挥着不同程度的立德树人作用，但相对而言，思政课能够更多地

---

① 习近平. 在北京大学师生座谈会上的讲话 ［N］. 人民日报，2018 - 05 - 03（02）.

② 林钊. 坚持立德树人的根本任务 ［EB/OL］.［2018 - 10 - 08］. http：//www.qstheory.cn/wp/2018 - 10/08/c_1123526742.htm.

承担起教育引导学生做中华民族伟大复兴的担当者、顺应时代潮流的奋进者和搏击者以及有理想、有本领的青年一代的使命,是落实立德树人根本任务的关键课程,发挥着不可替代的作用。只有以思政课的讲授为主,辅以相关的实践课,才能够更有效地帮助学生习得马克思主义唯物辩证法,使之学会运用变化发展的观点分析客观事物和社会现象;才能够教会学生打开历史的正确方式,使之能够从事实的整体上、从它们的联系中去掌握事实,而非从零碎的历史中随意抽出一些个别事实或玩弄实例以代替全部的历史;才能够帮助学生更全面地了解党的路线方针政策,了解国家发展动向,向社会主义合格建设者和可靠接班人的方向努力。正因为如此,2019 年 8 月,由中共中央办公厅、国务院办公厅印发的《关于深化新时代学校思想政治理论课改革创新的若干意见》中才要求,"办好思想政治理论课,要放在世界百年未有之大变局、党和国家事业发展全局中来看待,要从坚持和发展中国特色社会主义、建设社会主义现代化强国、实现中华民族伟大复兴的高度来对待"①。

第三,高校思政课教师要承担起落实立德树人根本任务的主力军的责任。办好高校思政课必须要找准抓手,而这个抓手就在于教师,在于教师主动提升自身核心素养。必须要打造一支政治素质过硬、业务能力精湛、育人水平高超的高素质专业化的高校思政课教师队伍。这支队伍的使命和职责是光荣而伟大、神圣而艰巨的,他们具有坚定的政治信仰,是保证思政课在实现"立德树人"任务中起重要作用的前提基础。思政课教师必须自律严、人格正,自觉弘扬主旋律,积极传递正能量,才能讲好思政课,实现立德树人的目的。倘若有的教师知行脱节、表里不一,总是做"自我打脸"的事情,久而久之便不再具有权威,不再拥有学生的信任。当学生不再"亲其师",也必然不会"信其道"。为此,高校思政课教师要讲清楚马克思主义立场、观点、方法,讲清楚人类社会发展的历史大势,用科学的世界观和方法论指导青年为实现理想而坚持正确的政治方向,坚定理想信念。高校思政课教师应加强国际比较,引导青年学生在国际比较中认清中国共产党的初心使命,认清中国式现代化建设的伟大成就,认清中国特色社会主义制度的显著优势。此外,高校思政课教师还要引导青年坚持走

---

① 深化新时代学校思想政治理论课改革创新 [N]. 人民日报, 2019 – 08 – 15 (01).

与实践、与人民群众相结合的成长道路，积极投身改革开放和社会主义现代化建设的伟大实践中，在实践中受教育、长才干、做贡献，为实现中华民族的伟大复兴而不懈奋斗。

需要指出的是，立德树人要以学生为中心。青年是国家和民族的未来，人心是最大的政治。杜勒斯所谓的"三四代和平演变说"就是西方资本主义国家大搞争夺青年、争夺人心政治操弄的一个宣言。新时代，培养社会主义建设者和接班人面临着敌对势力日益激烈的争夺和挑战。人心向背决定着国家政权的安危，青年学生的人心所向影响着国家的发展方向和前途命运。由于青年正处在"拔节孕穗"的关键期，其世界观、人生观和价值观尚未成型，容易被西方意识形态和价值观念所困扰和迷惑。因此，必须充分认识高校思政课在反渗防变中不可替代的关键作用。

二、增强高校思想政治理论课的思想性、理论性、亲和力和针对性

高校思政课不应是一门枯燥的课程，而应是一门兼具思想性、理论性、亲和力和针对性的"金课"。高校思政课的守正创新，就需要聚焦于增强高校思政课思想性、理论性、亲和力和针对性，不断让高校思政课提质增效。

第一，增强高校思政课的思想性。思想性是指某些文艺宣传作品或著作中所表现出来的政治倾向、价值归属和社会意义，其表征的是某些文化内容对人民群众的政治引领、以文化人和凝聚共识的重要功能。与其他专业课程内容不同，高校思政课应具有深刻的思想性，这是指课程教学目标能够鲜明地体现统治阶级的立场、观点和政策，具有明确的价值倾向，能够将统治阶级的意志转化为大学生的行动意志，引导大学生在生活实践中作出符合统治阶级意志的行为选择。思想性是高校思政课的根本属性、首要特征和根本要求，是其守牢高校意识形态建设主阵地的应有之义。面对当前我国政治经济文化结构的深刻调整，思想性是坚持马克思主义在意识形态领域指导地位的必然要求，推进新时代高校思政课的改革创新，必须要尊重思想政治教育的特色学科属性，让思政课更富有思想性。这一特质就要求思政课要讲好以下几点内容。首先，讲好哲学思想。思政课就要把

马克思主义哲学的辩证唯物主义、历史唯物主义的观点、立场和方法贯穿全部教学过程，使其进教材、进课堂、进学生的头脑，从而引导学生掌握正确的哲学思维方法，树立正确的世界观，而"人们必须有了正确的世界观、方法论，才能更好观察和解释自然界、人类社会、人类思维各种现象，揭示蕴含在其中的规律"①。其次，培育历史思维。思政课还必须包含科学的历史思维，培养学生完整看待历史进程、正确认识历史事件、客观评价历史人物的能力。在涉及党史、新中国史、改革开放史、社会主义发展史相关内容时必须坚持科学的历史思维，也是思政课课堂教学必须遵循的原则。再其次，讲好法治思想。思政课承担着向学生讲授中国特色社会主义法治体系取得的成就及意义，讲解基本的法律法规、法律常识、法律条文与社会活动的关系的重要任务，进而引导学生用全面、辩证、发展的眼光看待问题、分析问题，培养学生树立正确的法治观念以及主动守法用法的意识。最后，培育崇高理想。通过理论和实践教学，引导学生充分认识到马克思主义理论的真理性和科学性，引导学生坚定马克思主义信仰，树立共产主义的崇高理想，并自觉地运用马克思主义的立场、观点和方法来分析问题、看待问题。

第二，增强高校思政课的理论性。理论性是指人们从社会实践中总结和抽象概括出来的关于自然界、人类社会和人的思维发展的概念定义、问题归因、性质确立、价值判断、运行规律等系统化、体系化、逻辑化、抽象化的认知架构。新时代高校思政课的理论性是指思政课教学的知识性、合法性、科学性、学理性，指向于思政课教学中能够以理服人的、深刻的内在逻辑性和关联性的内容体系，使当代中国大学生能够自觉地、主动地接受和认同马克思主义理论。更为重要的是，理论性也是高校思政课的显著特质和内在规定。当前，我国高校思政课程中的主干课程贯穿始终的核心内容就是马克思主义理论。这些课程相互关联，并形成了一套逻辑严密、体系自洽的教学内容。在教学内容理论性的指引下，新时代高校思政课教学应当增强运用马克思主义基本原理解释现实和分析问题的能力。这一特质就要求思政课的守正创新要聚焦于以下两个方面。一方面，思政课的理论性要结合现实生活加以生动的讲解，才能帮助学生理解思政课的理论知

① 习近平. 在哲学社会科学工作座谈会上的讲话［N］. 人民日报，2016－05－19（02）.

识和思想要求。但是有些思政课教师只是简单地照本宣科，不对较为深奥的理论进行真正的系统讲解，只负责讲，至于学生真正了解了多少则漠不关心。比如在讲授剩余价值学说时，有的教师只是机械地讲述马克思如何进行推导，但是对于剩余价值到底有什么样的作用，则不能够结合历史背景加以深入分析，让学生听不懂也不想听。此外，受大班教学模式的影响，以及学时安排的限制，有些思政课教师不愿花费更多精力去深究教材，拓展课堂教学内容，以新的知识体系吸引学生，而只是把授课当作一种不得已而为之的任务，以蜻蜓点水的方式对教学重点一笔带过，使得授课缺乏深度，不能满足学生需求。另一方面，要围绕思政课教学的"理论性"本质，通过提升思政课教师的政治导向能力、自我学习能力、创新能力和人格感召力，有机整合教学目标、教学知识和教学技能，实现思政课内容入脑入心。同时，学生通过回答问题、课堂讨论或辩论、撰写论文、研究课题等形式参与其中，经过认真思考，用所学的理论来分析、解读社会现象，形成批判性思维，有独立的思考能力，提高自己的思维水平和能力。

第三，增强高校思政课的亲和力。新时代高校思政课教学形式的亲和力，主要是指在高校思政课教学过程中，通过思政课教师的感召力、感染力、吸引力等个人魅力，实现大学生对思政课的亲近、尊重、理解、认同进而悦纳并内化的一种力量。需要指出的是，高校思政课的亲和力绝不是过度迁就和迎合学生，而是聚焦于通过合理、合适的教学设计和授课方式，选取与学生生活学习实际贴近的教学内容，着力契合学生的成长发展规律，不断建立和提升学生对思政课的兴趣和喜爱。这种亲和力不是一种模糊化的要求，而是一种指向明确的要求。为此，要做到以下几个方面。首先，拒绝"说教"，要采用亲和力的话语，为思政课教学注入生机和活力。语言魅力蕴含说服力量，而当代大学生越来越追求独立思考，其个性也越来越追求积极张扬，原初"灌输式""填鸭式"的机械说教很难激发青年学生们对思政课堂的关注和兴趣。这就要求思政课教师要善于从多领域中汲取和运用多样化的话语资源，积极推进思政课传统的政治性话语向大众化、通俗化话语转变，学术性话语向生活化、日常化话语转变，教材式话语向教学性、实践性话语转变，运用学生喜闻乐见的话语进行日常的教学，为思政课课堂注入源源不断的生机活力。其次，做有亲和力的思政课教师。

亲和力也来源于其无限的人格魅力，而这种人格魅力就蕴含着榜样的力量，其性格、气质和道德品质更是具有示范的作用，能够引导和引领学生。其实，思政课教师在课堂中的理论传授是学生的重要关注内容，思政课教师在课堂外的垂范践行更是他们着重关注的方面。因为，思政课教师不仅要在讲台上"师范"，也要在讲台下"示范"。最后，创新教学模式，提升高校思政课亲和力。提升亲和力的宗旨在于增强教学实效。思政课教师可以借助新媒体技术，将与思政课教学相关的图片、视频、音频、各种教学辅助资源直接发送给学生，让教学内容更加丰富饱满和立体，同时激发学生的学习欲望，并提升思政课教学过程的亲和力。

第四，增强高校思政课的针对性。针对性主要是指实践活动的对象性，即在一项实践活动中能够根据特定对象的特点和规律探索实践方法，以提高社会实践活动的成功率和有效性。习近平总书记2022年在人民大学考察时强调，要针对青少年成长的不同阶段，有针对性地开展思想政治教育①。有针对性地开展思政教育就要掌握有针对性的教学方法。为此，增强高校思政课的针对性要做好以下两方面的工作。一方面，围绕个性化，提高针对性。高校思政课教学要充分考虑地理区位、民族分布、学校特色、专业背景等学生的实际情况，在教学过程中精准识别教学对象、精准施策教学方法、精准定位教学重点，把大学生多元化的价值观凝聚于指导思想的一元化要求之中，进而不断提高思政课的针对性。要尊重差异、包容多样，按照其具有个性化和差异化的教学对象、教学条件、教学场域、教案等的现实实际实施教育教学，绝不能一成不变地用同一种教学方法"照搬于所有教学阶段或教学对象"②，导致思政课的标签化、简单化和概念化。只有依据各个学校的特殊情况开辟有效的教学渠道，挖掘各式各样的教学资源，并有针对性地采取一些行之有效的方式方法，才能推动思政课的守正创新，确保思政课取得实效性，从而促进学生的个性化发展。另一方面，围绕实操性，提高针对性。在教学理念上，思政课教师要更新理念，不能"以我为主"教学，而要"以生为主"，不断了解学情，提高教学针对性。在实

---

① 坚持党的领导传承红色基因扎根中国大地走出一条建设中国特色世界一流大学新路 [N]. 人民日报, 2022 - 4 - 26 (01).

② 徐俊, 李智利. 思政课改革创新坚持"八个统一"的基本意涵 [J]. 广西社会科学, 2019 (10)：171 - 176.

践教学上，可以通过引导学术积极参与公益活动，并善于运用实物、沙盘模型等手段和元素将课堂搬到校外进行实践活动，将文艺表演融入思政课堂等，使思政课更具实效。

三、强化学生对高校思政课的"获得感""认同感""参与感"

高校思政课不应是一门自说自话的课程，而应是一门让学生有"获得感""认同感""参与感"的"金课"。高校思政课守正创新，也应强化学生对高校思政课的"获得感""认同感""参与感"，将思政课打造成让学生真正受益、裨益于学生成长成才的"金课"。

第一，强化学生的获得感。这种获得感就是指"学生在大学的学习生活过程中达成的物质、精神、情感、能力、素质等方面期待的程度，以及相关的心理感受和情感体验"①。思政课教师要教导学生在大是大非面前态度明确，向学生传递正确价值导向，勇于承担教师的主体责任。需要指出的是，这种主体责任并不是一味强调教师单向的、自发的教学努力，更不是机械地、倾倒式灌输书本知识，而是以现实问题为导向，以师生双向互动为追求，有针对性地开展教学活动，并积极回应、研究和解决学生的实际困惑，不断提高学生在课堂和课外学习中的获得感。为此，教师需要因材施教，尊重学生的个体差异性；及时解决大学生最关心、最直接、最现实的问题，更好满足学生的需求与期待。

第二，强化学生的认同感。赵春玲和逄锦聚（2021）认为，新时代思政课守正创新的根本目的就是"使思政课教学接地气、扬正气、聚人气，提升学生对思政课教学的认同感"②。新时代思政课要敢于突破传统基础理论知识教学的局限和制约，更加注重各学科知识的融合和互动，不断提高学生的知识文化素养、思想道德素质，增强学生的"认同感"。其实，思政课能够唤起学生的认同感。比如，思政课能够唤起学生对于国家历史、文化、道路、制度和理论的认同感。以中国近现代史纲要教学为例，教师通

---

① 朱小芳，丁敢真. 思想政治教育视域下提升学生成长获得感的三重逻辑［J］. 学校党建与思想教育，2022（3）：42-45.

② 赵春玲，逄锦聚. "大思政课"：新时代思政课改革创新的重要方向和着力点［J］. 思想理论教育导刊，2021（8）：97-102.

过理解从鸦片战争到"五四运动"期间爆发的民众爱国运动，能够清晰地展现中国近现代历史发展主线，并转化为课堂教学线索，进而培育学生的爱国主义情感，坚定中国的道路自信，深化对于中国道路和制度的认同。爱国是社会主义核心价值观关于个人层面的价值准则的第一个词。作为思政课教师，应如何引领大学生分析全球化时代的爱国主义，培育对于国家的认同感呢？中国人民大学刘建军教授给出了具体阐释，他指出：只有准确把握全球化时代爱国主义教育的特点和使命，才能更好地捍卫社会主义核心价值观在全球化背景下的引领力。① 2018 年 9 月，在全国教育大会上，习近平总书记强调，新时代的教师要在坚定理想信念、厚植爱国主义情怀、加强品德修养、增长知识见识、培养奋斗精神、增强综合素质等方面教育引导学生。② 思政课教师要尽可能从多个角度、运用多种方式对大学生们进行国家认同教育，提升大学生的马克思主义理论水平，使其能够在纷繁复杂的社会思潮中保持清醒的头脑，坚定中国特色社会主义的"四个自信"。

第三，强化学生的参与感。从引导学生"要我学"转向"我要学""我会学"，是高校思政课守正创新的重要内容。思政课教师真正做到"以学生为中心"，将学生看作课堂的主体而非客体，注重学生的"自我教育"，才能为达成与学生之间理想的互动状态提供思想基础。要以调动学生学习积极性为中心，突出教学的双边性③。在高校思政课教学中，学生的兴趣与互动之间具有互存、互促、互为的关系。一般说来，学生对高校思政课的兴趣越大，参与课堂互动的积极性就会更高。反之，学生在课上与教师积极互动，也会引起和提升学生对高校思政课的兴趣。为此，高校思政课教师在实际教学活动中应多采取互动性强、参与度高的教学方法，提高学生学习兴趣，增强学生获得感、成就感和满足感。比如可采取启发式、探究式、问题式、议论式、辩论式、演讲式和专题式等参与度较高的教学方式方法，"用喜闻乐见的语言、生动鲜活的事例、新颖活泼的形式"④ 将课堂气氛带

---

① 刘建军. 论经济全球化时代的爱国主义 ［J］. 教学与研究，2012（4）：5－15.

② 习近平出席全国教育大会并发表重要讲话 ［EB/OL］.（2018－09－10）. http：//www.gov.cn/xinwen/2018－09/10/content_5320835.htm.

③ 李剑萍，魏薇. 教育学导论 ［M］. 北京：人民出版社，2000：251.

④ 李海峰. 高校思想政治理论教师角色研究 ［M］. 北京：人民出版社，2012：56.

动起来，以此将过去"教师讲学生听"的单向教学模式转变为"教师与学生互动讨论"的双向教学模式。具体而言，可采用课堂讨论、学生发言、汇报展演、学术沙龙等方式，打造"双向反哺"的课堂讲授形式，如此方可既"发挥教师的主导作用"又"激活学生的主体意识"，促使"学生表现出十分活跃的主动学习状态，真正成为学习的主人"①。

---

① 郭洋波. 教育学［M］. 北京：人民出版社，2013：271.

第四章 "金课"建设视域下高校思想政治理论课守正创新现状研究

本次调查的测试工具为课题组编写的问卷《"金课"建设视域下高校思政课守正创新现状调查（教师卷）》与《"金课"建设视域下高校思政课守正创新现状调查（学生卷）》，主要采用线上调查与实地调查相结合的方式进行，从思政课教学内容、教学方法、教学媒介、教学效果等维度展开调查，以研究结果为依据，按照从现象到本质的思路，实证分析当前"金课"建设视域下高校思想政治理论课守正创新的现状，揭示"金课"建设视域下高校思想政治理论课守正创新中存在的问题并深入分析其缘由，并探索打造新时代思政"金课"的措施策略。

第一节 调查基本概况

本次调查范围主要涉及华东、华北和华中地区，调查对象为全国各地综合类高校本科生、研究生以及各大院校思政课教师，且选取被调查大学生时注重协调调查对象的性别、年级、专业的占比，选取被调查教师时注重协调调查对象的性别、年龄、职称的占比，使调查结果更具有合理性。

一、调查问卷的设计思路与基本结构

本课题的调查研究主要按照"问题导向、模块呈现、确保效度"的思

路设计问卷内容。问题设计总体呈现出以下特征：一是遵循接受规律。调研问卷在设计上，注重被调研人的接受习惯规律，严格控制调查问卷的篇幅，问题总量在 21~30 之间浮动，确保被调研人的情绪及思考时间处于一个相对从容的环境。二是注重宏观和微观相结合。问卷设计的问题以思政课宏观现状和思政"金课"建设微观现状为基本模块，既强调宏观调研，又注重"金课"建设这一微观问题的考察。三是落实调研效度原则。在问题的设计上，为了确保效度更高，采取了部分问题重复出现的方法，以防止因问题而导致的效度减弱。按照前期设计，问卷调查分为学生和教师两个不同板块。

《"金课"建设视域下高校思政课守正创新现状调查（学生卷）》主要包括两个部分。第一部分是大学生基本信息的调查，主要包括对学生性别、政治面貌、所在年级、所学专业等进行调查。第二部分是分成不同的维度探讨"金课"建设视域下高校思政课守正创新现状，具体包括："金课"建设与思政课质量提升、"金课"建设与思政课守正创新、"金课"建设与高校思政课的教学内容、"金课"建设与高校思政课的教学方法、"金课"建设与高校思政课的教学媒介、"金课"建设与高校思政课的教学效果。

《"金课"建设视域下高校思政课守正创新现状调查（教师卷）》主要包括两部分。第一部分是对教师基本信息的调查，主要包括教师的性别、教龄、职称、授课类型等内容。第二部分是对教师关于"金课"建设视域下高校思政课守正创新现状的调查，主要从教师的核心素养、教学内容、教学方法、教学评价等方面展开。

二、调查的基本情况

（一）高校调查问卷的发放情况

本次调查研究在全国范围内进行，从 2022 年 7 月初开始发放问卷，历时 2 个月完成。共发放教师卷 512 份，收回 512 份，教师卷主要通过电子方式进行收集。共发放学生卷 6796 份，收回 6796 份，学生问卷的回收涉及地区较广，主要集中在江苏、山东等地。数据收集完成后，利用问卷星统计分析软件对调查结果进行数据统计，进行描述性分析和变量交互分析。

（二）调查样本的基本信息情况

1. 学生卷

第 1~3 题主要是了解被调查者的基本信息，调查结果显示（见表 4 - 1），受调者中有 63.96% 为女性，36.04% 为男性。从年级分布来看，受调者中 25.25% 为大一学生，42.47% 为大二学生，25.10% 为大三学生，7.18% 为大四及以上学生。从政治面貌来看，大部分学生都是共青团员，比例达到 52.61%。

表 4 - 1　　　　　　　　问卷基本信息表（学生卷）

项目	选项	频数	比例（%）
性别	女	4347	63.96
	男	2449	36.04
年级	大一	1716	25.25
	大二	2886	42.47
	大三	1706	25.10
	大四及以上	488	7.18
政治面貌	中共（预备）党员	291	4.28
	入党积极分子	982	14.45
	共青团员	3575	52.61
	群众	1948	28.66

第 4 题和第 5 题，从所学专业和所上思政课的角度进行调研。在所学专业中，绝大多数受调者是管理学、工学、医学、教育学等专业（见图 4 - 1）。就其所上思政课而言，每一门课程均有涉及（见图 4 - 2），说明本次调研涉及较为全面，这为问卷数据的分析提供了科学依据，保证了数据分析的真实性、可信性。

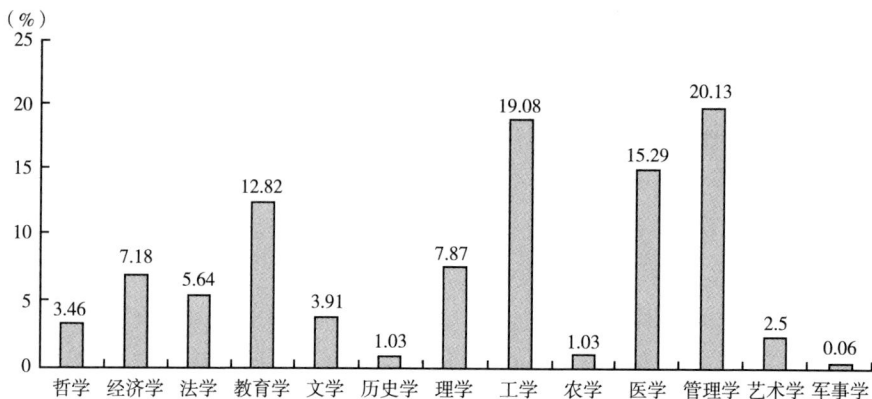

图4-1 学生所学专业分布（学生卷）

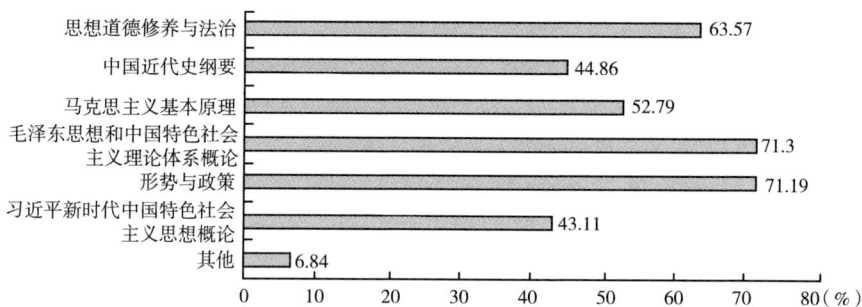

图4-2 学生所上思政课分布（学生卷）

2. 教师卷

第1~5题主要是了解被调查者的基本信息，调查结果显示（见表4-2），受调者中有61.91%为女性，28.09%为男性。从年龄分布来看，31~40岁的教师相对较多，比例达到41.41%，这是当前高校思政课教师的中坚力量。从政治面貌来看，大部分教师都是中共党员，比重达到91.01%。思政课教师的职称主要集中在讲师和副教授。学历主要是硕士研究生和博士研究生，高学历保证了思政课教师的教学质量。

表4-2 问卷基本信息表（教师卷）

项目	选项	频数	比例（%）
性别	女	317	61.91
	男	195	28.09

续表

项目	选项	频数	比例（%）
年龄	30 岁以下	97	18.94
	31～40 岁	212	41.41
	41～49 岁	132	25.78
	50 岁及以上	71	13.87
政治面貌	中共党员	466	91.01
	共青团员	20	3.91
	民主党派	6	1.17
	无党派人士	7	1.37
	其他	13	2.54
职称	助教	56	10.94
	讲师	158	30.86
	副教授	177	34.57
	教授	88	17.19
	其他	33	6.44
最高学历	博士	292	57.03
	硕士	193	37.70
	学士	21	4.10
	其他	6	1.17

第 6 题和第 7 题，从最高学位授予专业和所讲授思政课的角度进行调研。受调者中法学所占比重最大，达到了 56.64%（见图 4-3），而在所讲授思政课中，每门课程均有涉及（见图 4-4）。本次调研的教师样本从性别、年龄等方面来看，分布相对较均衡，保证了调查问卷的相对准确性与科学性。

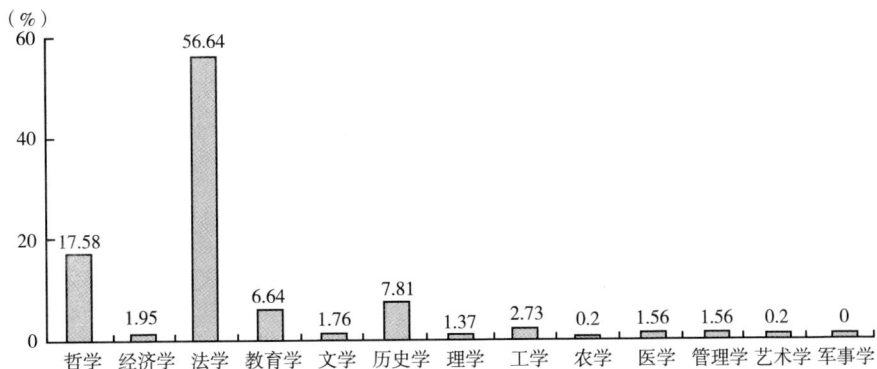

图 4-3 教师最高学位授予专业分布（教师卷）

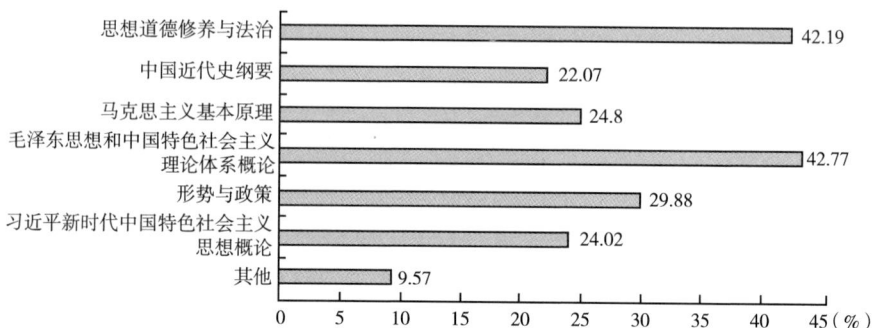

图4-4 教师所讲授思政课分布（教师卷）

三、整体评价

习近平总书记在学校思想政治理论课教师座谈会上特别强调，青少年阶段是人生的"拔节孕穗期"，最需要精心引导和栽培。思想政治理论课是落实立德树人根本任务的关键课程，思政课的作用不可替代，思政课教师队伍责任重大。因此，淘汰"水课"、建设思政"金课"是高校落实立德树人根本任务的必然要求，也是培养能堪当民族复兴大任时代新人的战略要求。当前，如何发挥好思政课对落实立德树人根本任务的关键作用，打造思政"金课"，是当前亟须研究的现实难题。

（一）学生对高校思政课亲和力的整体评价

学生学好是思政课建设的出发点和落脚点，大学的思政课堂不仅关系着大学生个人的成长，也关乎着国家和民族未来的希望。新时代高校思政"金课"建设就是要让教育对象主动积极地参与到教学活动中，对思政课真信、真学、真懂、真爱、真用。

1. "金课"建设与思政教学质量认知问题

学生卷第6~8题，调查思政"金课"建设与思政课教学质量的关系认知。对内涵的了解是深入研究的前提，若学生对其内涵缺乏深入了解，思政"金课"建设则可能沦为"纸上谈兵"。针对"您是否对'金课'建设一词有所了解"的提问：50.04%受调者反馈听过"金课"建设一词，但并不太清楚其内涵；37.08%受调者反馈不了解；仅有12.88%受调者十分了解（见图4-5）。

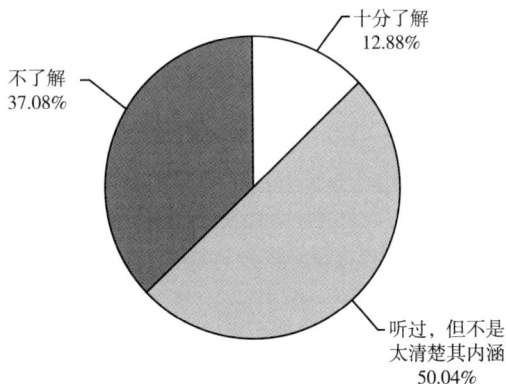

图4-5 学生对"金课"建设一词的了解情况（学生卷）

对于思政"金课"需要具备的特点，86.15%受调者认为教学内容具有思想性、理论性，80.68%受调者认为思政课教师具有亲和力、感染力，80.55%受调者认为知识丰富、信息量大，76.13%受调者认为教学方法创新、手段多样（见图4-6）。

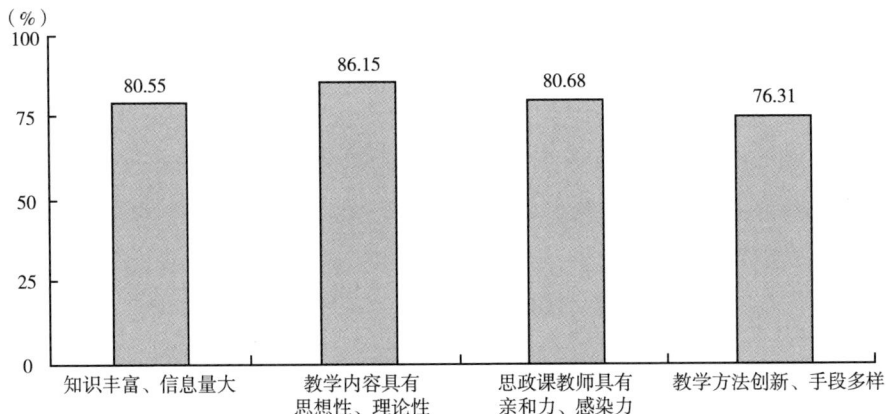

图4-6 思政"金课"需要具备的特点（学生卷）

针对"您认为当前高校思政'金课'建设的影响因素有哪些"的调查，79.36%受调者选择教学理念，77.05%受调者选择教学内容，76.59%受调者选择教学主体，74.85%受调者选择教学方法，64.26%受调者选择教学模式，64.07%受调者选择教学手段，53.86%受调者选择教学载体，47.78%受调者选择教学评价（见图4-7）。

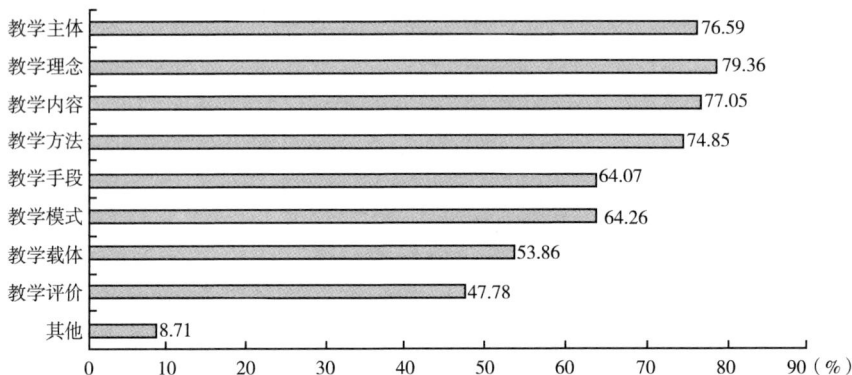

图4-7 高校思政"金课"建设的影响因素（学生卷）

2. "金课"建设与思政守正创新认知问题

学生卷第9~13题，调查"金课"建设背景下学生对高校思想政治理论课守正创新的认识。新时代思政课要坚持守正和创新相统一，不断增强思政课的思想性、理论性和亲和力、针对性。① 当前，思政课教学面临着各种各样的挑战，世界范围内各种思想文化交流、交融、交锋更加频繁，社会思想价值观念呈现多元多样、复杂多变特征，这些都是当前的风险。但机遇与挑战并存，党中央对思政课高度重视，推进了中国特色社会主义学科体系建设，为中国特色社会主义理论和实践发展开辟新境界；中国特色社会主义取得的举世瞩目的成就为思政"金课"建设保驾护航，为思政课的守正与创新提供力量。

针对"您认为'金课'建设视域下高校思政守正创新的基础条件有哪些"的提问：88.33%受调者选择党中央对思政课高度重视，推进中国特色社会主义学科体系建设；88.77%受调者选择中国特色社会主义理论和实践发展开辟新境界，中国特色社会主义取得举世瞩目的成就；84.29%受调者选择中华优秀的传统文化、革命文化和社会主义先进文化；76.33%受调者选择长期以来中国共产党狠抓思政课建设所形成的一系列规律性认识和成功经验（见图4-8）。

_____

① 深化新时代学校思想政治理论课改革创新［N］. 人民日报，2019-08-15（01）.

党中央对思政课高度重视,推进中国
特色社会主义学科体系建设　　　　88.33

中国特色社会主义理论和实践发展开辟新境界,
中国特色社会主义取得举世瞩目的成就　　　88.77

中华优秀的传统文化、革命文化和社会主义先进文化　　84.29

长期以来中国共产党狠抓思政课建设所形成的
一系列规律性认识和成功经验　　　76.33

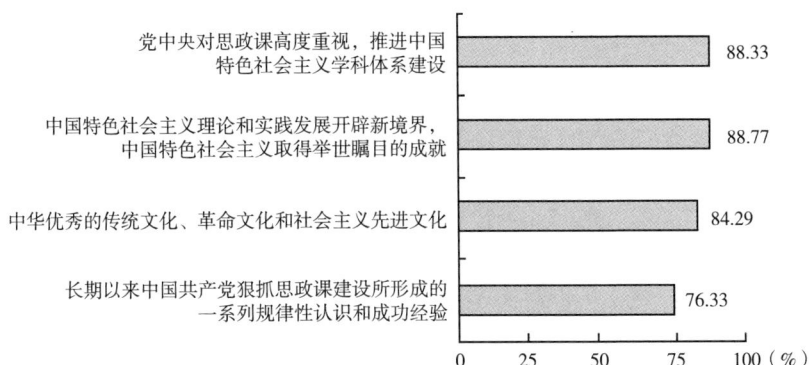

图4-8 "金课"建设视域下高校思政课守正创新的基础条件(学生卷)

针对"'金课'建设视域下高校思政课守正创新遭受的挑战有哪些"的提问:83.83%受调者认为世界范围内各种思想文化交流交融交锋更加频繁;85.67%受调者认为社会思想价值观念呈现多元多样、复杂多变特征;77.21%受调者认为主流意识形态与现实社会中的矛盾存在巨大反差;75.89%受调者认为大数据网络和自媒体碎片化信息分散受众注意力;68.6%受调者认为学生个性化发展的需求愈加强烈、自主意识增强(见图4-9)。

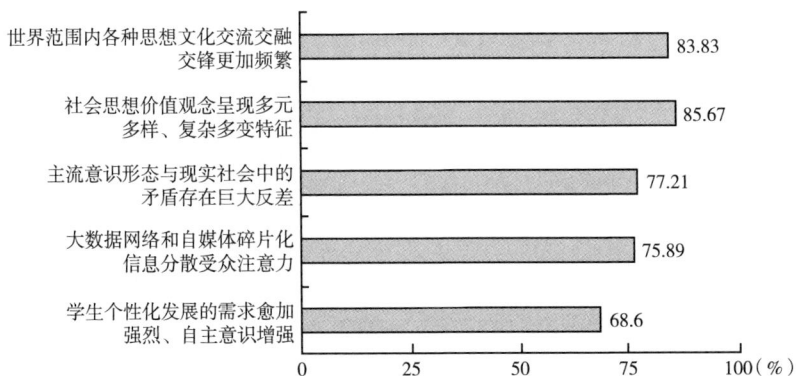

世界范围内各种思想文化交流交融
交锋更加频繁　　　83.83

社会思想价值观念呈现多元
多样、复杂多变特征　　　85.67

主流意识形态与现实社会中的
矛盾存在巨大反差　　　77.21

大数据网络和自媒体碎片化
信息分散受众注意力　　　75.89

学生个性化发展的需求愈加
强烈、自主意识增强　　　68.6

图4-9 "金课"建设视域下高校思政课守正创新遭受的挑战(学生卷)

针对"您是否对守正创新一词有所了解"的提问:60.66%受访者听过,但不是太清楚其内涵;27.11%受访者十分了解;12.23%受访者不了解(见图4-10)。

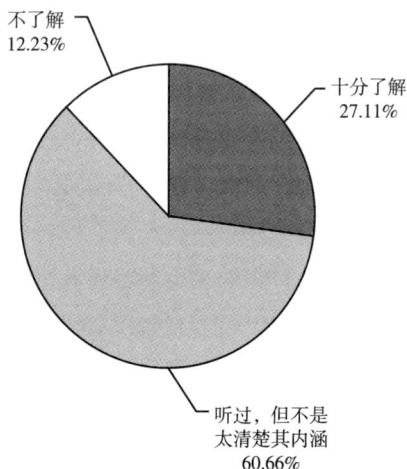

图4-10 学生对守正创新一词的了解情况（学生卷）

针对"您认为当前思政课守正体现在哪些方面"的提问：87.66%受调者认为是守理论之基，夯实马克思主义的指导地位；85.99%受调者认为是守方向之本，坚持社会主义的办学方向；85.38%受调者认为是守使命之责，落实立德树人的根本任务；81.33%受调者认为是守育人之道，遵循教育教学的基本规律（见表4-3）。

表4-3 **当前思政课守正的体现（学生卷）**

选项	频数	比例（%）
守方向之本，坚持社会主义的办学方向	5845	85.99
守理论之基，夯实马克思主义的指导地位	5958	87.66
守使命之责，落实立德树人的根本任务	5803	85.38
守育人之道，遵循教育教学的基本规律	5528	81.33

针对"您认为当前思政课创新体现在哪些方面"的提问，78.98%受调者选择教学理念创新，79.80%受调者选择教学设计创新，79.42%受调者选择教学方法创新，74.52%受调者选择教学内容创新，66.26%受调者选择教学载体创新，65.66%受调者选择教学模式创新，54.88%受调者选择评价机制创新（见图4-11）。

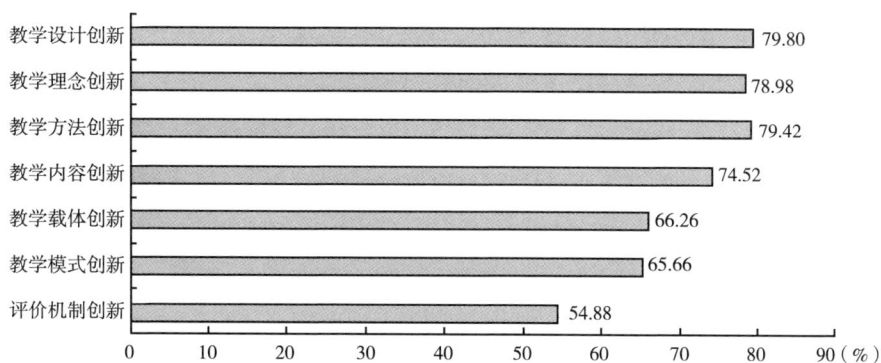

图4-11 当前思政课创新的体现（学生卷）

3. "金课"建设与高校思政课教师认知问题

学生卷第14~16题，调查"金课"建设与高校思政课教师关系之间的认识。"金课"建设与教师关系密切，教师整体核心素养的提升对于教学质量水平的提高至关重要。

关于在思想政治课教学活动中师生双方能否达到情感交流、心灵碰撞的情况，49.40%受调者表示能，45.55%受调者表示偶尔能，5.05%受调者表示不能（见图4-12）。

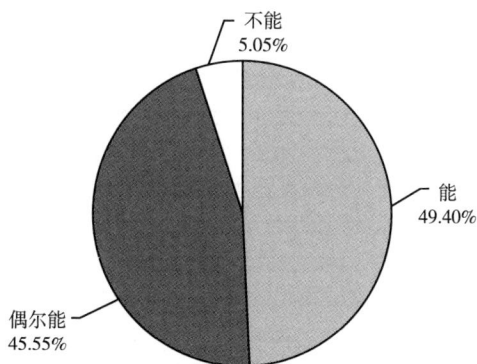

图4-12 在思想政治课教学活动中师生双方达到情感交流、
心灵碰撞的情况（学生卷）

关于思想政治课教师教学时能够做到的方面：79.79%受调者认为教师能以学生为中心，让学生产生情感共鸣；79.51%受调者认为教师能精心设计教学内容，课堂教学丰富多彩；78.45%受调者认为教师教态自然、大方、亲和、活力，能将理论知识、价值观念、道德规范传授给学生；77.52%受调者认为教师课堂把控力强，能灵活处理突发事件（见图4-13）。

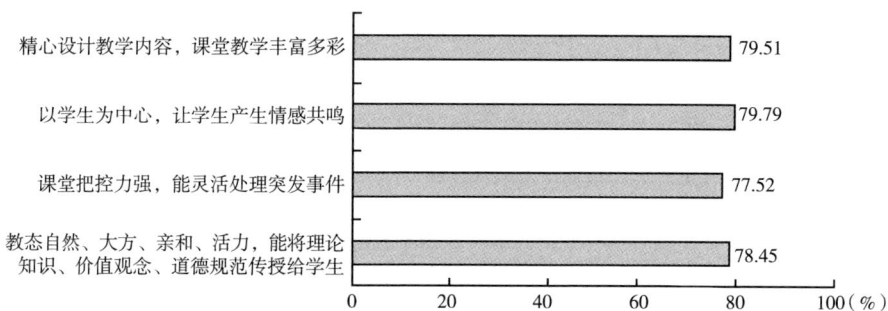

图4-13 思想政治课教师教学时能够做到的方面（学生卷）

针对"新时代思政课教师应如何打造思政'金课'"的提问，75.36%受调者认为要遵循教学规律，77.12%受调者认为要提升专业素养，74.47%受调者认为要提高师德师风，72.63%受调者认为要改革教学理念，73.22%受调者认为要丰富教学内容，67.16%受调者认为要更新教学方法，64.57%受调者认为要优化教学手段，61.78%受调者认为要创新教学模式，54.60%受调者认为要拓展教学载体（见图4-14）。

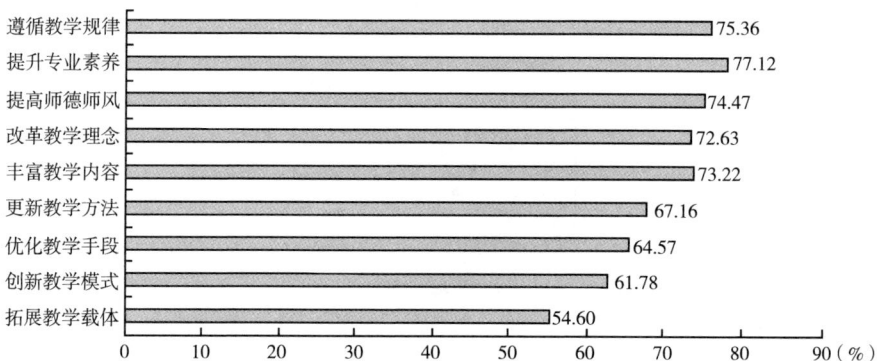

图4-14 新时代思政课教师打造思政"金课"的方式（学生卷）

4. "金课"建设与高校思政课教学内容认知问题

学生卷第17~19题，调查"金课"建设与高校思政课教学内容的认知。教学内容是连接教师与学生的纽带，教学内容关系到教师教学的效率以及课堂的质量。

针对"思政课教师在课堂中是否经常会增添新鲜的教学内容"的提问，60.39%受调者认为会，36.25%受调者认为偶尔会，少数受调者认为不会。

针对"思政课教师能否运用生动、鲜明、具体的案例来达到教学目的"的提问，65.40%受调者认为能，31.69%受调者认为偶尔能，2.91%受调者认为不能（见表4-4）。

表4-4 思政课教师运用生动、鲜明、具体的案例达到教学目的的情况（学生卷）

选项	频数	比例（%）
能	4445	65.40
偶尔能	2154	31.69
不能	198	2.91

针对"您怎样评价对思政课教师的教学内容"的提问：75.46%受调者认为教学内容紧扣教材，重难点突出；78.45%受调者认为教学内容紧跟时代，丰富多样；65.34%受调者认为教学内容相对丰富，但缺乏趣味性；47.98%受调者认为教学内容陈旧刻板，不够新颖；42.96%受调者认为教学内容照本宣科，缺乏吸引力（见图4-15）。

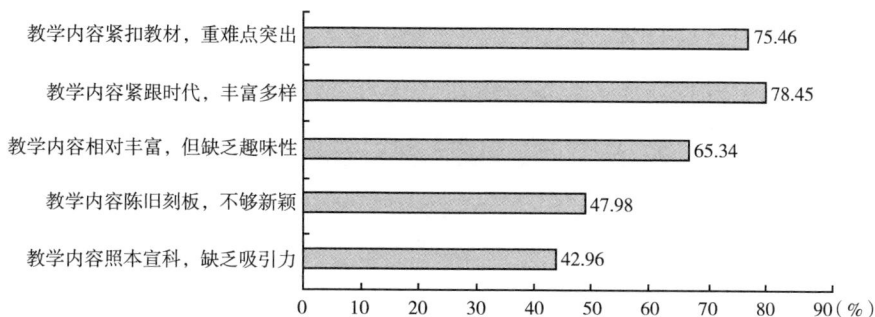

图4-15 学生对思政课教师教学内容的评价（学生卷）

5. "金课"建设与高校思政课教学方法认知问题

学生卷第20题和第21题，调查"金课"建设与高校思政课教学方法的关系认识。教学方法对教学效果发挥重要作用，教师在课堂上所采用的教学方法会极大地影响学生学习的积极性、主动性。

针对"课堂教学过程中思政课教师常用的教学方法有哪些"的提问，

84.24%受调者认为是讲授法，72.87%受调者认为是讨论法，66.75%受调者认为是直观演示法，58.81%受调者认为是现场教学法（见图4-16）。

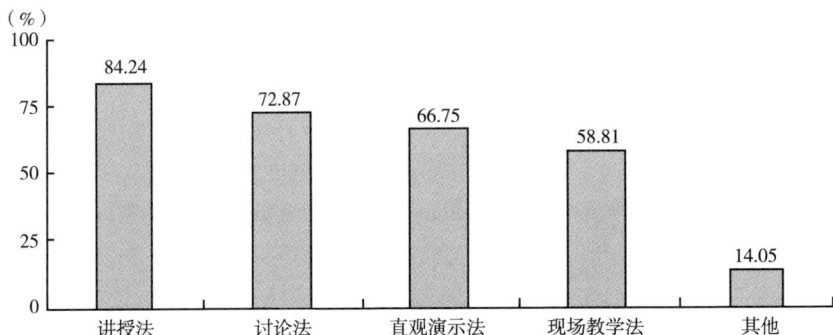

图4-16　课堂教学过程中思政课教师常用的教学方法（学生卷）

关于课堂教学过程中思政课教师对现代信息技术的运用，83.68%受调者认为是展示相关教学材料，72.91%受调者认为是活跃课堂氛围，73.89%受调者认为是组织课堂学习活动，67.06%受调者认为是与学生交流互动（见图4-17）。

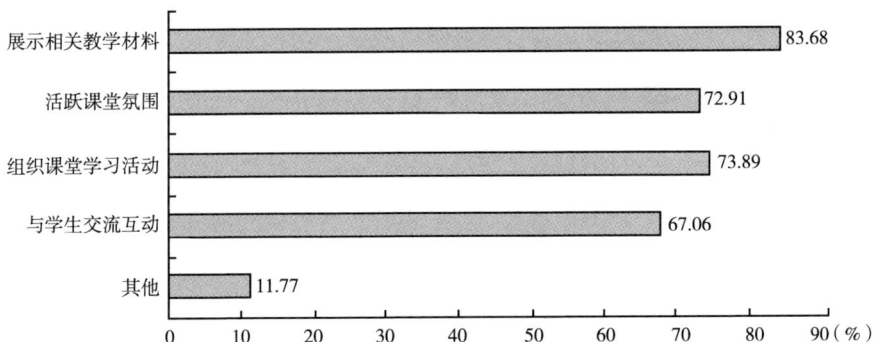

图4-17　课堂教学过程中思政课教师对现代信息技术的运用（学生卷）

6."金课"建设与高校思政课教学媒介认知问题

学生卷第22题和第23题，调查"金课"建设与高校思政课教学媒介的关系认识。教学媒介是教学内容的载体，是教学内容的表现形式，是师生之间传递信息的工具。常见的教学媒介如实物、口头语言、图表、图像以及动画等。

针对"课堂教学过程中思政课教师是否经常运用信息化教学手段和网

络资源平台"的提问，54.04%受调者认为经常用，37.05%受调者认为偶尔用。

关于课堂教学过程中思政课教师使用的信息化教学手段，85.38%受调者指出是多媒体教学，61.31%受调者指出是电子白板，71.59%受调者指出是优质网络教学课程（慕课、教学短片），55.01%受调者指出是智能设备（平板、电脑、智能手机等）（见图4-18）。

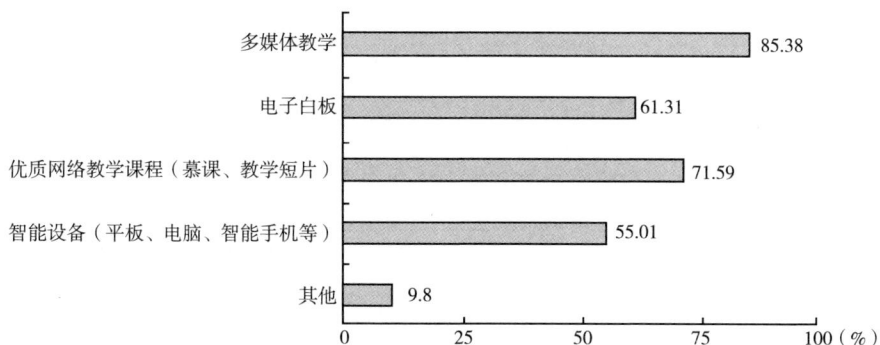

图4-18 课堂教学过程中思政课教师使用的信息化教学手段（学生卷）

7. "金课"建设与高校思政课教学效果问题

学生卷第24~26题，调查"金课"建设与高校思政课教学效果关系的认识。关于学生对所在学校的思政课教学效果：72.24%受调者认为很好，课堂活跃，气氛融洽；24.08%受调者认为中等，无所谓态度；3.68%受调者认为一般，死气沉沉，草草了事（见图4-19）。

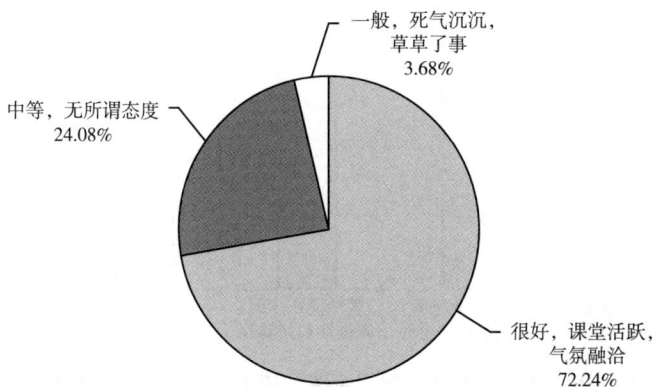

图4-19 学生对学校思政课教学效果的评价（学生卷）

关于从现在的思政课堂中收获的内容，80.65%受调者认为是理论知识，81.12%受调者认为是价值观念，81.59%受调者认为是思想品德，70.22%受调者认为是情感培育，63.50%受调者认为是心理优化，59.10%受调者认为是人格培养（见图4-20）。

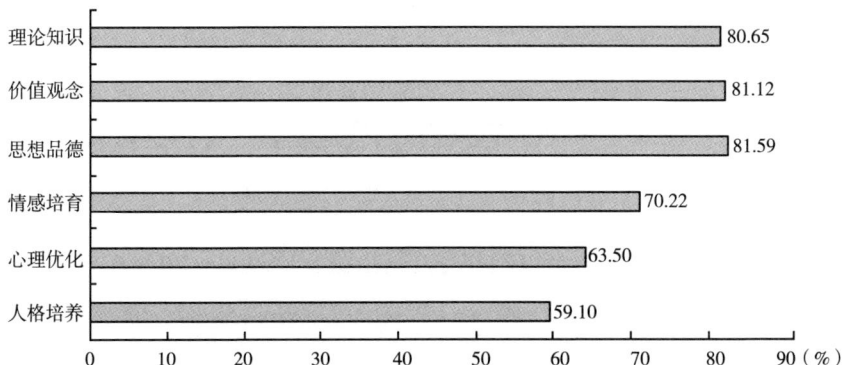

图4-20 学生从现在的思政课堂中的收获（学生卷）

关于当前思政课要达到"金课"还需要改进的方面，74.68%受调者认为是教学目标彰显全面性和实用性，77.18%受调者认为是教学内容凸显时代性和前沿性，73.80%受调者认为是教学模式体现先进性和互动性，69.50%受调者认为是教学手段注重灵活性和艺术性，57.33%受调者认为是评测体系突出探究性和个性化（见图4-21）。

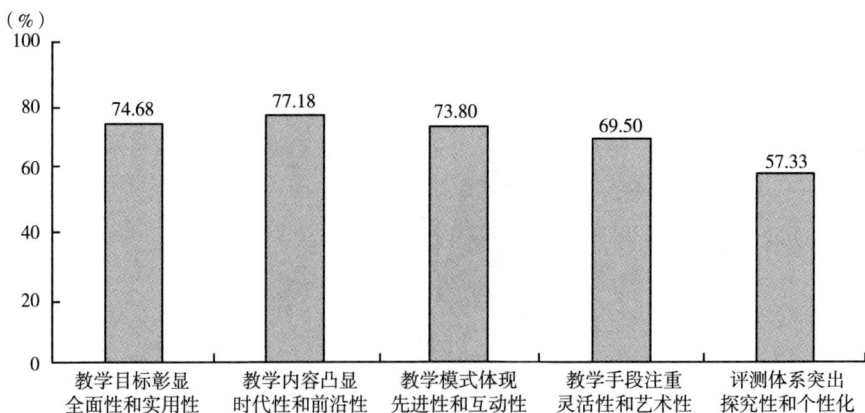

图4-21 当前思政课达到"金课"还需改进的方面（学生卷）

学生卷第 27 题是调查学生对思政"金课"建设的满意度,调查结果显示(见图 4–22):从教学目标落实来看,5% 的学生表示非常不满意,3% 的学生表示比较不满意,16% 的学生表示一般,35% 的学生表示比较满意,41% 的学生表示非常满意;从教学方法选择来看,5% 的学生表示非常不满意,3% 的学生表示比较不满意,17% 的学生表示一般,35% 的学生表示比较满意,40% 的学生表示非常满意;从教学内容更新来看,5% 的学生表示非常不满意,3% 的学生表示比较不满意,16% 的学生表示一般,35% 的学生表示比较满意,41% 的学生表示非常满意;从教学媒介使用来看,5% 的学生表示非常不满意,3% 的学生表示比较不满意,15% 的学生表示一般,35% 的学生表示比较满意,42% 的学生表示非常满意;从课程考核形式来看,5% 的学生表示非常不满意,3% 的学生表示比较不满意,16% 的学生表示一般,35% 的学生表示比较满意,41% 的学生表示非常满意;从教学效果显现来看,5% 的学生表示非常不满意,3% 的学生表示比较不满意,16% 的学生表示一般,35% 的学生表示比较满意,41% 的学生表示非常满意。

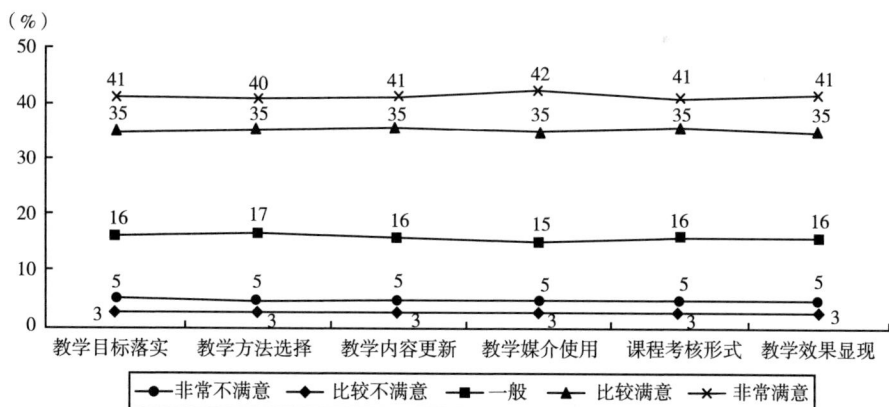

图 4–22 学生对思政"金课"建设的满意度(学生卷)

8. 大学生对"金课"建设的其他意见

此外,大学生们对思政"金课"建设也提出来了不同的意见,如:创新教学方式、增加趣味性、活跃课堂氛围等(见图 4–23),这为强化思政"金课"建设提供了方向和指引。

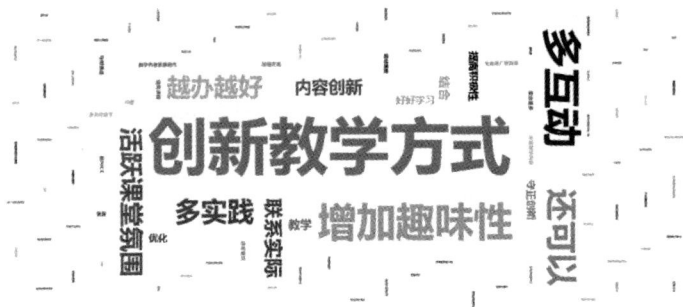

图 4 – 23　大学生对思政"金课"建设的意见（学生卷）

（二）教师对思政"金课"建设整体评价

改革开放 40 多年来，思政课教学队伍不断扩大，专业性更强，育人的效果更优，但从调研数据分析，高校思政课教师队伍建设仍存在着问题。

1. 对思政"金课"建设认知问题

教师卷第 8~13 题，调查对思政"金课"建设的认知。"金课"概言之就是高质量的思政课。打造"思政"金课需要从思想上重视、从行动上落实、从经费上保障。针对"您认为思政课具有高阶性、创新性和挑战度吗"的提问，92.58% 受调者认为肯定有，6.45% 受调者认为可能有。

针对"您认为思政'金课'具备哪些特点"的提问，91.02% 受调者认为是知识能力素质的有机融合，91.80% 受调者认为是课程内容反映前沿性和时代性，87.30% 受调者认为是教学形式呈现先进性和互动性，83.01% 受调者认为是学习结果具有探究性和个性化，81.84% 受调者认为是学生真心喜爱、终身受益（见图 4 – 24）。

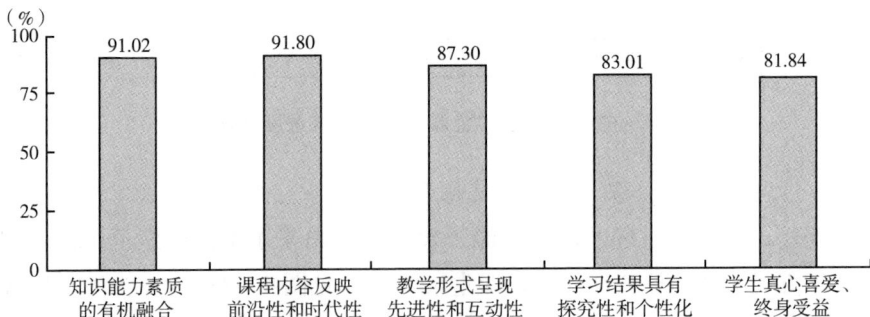

图 4 – 24　教师认为思政"金课"应具备的特点（教师卷）

对于影响思政课教学质量提升的最大问题，75.98%受调者认为是教学理念问题，70.90%受调者认为是教师素养问题，63.09%受调者认为是教学内容问题，68.55%受调者认为是教学方法问题，49.61%受调者认为是教学手段问题，49.61%受调者认为是教学模式问题，38.87%受调者认为是教学载体问题，46.09%受调者认为是教学评价问题（见图4-25）。

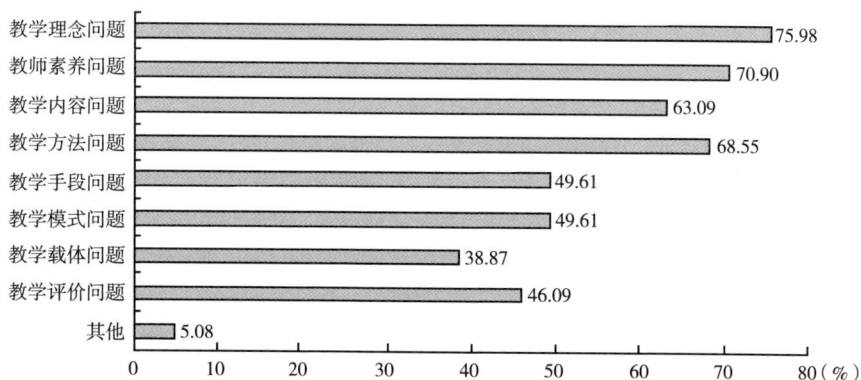

图4-25　影响思政课教学质量提升的最大问题（教师卷）

对于当前高校思政"金课"建设的影响因素，72.07%受调者认为是教学环境是否和谐融洽、宽松活泼、安定有序，80.47%受调者认为是教学内容是否紧跟时代步伐、凸显问题意识，78.32%受调者认为是教学主体是否具有较高的核心素养和能力，82.03%受调者认为是教学方法是否得当有效、启迪学生思维、为学生真心喜爱，73.24%受调者认为是教学对象是否融入思政课堂、参与思政课教学实践，61.52%受调者认为是教学评价是否客观科学、准确及时、合情合理（见图4-26）。

针对"当前思政'金课'建设面临的挑战有哪些"的提问，70.51%受调者认为是教师队伍质量不够高，70.51%受调者认为是教学方法不够多样，55.66%受调者认为是错误社会思想的干扰，59.18%受调者认为是网络负面消息的影响，73.05%受调者认为是教学针对性不强、亲和力不够（见图4-27）。

针对"打造思政'金课'有哪些积极意义"的提问：85.16%受调者认为应强化思政课教师核心素养提升；85.74%受调者认为应增强学生思政课获得感和满意度；85.94%受调者认为应提升思政课亲和力和针对性，提

教学环境是否和谐融洽、宽松活泼、安定有序 72.07

教学内容是否紧跟时代步伐、凸显问题意识 80.47

教学主体是否具有较高的核心素养和能力 78.32

教学方法是否得当有效、启迪学生思维、为学生真心喜爱 82.03

教学对象是否融入思政课堂、参与到思政课教学实践中来 73.24

教学评价是否客观科学、准确及时、合情合理 61.52

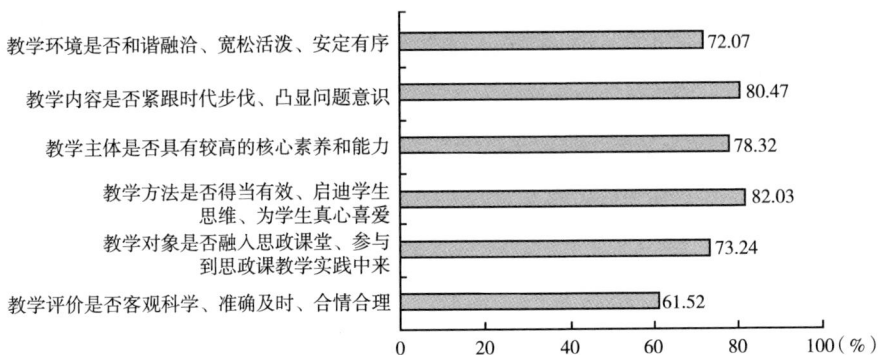

图 4 - 26　当前高校思政"金课"建设的影响因素（教师卷）

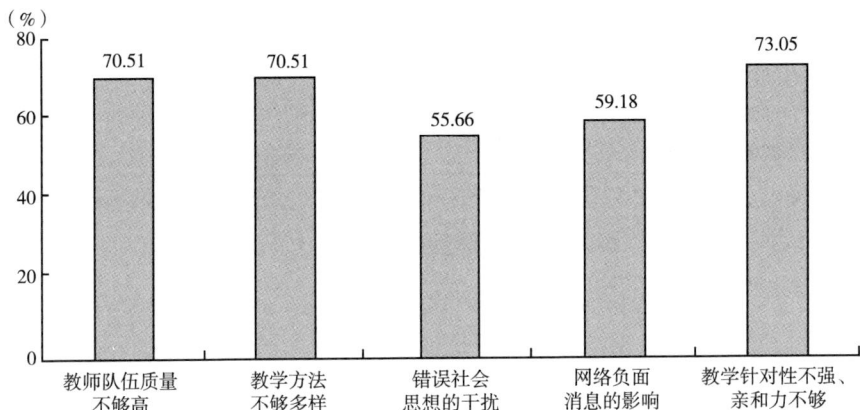

（%）

教师队伍质量不够高 70.51

教学方法不够多样 70.51

错误社会思想的干扰 55.66

网络负面消息的影响 59.18

教学针对性不强、亲和力不够 73.05

图 4 - 27　当前思政"金课"建设面临的挑战（教师卷）

高思政课教学质量和水平；77.73% 受调者认为改进思想政治工作，推动思政教育内涵式发展；75.00% 受调者认为应培养担当民族复兴大任的社会主义建设者和接班人（见表 4 - 5）。

表 4 - 5　　　　　打造思政"金课"的积极意义（教师卷）

选项	频数	比例（%）
强化思政课教师核心素养提升	436	85.16
增强学生思政课获得感和满意度	439	85.74
提升思政课亲和力和针对性，提高思政课教学质量和水平	440	85.94
改进思想政治工作，推动思政教育内涵式发展	398	77.73
培养担当民族复兴大任的社会主义建设者和接班人	384	75.00

2. "金课"建设与思政课守正创新认知问题

教师卷第 14 题和第 15 题,调查"金课"建设与思政课守正创新认知问题。守正是新时代高校思政课创新的根基;创新是新时代思政课保持活力的源泉。坚持守正与创新,是当前打造思政"金课"的基石。

针对"您认为思政'金课'需要坚守哪些教学要素"的提问,92.38%受调者认为要守方向之本,90.82%受调者认为要守理论之基,90.82%受调者认为要守使命之责,93.75%受调者认为要守育人之道(见图 4 - 28)。

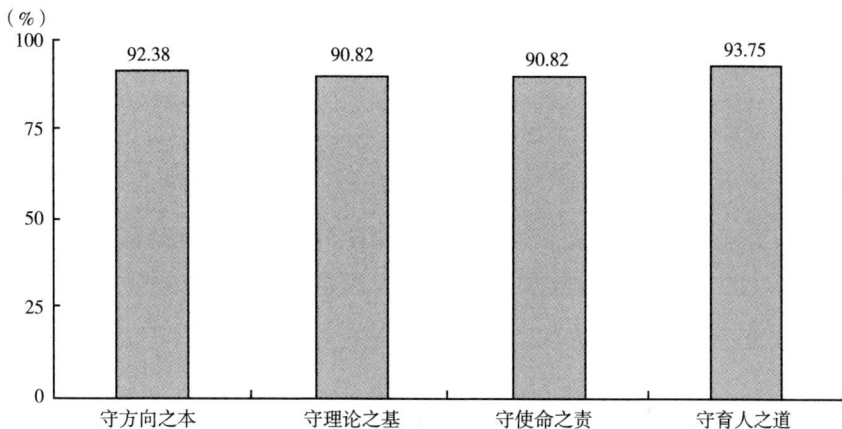

图 4 - 28 思政"金课"需要坚守的教学要素(教师卷)

针对"您认为思政'金课'需要创新哪些教学要素"的提问,92.77%受调者认为要创理念之新,85.35%受调者认为要创内容之新,83.40%受调者认为要创形式之新,84.77%受调者认为要创方法之新,79.10%受调者认为要创评价之新(见图 4 - 29)。

3. "金课"建设与思政课教师认知

教师卷第 16 题、第 17 题和第 21 题,调查"金课"建设与思政课教师的认知。针对"您认为打造思政'金课'需要教师具有什么素养"的提问,91.80%受调者认为政治要强,91.21%受调者认为情怀要深,94.53%受调者认为思维要新,92.97%受调者认为视野要广,86.13%受调者认为自律要严,91.02%受调者认为人格要正(见图 4 - 30)。

针对"您在开展思政课教学时,会介绍热点焦点、学术前沿问题"的评价,48.83%受调者认为非常符合,45.31%受调者认为比较符合,5.08%受调者认为不能确定,0.78%受调者认为不太符合(见图 4 - 31)。

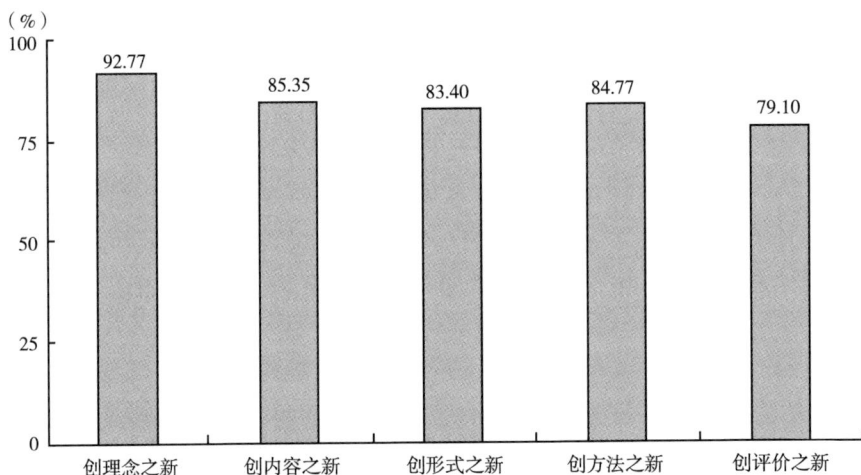

图 4 - 29 思政"金课"需要创新的教学要素（教师卷）

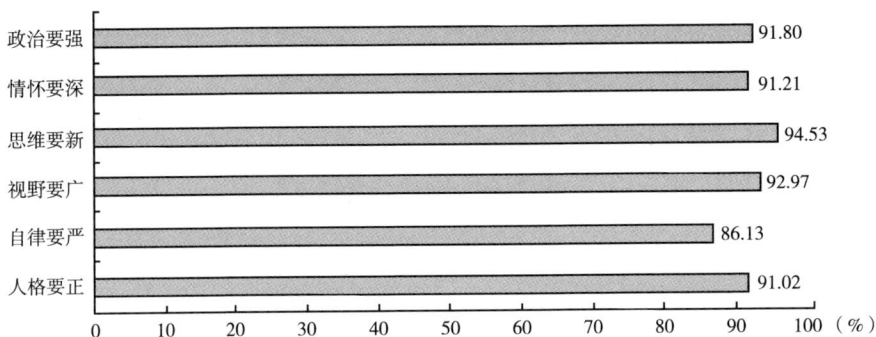

图 4 - 30 打造思政"金课"需要教师具有的素养（教师卷）

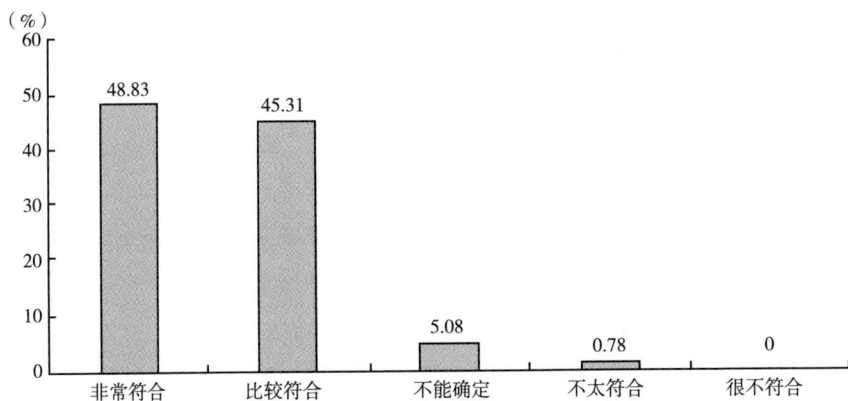

图 4 - 31 开展思政课教学时介绍热点焦点、学术前沿问题的情况（教师卷）

针对"思政课教师如何提升自身的教学艺术"的提问，66.21%受调者认为要注重自身的仪容仪表，78.91%受调者认为要提高口语表达能力，92.19%受调者认为要精心进行教学设计，51.95%受调者认为要完善课堂板书效果，70.90%受调者认为要对学生多持鼓励态度，70.70%受调者认为要保持课堂教学动态平衡（见图4-32）。

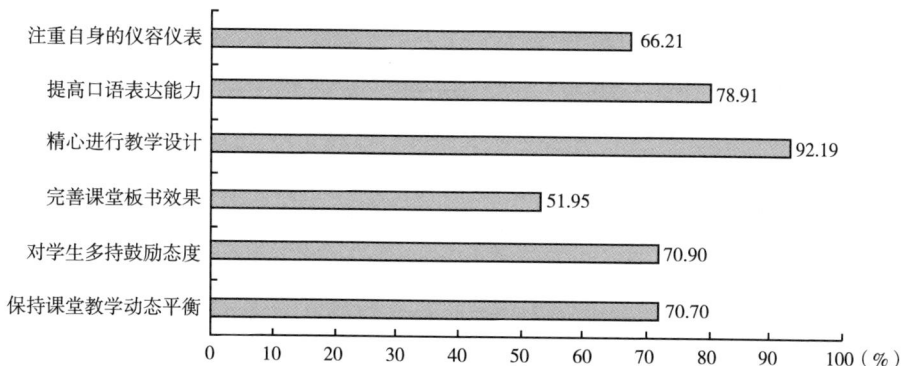

图4-32 思政课教师提升自身教学艺术的方式（教师卷）

4. "金课"建设与教学内容认知问题

教师卷第18题和第19题，调查"金课"建设与教学内容的认知。教学内容是学与教相互作用过程中传递的主要信息。打造高品质思政"金课"要吃透思政教材，优化教学内容。

针对"您在开展思政课教学时，能够将所学理论知识与学生实际相结合"的评价，42.38%受调者认为非常符合，52.93%受调者认为比较符合，3.52%受调者认为不能确定，1.17%受调者认为不太符合（见图4-33）。

针对"您在开展思政课教学时，能够做到教学内容及时更新"的评价，45.51%受调者认为非常符合，51.36%受调者认为比较符合，2.54%受调者认为不能确定，0.39%受调者认为不太符合，0.20%受调者认为很不符合（见图4-34）。

5. "金课"建设与思政课教学方法认知问题

教师卷第20题和第22题，调查"金课"建设与思政课教学方法关系的认知。教学方法是教学过程中教师与学生为实现教学目的和教学任务要求，在教学活动中所采取的行为方式的总称。有效的教学方法能起到事半功倍的效果，增强学生的认同感和收获感。

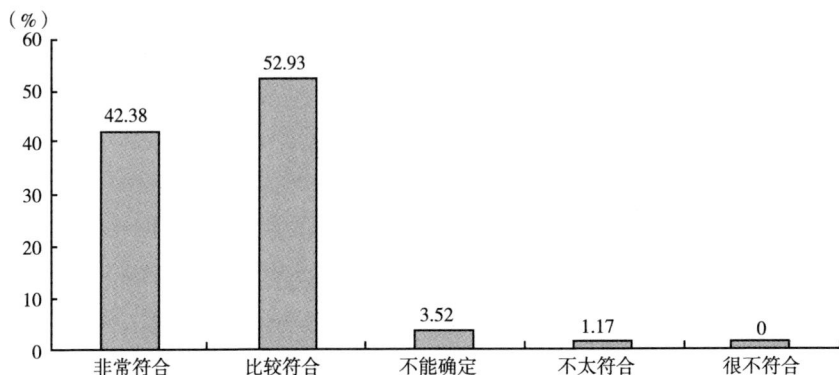

图 4 - 33 教师开展思政课教学时将所学理论知识与学生实际相结合情况（教师卷）

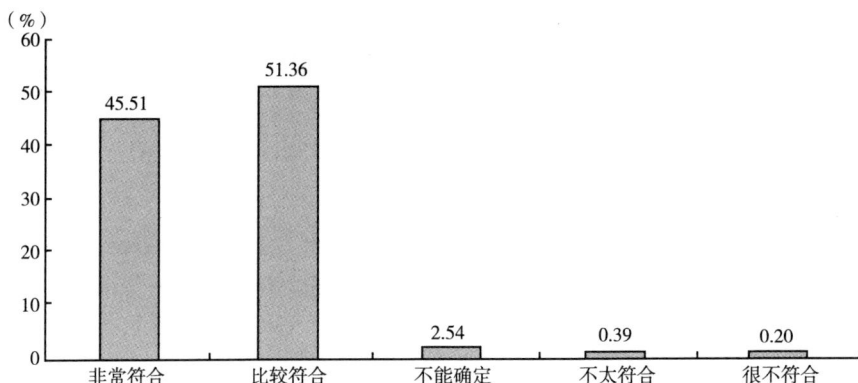

图 4 - 34 教师开展思政课教学时教学内容及时更新情况（教师卷）

针对"您在'金课'建设过程中，会经常进行教学方法创新"的评价，31.84%受调者认为非常符合，58.20%受调者认为比较符合，7.03%受调者认为不能确定，2.73%受调者认为不太符合，0.20%受调者认为很不符合（见图 4 - 35）。

针对"目前您所教授的思政课采用何种教学方式"的提问，91.02%受调者选择讲授式，83.59%受调者选择课堂讨论式，53.32%受调者选择自主学习探究，44.92%受调者选择专题讲座，54.88%受调者选择观看影像资料，18.16%受调者选择召开主题班会，46.29%受调者选择社会实践（见图 4 - 36）。

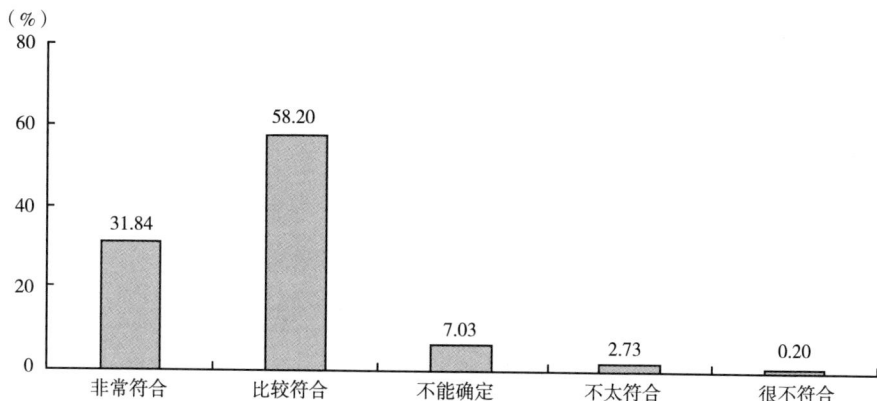

图 4 - 35　教师在"金课"建设过程中进行教学方法创新情况（教师卷）

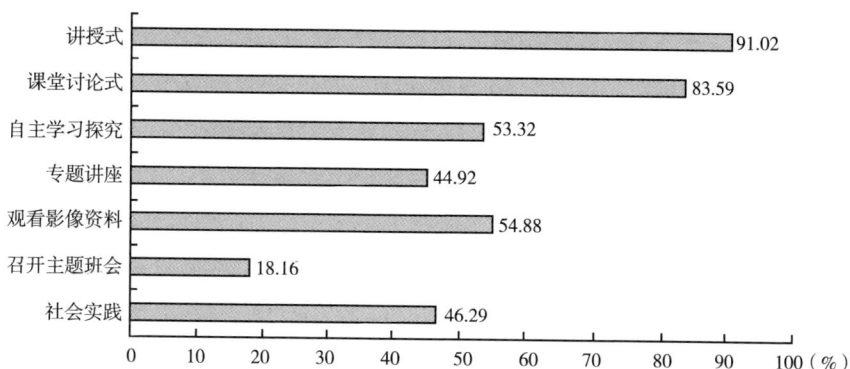

图 4 - 36　思政课程教学采用的教学方式（教师卷）

6. "金课"建设与思政课教学评价认知问题

教师卷第23题和第24题，调查"金课"建设与思政课教学评价关系的认知。教学评价关系到教学效果的好坏，它是决定能否提升教学质量的重要组成部分。

针对"您认为学校对思政课教师的考核评价体系存在哪些问题"的提问，71.88%受调者认为评价主体单一，71.68%受调者认为评价形式传统，67.58%受调者认为评价浮于形式，44.92%受调者认为评价缺乏制度，51.56%受调者认为评价缺乏标准，59.18%受调者认为评价缺乏跟踪反馈（见图4 - 37）。

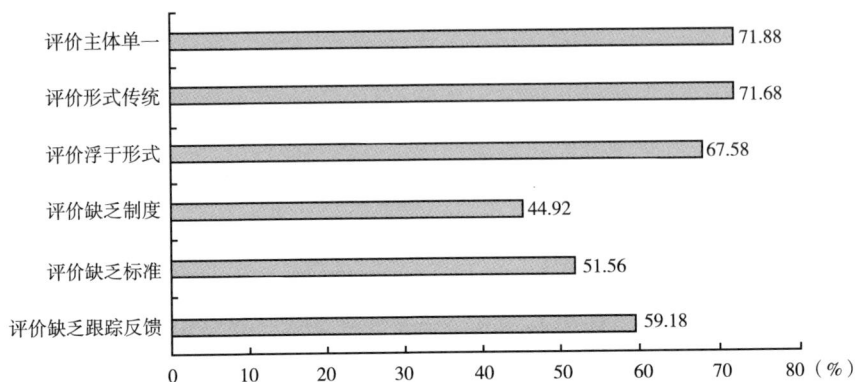

图4-37 学校对思政课教师的考核评价体系存在的问题（教师卷）

针对"您认为新时代如何建设思政'金课'"的提问，85.74%受调者认为教学目标要彰显全面性和实用性，89.45%受调者认为教学内容要凸显时代性和前沿性，86.52%受调者认为教学模式要体现先进性和互动性，81.25%受调者认为教学手段要注重灵活性和艺术性，75.78%受调者认为评测体系要突出探究性和个性化（见图4-38）。

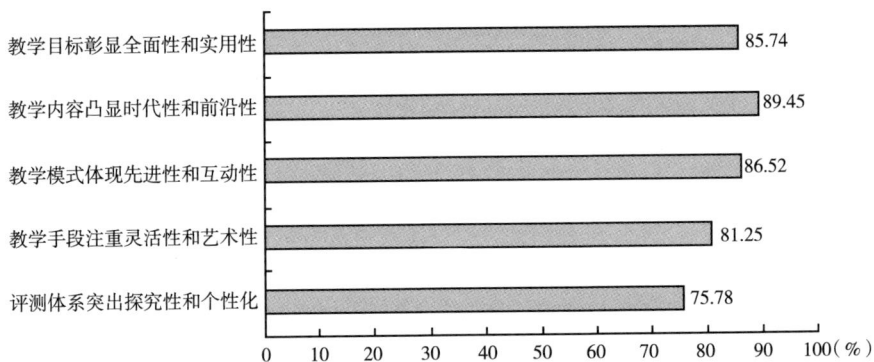

图4-38 新时代建设思政"金课"的方式（教师卷）

7. 教师对"金课"建设的其他意见

对于思政"金课"的建设，教师们还认为，打造更好的思政"金课"，教师还要坚持守正、大胆创新，始终以学生为中心，注重创新教学方式，调动学生的积极性、主动性（见图4-39）。

图 4 – 39 教师对思政"金课"建设的意见（教师卷）

第二节 存在问题分析

新时代，思政"金课"建设要坚持社会主义办学方向，全面落实党的教育方针，以习近平总书记关于思政课建设的重要论述铸魂育人，以"高阶性、创新性和挑战度"为衡量标准，将思政课打造成具有高度政治性、学术性、知识性、价值性和实用性的"核心课程"。通过分析前面的调查问题可知，目前思政课教学主要存在以下五个问题。

一、教学理念陈旧，缺乏前瞻性

教育理念是课程的灵魂，是教学实践的先导。教育方向的指引，教育行为的规约，教学成效的好坏，很大程度上都与教学理念密切相关。所有的教育活动、教育行为、教育实践都是在教学理念指导下实施进行的。"教学理念是指教育者在从事教学过程中，头脑中存在着的有关教师、学生、知识、能力、素质、质量等方面的诸种信念和理论的综合体。"[1] 教学理念反映出来的不仅仅是一种观念，更是一种对教学认识的思维方式，对教育

---

[1] 关月玲. 教师品质教育［M］. 咸阳：西北农林科技大学出版社，2013：83.

工作以及受教育对象的态度。

当前，有部分思政课教师，受传统的以"教育者（教师）为中心"的教学理念影响，把自身塑造成"绝对的权威"，忽视了受教育者（学生）在教学过程中的主体性的地位，束缚了学生参与课堂讨论和思想争鸣的积极性，遏制了青年学生创造性思维。针对教师的"您认为影响思政课教学质量提升的最大问题"的提问，75.98%受调者认为是教学理念问题。针对学生的"新时代思政课教师如何打造思政'金课'"的提问，72.63%受调者认为要改革教学理念。针对学生的"您认为当前思政课创新体现在哪些方面"的提问，78.98%受调者选择教学理念创新。

二、教学目标缺位，缺乏全面性

现阶段，小学阶段思政课教学目标是培育学生社会主义国家公民应有的良好的思想品德、法律意识、精神修养和行为习惯，提高判断是非，辨别真假善恶、美丑的初步能力；中学阶段思政课教学目标是培养具有政治认同素养、科学精神素养、法治意识素养和公共参与素养的学生；大学阶段思政课教学目标是帮助学生认识人类社会发展的基本规律，增强社会主义法治观念和道德意识，深刻领会历史和人民选择马克思主义、中国共产党以及社会主义道路的内在逻辑，坚定中国共产党领导下的道路自信、制度自信、理论自信和文化自信。纵观不同学段思政课教学的培养目标，不难得出，不同阶段思政课教学目标的侧重点虽有差异，但总体上说，思政课教学目标还是以培养不同学段学生的思想品质、道德修养、政治观念、法律意识为主。但现在有些教师的思政课缺乏对情感意义与形式的感受和体验，忽视了对学生身心素质健康发展和学习态度的关切与考量，这充分暴露了我国思政课教学目标存在定位不准的缺憾。这种教学目标的缺位，打破了思想自觉性与实践性的平衡，导致了学生思想认知与实际行动的背离，造成思想自觉的缺乏、思想意识的缺失、思想修养的弱化。针对学生的"从现在的思政课堂中你有怎样的收获"的提问，80.65%受调者认为是理论知识，81.12%受调者认为是价值观念，81.59%受调者认为是思想品德，70.22%受调者认为是情感培育，63.50%受调者认为是心理优化，59.10%受调者认为是人格培养。

此外，思政课教学的最终目标、最终指向是培养担当民族复兴大任的时代新人，这就要求思政课教学要遵循教育教学和人才培养的客观规律。但在日常思政课教学实践中，有些教师教学目标缺乏系统规划、分层制定。如针对不同专业、不同层次、不同特色高校学生教学目标差异性不明显、递进性不突出，进而混淆了总体目标与局部目标，淡化了思政课教学的阶段性目标，弱化了思政课教学的层次性。针对学生的"您认为当前思政课达到'金课'还需要在哪些方面进行改进"的提问，74.68%受调者选择教学目标彰显全面性和实用性。

三、教学内容陈旧，缺乏时代性

教学内容是课程的核心，有涵养的思政"金课"应凸显时代性、前瞻性和价值性，其教学内容也要紧跟时代发展步伐，追踪学术前沿动态，肩负起时代赋予的崇高使命和神圣职责，及时把现实社会热点问题转化思政课堂教学内容。思政"金课"要求课程内容反映学科专业先进的核心理论和成果，体现教改教研成果，具有较高的科学性水平。对于教学内容的设计与选择，一方面，思政课老师不能闭门造车，要围绕社会热点、瞄准时代焦点、把握教学重点，洞察新迹象、把握新引擎、抓住新常态，将时事热点问题作为丰富思政课教学内容的重要部分，将党和国家最新的思想理论、制度政策，如"中国式现代化""全过程人民民主""总体国家安全""人类命运共同体""一带一路"及时融入思政教学中，以前瞻性、创新性、独特性的战略眼光，寻求契合时代发展的思政课教学内容。另一方面，思政课老师还要结合不同年龄阶段大学生的性格特征和价值取向，尊重学生的主体地位，发挥学生的创造精神，又要总揽全局、统筹规划，抓住思政课的主线和精髓，协调好知识灌输和主流意识培育的统一。

新时代思政课教师要号准时代的脉搏，聆听时代的声音，感受时代的变化，把握时代的动向，回应时代的期盼，在思政课教学实践中发现新命题、挖掘新素材、探讨新情况、构建新理论，将教学内容聚焦到马克思主义最新研究成果、中国特色社会主义实践最新经验总结、中国哲学社会科学研究最新进展上来，把符合时代要求的理论知识、社会思潮、精神文化传授给学生，真正实现思政课教学内容入耳、入脑、入心。针对学生的

"思政课教师在课堂中是否经常会增添新鲜的教学内容"的提问，60.39%受调者认为会，36.25%受调者认为偶尔会，3.35%受调者认为不会。针对"您对思政课教师教学内容评价是怎样的"的提问，75.46%受调者认为教学内容紧扣教材且重难点突出，78.45%受调者认为教学内容紧跟时代，65.34%受调者认为教学内容相对丰富但缺乏趣味性，47.98%受调者认为教学内容陈旧刻板，42.96%受调者认为指出教学内容缺乏吸引力。

四、教学方法固化，缺乏多样性

方法是一切事物所不能抗拒的、最伟大的、无穷的力量，也是主体对客体本质和规律的自觉运用。列宁在《哲学笔记》中摘录过黑格尔《逻辑学》里一段话："方法也就是工具，是在主体方面的某个手段，主体方面通过这个手段和客体相联系。"[①] 毛泽东曾形象地将方法比喻成解决"过河"所需的"桥"或"船"。他指出："我们的任务是过河，但是没有桥或没有船就不能过。不解决桥或船的问题，过河就是一句空话。不解决方法问题，任务也只是瞎说一顿。"[②] 概言之，方法是为了达到认识世界和改造世界的目的，在实践过程中主体认识和改造客体所采用的工具、程序、手段等。

思政课教学方法不是固定僵化、一成不变的，而是要依据教学环境、教学主题、教学主体、教学内容、教学受众等方面的差异有针对性地选择运用，即使常规的教学方法，如讲授法教学、案例式教学、互动式教学、参与式教学、专题式教学、体验式教学等也都有其特定的条件和语境；倘若教学的主客观条件、软硬件设施等发生了变化，相应的教学方法也会发生改变。科学有效、受众欢迎、独特新颖的教学方法，可增强学生对思政课的兴趣，激发学生对理论探求的欲望，增强思政课的吸引力、感染力和说服力，提升思政课教学的质量和水平。针对学生的"课堂教学过程中思政课教师常用的教学方法"的提问，84.24%的学生选择在课堂教学过程中

---

① 列宁全集（第五十五卷）[M]. 北京：人民出版社，2017：189.
② 毛泽东选集（第一卷）[M]. 北京：人民出版社，1991：139.

思政课教师常用的教学方法是讲授法。诚然，讲授法能够在较短的时间内向学生普及知识，提高教学效率，但讲授法容易将学生陷于被动状态，限制学生的创新思维。针对教师的"您在'金课'建设过程中，会经常进行教学方法创新"的提问，31.84%受调者认为非常符合，58.20%受调者认为比较符合，7.03%受调者认为不能确定。

五、教学评价单一，缺乏科学性

思政课教学评价应既有教师对学生学习状态的评价，也包含学生对教师教学水平和能力的评价。实施教学评价的主体应该是多元的，不仅要包括教师的评价，也要包括学生的评价。从广义的教育学维度来看，一个科学的思政课教学评价主体体系应由学校评价、教师评价、学生评价、社会评价共同组成。在这个多元化的评价体系中，不同的评价主体遵循科学的评价方案和原则，对思政课教学是否满足各自利益诉求和价值取向展开客观、全面、多样的评价。目前，高校思政课教学评价主体单一，评价主导权仍然掌握在思政课教师手中，学生被置于从属地位，其主体地位被忽视，只能被动地接受评价。在评价标准方面，高校思政课教学评价指标缺乏量化、细化的标准，多采用直观的体验方式来检验学生的知识掌握、能力提升和思想觉悟，评价教师的教学水平、教学能力和教学效果。显然，这种评价指标难以全面反映思政课教学的整体情况，影响了教学评价的客观性、科学性和权威性。针对教师的"您认为学校对思政课教师的考核评价体系存在哪些问题"的提问，71.88%受调者认为评价主体单一，71.68%受调者认为评价形式传统，67.58%受调者认为评价浮于形式，44.92%受调者认为评价缺乏制度，51.56%受调者认为评价缺乏标准59.18%受调者认为评价缺乏跟踪反馈。

第三节 主要原因分析

当前高校思政"金课"建设与思政课守正创新所面临的困境与教学队伍薄弱、教学能力弱化、教学内容重复、供给质量不高等缘由密不可分。

一、高校思政"金课"教学队伍薄弱

提升思政课教育实效关键在于教师，思政课教师队伍是开展思政课教学的重要主体，是实现思政课教学目标、优化教学效果的内在动力，是增强思政课吸引力、亲和力、感染力、号召力的关键力量。高校思政课教师作为供给主体，是办好思政课的关键；也是促进思政课教育教学，提升思政课教学质量和水平，实现高校立德树人根本任务，培育担当民族复兴大任时代新人的重要保障。

近年来，高校思政课教师队伍建设成效显著，队伍规模不断扩大，但因学科偏见，专业自身限制，以及各高校思政课教师人才引进体制的僵化和硬性指标的束缚，制约了思政课教师供给的有效增量。相对于思政课教学需求来看，各高校仍存在有效供给不足的困境，思政课教师供给与思政课教学需求之间还存在着较大的"供给差"。《普通高等学校马克思主义学院建设标准（2019年本）》规定高校思政课教师按照师生比不低于1：350的比例设置专职教师岗位，要求加快配齐建强专职思政课教师队伍。虽然从2018年开始，教育部开始实施"高校思政课教师队伍后备人才培养专项支持计划"，每年安排专门招收500名马克思主义理论专业博士研究生和1000名硕士研究生。但这部分专项计划研究生最早也要到2021年才能陆续毕业，即便这部分研究生毕业后全部进入高校从事思政课教学，若依照教育部的标准，绝大多数高校依然会存在不同程度的思政课教师供给不足的难题。2019年6月至9月全国人大常委会组成执法检查组开展了高等教育法执法检查，发现一些高校思政课教师配备未达标，有的地方缺口近30%。受思政课教师供给数量不足的影响，很多高校只能采取大班上课模式，远不能满足思政课教学的需求，直接影响了思政课教学质量和水平。

二、高校思政"金课"教学能力弱化

习近平总书记在学校思想政治理论课教师座谈会上强调，思政课教师队伍责任重大，并对思政课教师提出了"六种素养"和"八个统一"。新时代，"建设一支政治强、情怀深、思维新、视野广、自律严、人格正的思政课教师队伍"显得尤为重要。高校思政课教师不仅要坚定政治信仰、强化使命担当、秉承家国情怀、提升道德修养、塑造人格魅力、夯实专业基础，还需要具备将教材体系转变为教学体系、知识体系转变为信仰体系的教学供给能力。长期以来，高校因评价体系存在"身份固化""权力集中""激励不足""公平缺失""严重同质化"等问题，导致绝大多数高校教师都存在"重学术研究轻教学赋能""重理论素养轻实践锻炼"的倾向，尤其是对于刚走出校门的年轻思政课教师而言，其教学供给能力严重欠缺。此外，随着社会经济的发展，教学对象思想观念的转变，信息技术的日新月异，需求侧对思政课教师教学内容、教学方法、教学模式、教学手段的供给能力提出了更高的要求。因此，现阶段高校思政课教师供给能力距离需求侧对思政课教学的美好期待，还存在着较大的提升空间。

三、高校思政"金课"教学内容重复

现阶段，高校思政课教学供给内容主要有"习近平新时代中国特色社会主义思想概论""毛泽东思想和中国特色社会主义理论体系概论""马克思主义基本原理""思想道德修养与法治""中国近现代史纲要""形势与政策""中国马克思主义与当代""中国特色社会主义理论与实践研究"等。仔细研究，不难发现，高校思政课教学供给内容存在大量重复供给。

高校思政课教学供给内容重复既有高校思政课与初高中思政课之间的纵向重复供给，也有高校思政课之间存在的横向重复供给。纵向衔接方面，高校思政课供给的基本内容只是对初高中思政课教学内容简单、低级、重复的翻版。如"马克思主义基本原理"课程供给内容——马克思主义哲学与高中政治必修课的"生活与哲学"基本一致；"毛泽东思想和中国特色社会主义理论体系概论"课程供给内容——中国特色社会主义理论与高中政治必修课的"经济生活""政治生活""文化生活"大量重复。横向贯通方面，博士思政课供给内容"中国马克思主义与当代"与硕士思政课供给内容"中国特色社会主义理论与实践研究"，以及本科思政课供给内容"毛泽东思想和中国特色社会主义理论体系概论"高度吻合、重复较多。"中国近现代史纲要"关于民主革命阶段的内容与"毛泽东思想和中国特色社会主义体系概论"关于毛泽东思想的相关内容大同小异。"中国马克思主义与当代"关于探讨资本主义必然灭亡和社会主义必然胜利的内容，在"马克思主义基本原理"之科学社会主义理论中已有涉及。高校思政课教学供给内容重复造成了供给总量相对"过剩"，浪费了大量教学资源，降低了需求侧的学习兴趣。

四、高校思政"金课"供给质量不高

现阶段，高校思政课教学供给侧把需求侧改革创新作为努力方向，片面强调需求侧的重要性，过分迎合需求侧的内在诉求，以需求侧的偏好作为教学依据，将思政课教学改革手段与改革目标混为一谈，出现了教学方法大于教学内容的现象，忽视了供给侧自身必须具备的思想力、引领力、创造力和影响力，背离了高校思政课教书育人的宗旨，影响了思政课教学的效果。

在日常高校思政课教学实践过程中，教学供给主体很少关注高校思政课供给内容的思想性、学理性和科学性，忽略了思政课教学内容的理论涵养、文化积淀、思想意境和学术底蕴，而是更多注重思政课教学的外在环节，将教学重点放在教学方法创新与教学手段的改善上，热衷于将图片、视频、动画、视频等现代化手段嵌入思政课教学课堂，把大量的备课时间花费在教学课件的制作与教学视频的裁剪上，将严肃的思政课变为轻松欢快的表演课，把公共课堂作为个人特长的展示课，用优美的肢体语言、丰富的面部表情、华丽的外表装饰、夸张的肢体动作、变化的语音语调来调动学生感官、活跃课堂气氛。这样的思政课表面上看其教学方法和手段别具匠心，课堂氛围活泼宽松，学生融入意识增强，但这种丰富多彩、热热闹闹只是在形式上的，并没有从质的层面真正推动高校思政课的教学创新，难以完成思政课教学改革大任，从教学效果上看需求侧的主体地位并未得到真正确立，很难让需求侧的知识、思想、理论、能力、态度、意志、情感得到提升，供给质量不高。

第五章 "金课"建设视域下高校思政课守正创新的实践方略

把思政课比喻为"金课",是一种隐喻,它其实是对高质量、高水平、高规格、高层次思想政治教育课程的总体概括。思政"金课"建设是思政课改革创新的价值导向和根本要求。新时代,高校思政"金课"建设和守正创新需要坚守原则、勇于创新、注重协同、形成合力。从原则遵循维度,思政课改革创新需要遵循"八个统一"原则,即思政课教学始终要坚持政治性和学理性相统一、价值性和知识性相统一、建设性和批判性相统一、理论性和实践性相统一、统一性和多样性相统一、主导性和主体性相统一、灌输性和启发性相统一、显性教育和隐性教育相统一。从策略优化维度,思政课课程目标要体现全面性和实用性、课程内容要凸显时代性和前沿性、教学形式要体现先进性和互动性、评测体系要突出探究性和个性化。从路径探赜维度,思政课建设要配足思政课师资力量、增强思政课教师能力、优化思政课教学内容、提升思政课教学质量。

第一节 "金课"建设视域下高校思政课守正创新的原则遵循

理念是行动的先导。有什么样的教育理念就有什么样的教育模式和什么样的教学实践,直接影响着教育教学效果和人才培养质量。在长期的思政课教育教学工作实践中,通过不断探索总结和广泛学习借鉴,思政教师们形成了诸多丰富而有效的理念。2019 年 3 月 18 日，习近平总书记在全国学校思政课教师座谈会上所讲的思政课改革创新需要遵循的"八个统一"原则便是我国思政课教育教学科学理念的集大成者，对于推进新时代我国高校思政课改革创新，提升思政课教育教学水平和实效，打造高校思政课"金课"提供了根本遵循和理念支撑。

一、坚持政治性和学理性相统一

坚持政治性和学理性相统一的原则强调了思政课守正创新的牢固基础。思政课是极为特殊的课程，其特就特在具有非常鲜明的政治性（党性、意识形态性），这是思政课的本质属性，更是其区别于其他课程的主要根据，更是其生成、发展和壮大的价值所依。"思想政治理论课"中的"思想"就是指"政治思想"，"理论"就是指"政治理论"。可以说，坚持政治性是思政课的首要任务。这就要求思政课必须要坚持马克思主义为指导，其授课内容和形式必须要与马克思主义基本原理、立场、观点相符合。必须要着力培养具有坚定的政治信仰和立场的社会主义接班人，必须要与社会主义基本制度相一致，要与党的中心任务相契合，要在中国式现代化的伟大进程和中华民族伟大复兴中发挥积极作用。当然，思政课与其他课程一样，都需要做到能够传授知识、培养能力、提升素质。但思政课"传授的不是一般的知识，主要是马克思主义基本原理及其中国化的理论成果；培养的不是一般的能力，主要是运用马克思主义立场、观点、方法分析解决重大理论问题和现实问题的能力；提升的不是一般的素质，主要是思想政治素质和道德素质，这是人的素质的核心"[①]。

思政课必须要坚持政治性，其主要体现在以下几个方面。第一，思政课的指导思想具有显著的政治性。在中国，思政课的指导思想是马克思主义及其中国化理论成果，其必须要在马克思主义及其中国化理论成果的指导下展开教学活动。新时代，思政课就是要以习近平新时代中国特色社会主义思想为指导，而这一指导思想正是思政课政治性的有力依托，更为思

---

① 吴家华. "八个统一"：新时代思想政治理论课改革创新的根本遵循 [J]. 红旗文稿，2019（7）：11 - 13.

政课的守正创新提供了强大动力。以习近平新时代中国特色社会主义思想为指导，始终宣传好、讲授好、践行好，并贯穿于当今思政课教学全过程，这是必须要坚持的政治原则。第二，思政课的意识形态具有显著的政治性。思政课必须坚持马克思主义意识形态，维护马克思主义意识形态的精华——中国共产党的意识形态，要拥护和认同中国共产党的基本路线、方针、政策、理念、立场和观点。这是因为中国共产党是中华人民共和国的执政党，是伟大、辉煌、先进和纯粹的马克思主义政党，它代表的是最广大人民群众的根本利益，始终以人民为中心，其政治理想与马克思主义主张推翻一切剥削与压迫的社会制度，实现无产阶级自由与解放的理想追求完全契合。第三，思政课的教师立场具有显著的政治性。思政课能否守正创新，关键在于思政课教师。"政治要强"是思政课教师的首要素养，思政课教师必须始终与党中央保持一致，自觉加强政治理论学习，熟悉并能够正确解读党的会议和文件精神，掌握习近平总书记历次重要讲话的深刻内涵，以这些指导思想作为构建思政课的基本框架，在教学过程中不得背离党中央和习近平总书记对思政课的要求。思政课教师在大是大非面前必须始终保持清醒的政治头脑，坚定的政治立场，明确的政治方向。思政课教师要能够善于用科学的理论解释现实，用生动的现实增强理论的说服力。这样理论就不再高深莫测、高不可攀，而是更接地气。这样政治性强的理论将不再枯燥，学生会更乐于接受其思想的洗礼，并主动捍卫马克思主义，坚持习近平新时代中国特色社会主义思想，愿意为社会主义建设作出贡献。

正如习近平总书记在学校思想政治理论课教师座谈会上强调的："思想政治理论课是落实立德树人根本任务的关键课程。"[①] 思政课作为落实立德树人根本任务且不可替代的关键课程，政治引导是其首要基本功能，旨在教育引导广大青年学生坚持正确立场、政治方向、政治原则、政治道路，坚定对马克思主义的信仰、对共产主义和社会主义的信念、对实现中华民族伟大复兴的信心、对党的长期执政的信任，增强对于中国特色社会主义的道路自信、理论自信、制度自信、文化自信，教育培养有理想、有品德、

---

① 习近平主持召开学校思想政治理论课教师座谈会强调：用新时代中国特色社会主义思想铸魂育人贯彻党的教育方针落实立德树人根本任务 [N]. 人民日报，2019 - 03 - 19 (01).

有担当、有本领能够堪当民族复兴大任的时代新人等。学生通过思政课，能够理解和认同中国走中国特色社会主义道路是历史发展的必然，能够坚信中国特色社会主义是国家富强、民族振兴、人民幸福的根本保障。

然而，强调思政课的政治引导功能，并不是说这种政治引导是一种简单的政治宣传或空洞的政治说教，正如习近平总书记所指出的，"以透彻的学理分析回应学生，以彻底的思想理论说服学生，用真理的强大力量引导学生"①。马克思也说："理论只要彻底，就能说服人。"② 因此，思政课在对青年大学生进行政治引导时，必须坚持以学术讲政治，以丰富的事实、严密的逻辑、颠扑不破的论证实现以理服人。学理性是思政课的基础属性。何谓学理性？学理性主要指能够揭示事物的本质和规律，阐明事物的演进逻辑，说明认识事物的科学方法等。思政课之所以具有学理性，是因为思政课的教学内容不是政治口号，而是科学理论。因为思政课能够讲述事物之间的规律，符合思政课自身发展规律，适应学生心理发展规律，服务于社会发展规律，而这些规律中蕴含的丰富哲理就是也正是思政课要阐明的学理，也是其学术内涵的重要表现。

思政课必须要坚持学理性，其主要体现在以下几个方面。第一，坚持思政课的学理性，就是要求思政课必须符合其自身发展规律。思政课的守正创新需要借助一整套科学完整的理论体系来夯实其学理支撑，这必须在加快构建中国特色哲学社会科学体系的基础上实现。而要构建中国特色的哲学社会科学，就必须以中国的实际情况和发展需要为依据，而思政课正是契合中国的实际情况和发展需要的时代显学。习近平总书记进一步强调："只有以我国实际为研究起点，提出具有主体性、原创性的理论观点，构建具有自身特质的学科体系、学术体系、话语体系，我国哲学社会科学才能形成自己的特色和优势。"③ 思政课学科体系、学术体系、话语体系的建设要依靠中国哲学社会科学建设的成果，把科学的理论和思想融入思政课课堂和教学研究中，用中国特色的学术话语来分析和解释中国的现实问题，这才能最切实地反映出中国的社会现状，体现出思政课既高深又易于理解

① 习近平谈治国理政（第三卷）［M］. 北京：外文出版社，2020：330.
② 马克思恩格斯选集（第一卷）［M］. 北京：人民出版社，2012：10.
③ 十八大以来重要文献选编（下）［M］. 北京：中央文献出版社，2018：325.

的学理性。当然，对于外来的学术成果也要批判性借鉴，把其合理的、优秀的成分融入思政课的学科体系、学术体系、话语体系之中。第二，坚持思政课的学理性，就是要求思政课必须适应学生心理发展规律。学生时代是人的世界观、人生观和价值观形成的重要时期，这一时期的年轻人充满着好奇心和求知欲望，学习能力强，但判断事物是非曲直的能力还有待提高。如果思政课不能在学理上讲清楚事物的本质，就很难让学生信服，因此思政课教师必须在加强政治理论学习的基础上，课前事先分析事物内部的逻辑关系，认真思考事物发展的关键环节，对学生可能产生的疑问进行预设，并提前组织学术语言，选取适当的理论设计出详细的解答方案，尽量从事物的正反两个方面和多个角度切入，不留死角，无懈可击地圆满解答学生的疑惑，要做到这一点，必须依靠中国特色哲学社会科学给予思政课的学理知识，在解答学生疑问的过程中充分体现出思政课深厚的学理性。第三，坚持思政课的学理性，就是要求思政课必须服务于社会发展规律。思政课与社会政治经济文化之间存在密切关系，思政课既受社会发展各方面因素的制约，同时又必须服务于社会发展。思政课的目标非常明确，就是为中国新时代培养合格的建设者和接班人，立志为实现民族复兴和中国式现代化而努力奋斗。而要想达到这样的号召力，学理性是思政课不可或缺的重要属性，它是调动广大青年的积极性、创造性和主动性，并使他们投身于中国式现代化建设的伟大事业的不二选择。可以说，"丧失了学理性，思政课将成为不被信服的空洞口号；具备了学理性，思政课就能发挥其思想宣传和意识形态引导的重要作用"[1]。

在思政课中，政治性与学理性相互联系、相互作用，二者是辩证统一的关系。开展思政课教学的目的就是要让学生坚定"四个自信"，维护马克思主义意识形态，因此鲜明的政治性是思政课的理论基础和最终培养目标。但是不能独断专行地去宣传政治，否则无法以理服人，政治必须通过学理分析来展现和表达。为此，思政"金课"建设必须坚持政治性和学理性相统一的原则和理念。第一，既要坚决反对"去意识形态化""去政治化""党派中立"，也要反对单纯的政治宣传和空洞的政治说教。第二，既要用辩证的学理思维讲清学生关注的政治问题，也要以科学的、彻底的思想理

---

① 凌霞. 新时代思政课建设研究［M］. 北京：九州出版社，2020：64.

论说服学生，帮助学生正确看待和辨别现实尤其是政治问题，使学生在接受真理、科学知识中得到政治熏陶，促使其更加自觉地学习、掌握和坚持马克思主义的政治立场。第三，既要让思政课解析好政治问题、说明好政治现象、传授好政治观点，从而让思想政治理论润物无声地进入受教育者心灵；又要注重得当的讲授技巧，做到既要动脑、动口，又要动心、动情，把课程讲到学生心坎里，融入学生情感中，不断丰富思政课教学的理论内涵，提升学理品位，切实提升思政课教学的实效性。第四，既要以政治性引导学理性，坚持正确的政治方向，进一步强化对思政课政治性的认识，处理好思政课与其他专业课之间的关系，注重与其他哲学社会科学课程之间的互补和衔接；也要以学理性支撑政治性，用学术讲政治，不断增强思政课的说服力。思政课意识形态性质和功能的发挥，需要依托学理性，以透彻的学理分析回应学生，以彻底的思想理论说服学生，这样才能更好地发挥思政课的政治性，更好地用学术讲政治。

二、坚持价值性和知识性相统一

坚持价值性和知识性相统一的原则指明了思政课守正创新的生命力所在。思政课具有价值性，价值性是思政课的重要属性，其主要体现在以下几个方面。第一，帮助学生树立正确的价值观。思政课是塑造生命、塑造灵魂、塑造新人的关键课程，重在帮助学生树立正确的价值观，给学生心灵埋下真善美的种子，引导学生扣好人生第一粒扣子，帮助学生作出正确的价值判断和价值选择。因此，必须明确和牢记塑造学生价值观是思政课的基本要求和基本目标，坚决反对价值缺位、价值中立或价值虚无主义。第二，思政课具有价值引领功能。思政课的价值性还体现在其必须把引导大学生坚定对马克思主义的信仰、对社会主义的信念，增强对改革开放和现代化建设的信心、对党和政府的信任，培养社会主义事业的合格建设者和接班人作为其核心教学任务。[①] 也就是说，思政课教学要突出价值性引领，进一步为"政治认同"服务。当前，思政课价值引领功能最鲜明的体

---

① 教育部思想政治工作司组编. 加强和改进大学生思想政治教育重要文献选编（1978 - 2014）[M]. 北京：知识产权出版社，2015：293.

现是对习近平新时代中国特色社会主义思想的全方位阐释和系统教学。思政课自身的价值就体现在培养社会主义现代化的建设者和接班人上，体现在引导学生增强中国特色社会主义道路自信、理论自信、制度自信、文化自信上，体现在对实现中华民族伟大复兴中国梦和中国式现代化的助推上，体现在对中华民族千秋伟业和社会主义现代化建设光辉成就的捍卫上。

同时，我们还必须清楚价值观的培养和塑造必须以科学知识传授为载体，离开了知识传授的价值引导，就会变成空洞的说教。价值观的培养只有通过满足学生对知识的渴求，才能为学生自觉接受并入脑入心。正如习近平总书记所指出的，"强调思政课的价值性，不是要忽视知识性，而是要通过满足学生对知识的渴求加强价值观教育。只有空洞的价值观说教，没有科学的知识作支撑，价值观教育的效果也会大打折扣"①。实践证明，同样一堂课、同样的教育对象、同样的教学场所，传授的知识含量不同，教育效果会大相径庭。只有发挥知识的支撑、涵养作用，价值观的教育和灌输才会科学有效、恒久持远。新时代，思政课必须按照《新时代高校思想政治理论课教学工作基本要求》，全面推动习近平新时代中国特色社会主义思想进教材、进课堂、进学生头脑，通过讲解和深入分析党的重要会议文件、决议以及习近平总书记的重要讲话中的路线、方针和政策，让学生深刻认识新时代中国建设和发展所依托的科学理论体系及其蕴含的精神实质和重大意义，让学生明晰正在崛起的中国所处的时代背景和国家对广大青年的实践要求。通过讲授理论知识，引导学生明晰事理、感悟道理、追求真理，树立起正确的世界观、人生观、价值观，运用思政课的知识力量推动实现其价值理念。思政课作为大学生的公共必修课，通过"思想道德修养与法治""马克思主义基本原理""中国近现代史纲要""毛泽东思想和中国特色社会主义理论体系概论""习近平新时代中国特色社会主义思想概论"等课程引导学生掌握马克思主义的世界观、方法论和道德观、法治观，了解国家发展的历史、国情，学习党的基本理论、路线、方针、政策，并成为系统掌握科学理论、传承创新知识内容的有用人才。对于理论的学习，学生不仅要掌握理论所阐释的核心观点，还要理解其形成过程及其内

---

① 习近平主持召开学校思想政治理论课教师座谈会强调：用新时代中国特色社会主义思想铸魂育人贯彻党的教育方针落实立德树人根本任务 [N]．人民日报，2019－03－19（01）．

部的关系。思政课要引导学生领会党的创新理论的思想精华，引导学生看到理论的发展性，用发展的、实践的、历史的观点看问题，让学生获得在马克思主义指导下，贯穿历史、理论与实践，涵盖中国特色的世界观、人生观、价值观的系统知识体系。

在思政课中，价值性和知识性缺一不可。知识是载体，价值是目的。习近平总书记在学校思想政治理论课教师座谈会上强调："要坚持价值性和知识性相统一，寓价值观引导于知识传授之中。"① 坚持价值性和知识性相统一，对于推动思政的守正创新具有重要意义。思政课具有价值性和知识性双重属性。价值性是思政课的灵魂，失去了灵魂，思政课将丧失其存在的意义。知识性是这一灵魂的载体，没有知识理论的讲授，价值性将无法清晰明确地呈现，更无法发挥思政课价值性教育的功能。价值性是知识性的基础，思政课讲授的知识和宣传的理念必须具备的价值基础就是社会主义核心价值，这是在中国特色社会主义制度下坚持马克思主义意识形态的重要体现。知识理论来源于高度凝练的价值，比如高度凝练的社会主义核心价值观就是用简短的词语完成了从思想意识中的价值性转化成可以表达和宣传的理论性成果。在思政课中，虽然价值性和知识性的表现形式有所不同，但二者既相互区别，又相互联系，有机地融为了一体，二者缺一不可，共同组成了思政课守正创新必不可少的关键元素。并且，寓价值观引导于知识传授之中。

为此，思政课必须坚持价值性和知识性相统一。第一，既不能只强调思政课的知识性而忘记价值性的初心，又不能只强调价值观的引领而忽视知识性的基础支撑，我们必须把思政课教学做到既"好吃"又有"营养"。要用先进的价值观念引领知识传授，用丰厚的知识成果滋养先进的价值观念，实现价值性和知识性的有机统一。第二，既不能局限于书本上、教材上知识的机械灌输，以至于忽视了正确价值观的科学引导；也不能离开基本的知识累积和教授，以至于成为价值观的空洞说教。思政课是一类特殊的课程，其终极目标是培养学生的政治素养、思想品德和价值观念，因此其知识的传授也不同于其他课程中纯粹的科学知识，思政课的知识传播必须遵循其价值性，如果背离了这一价值性，知识的传授就失去了方向和目

---

① 习近平主持召开学校思想政治理论课教师座谈会强调：用新时代中国特色社会主义思想铸魂育人贯彻党的教育方针落实立德树人根本任务 [N]. 人民日报，2019－03－19（01）.

的，将无法担负起培养新时代中国特色社会主义事业建设者和接班人的重任。第三，既要让思政课教师深入体会思政课教学运用的理论所具备的知识与价值，牢固树立理论自信，同时在价值性和知识性相统一的要求指导下，在发掘、运用和阐释思政课理论的过程中不断增强理论自信，并自觉将价值观引导作为根本取向，使之寓于知识传授之中，在讲清科学知识系统性、说理性和逻辑性的同时，把价值观讲得更鲜明。要让青年学生明确学习思政课的目标定位，在知识学习和价值确立中不断坚定理论自信，懂得提倡什么、摒弃什么，在增长知识、启迪智慧的同时净化心灵、塑造人格、坚定信仰，自觉确立社会主义核心价值观。

三、坚持建设性和批判性相统一

坚持建设性和批判性相统一的原则阐明了思政课守正创新的基本要求。何谓建设性？建设性就是指建构性、创造性。思政课的建设性就是指"为了充分发挥思政课的功能和作用，在思政课教学实践中善于发现问题、分析问题和解决问题，不断创造、更新、完善和支撑思政课发展的内生要素的属性"[1]。其更加强调的是正面宣传社会主义意识形态，弘扬社会主旋律，传播社会正能量，使他们成为社会主义的建设者和接班人，成为实现民族复兴大任和中国式现代化的时代新人。

思政课要坚持建设性，主要体现在以下几个方面。第一，思政课是思想建设的重要场域，必须秉持思想的建设性。思想建设是思政课必须始终贯彻执行的重要内容，秉持思政课的建设性是党对新时代思政课发展的基本要求。在中国社会不断进步的同时，思想建设必须跟上时代的脚步。作为思想宣传主渠道和主阵地的思政课不仅不能削弱，还必须要不断加强，并需要在不断的思政课改革创新中越办越好、越办越强。思政课自身的丰富和完善是提升舆论宣传效果和建构民众社会共识的现实需要，思政课的创新与发展更是激发广大青少年乃至全社会团结奋斗的有效途径。第二，思政课是党和政府意识形态工作的重要场域。习近平总书记强调："做好高

---

① 俞念胜等."课程育人"视域下高校思想政治理论课实效性研究［M］. 芜湖：安徽师范大学出版社，2020：62.

校思想政治工作，要因事而化、因时而进、因势而新。"① 当前，在全球化、网络化和数字化背景下，我国意识形态领域情况复杂多变。而通过思政课的多元化教学，对学生进行集中、系统、全面的马克思主义理论教育，开展爱国主义和革命传统教育，深化"四史"教育，不仅能够建构学生关于党的路线、方针、政策的知识体系，也能够建构好社会主流意识形态。通过思政课传播真理，弘扬社会主旋律和正能量，增强学生应对不良社会思潮和错误意识形态渗透的防御力，宣传中国特色社会主义现代化建设的伟大成果、正面典型，能够帮助青年大学生树立和建构正确的世界观、人生观和价值观，增强"四个自信"，而这正是学校进行社会主义意识形态教育的主渠道。由此可见，建设性是思政课的核心要求。

在思政课中，批判性不同于建设性。何谓批判性？批判性就是指辨析性、判断性，其本意是指对错误的思想或言行批驳否定，后来也引申为观察客观事物时所具有的洞察力、辨别力和判断力，以及在此基础上通过回顾反思而对事物保持一种质疑的态度。思政课的批判性是指对影响思政课功能和作用发挥的思想、行为进行辨析和判断，其更加强调的是培养学生的批判性思维，也就是识别、分析和评价客观事物的思考过程，这也是构成批判性思维的关键要素。无论是在学习理论还是在现实生活中，批判性思维无处不在，它包括发现问题、提出观点和展开论证等关键步骤，批判性思维的目的不是为了否定而否定，而是为了肯定而否定，即通过对某个或某类事物的否定从而肯定与其有差别或相对立的其他事物。批判性思维是高等教育的一项重要培养目标，也是思政课必须要完成的艰巨的教学任务。

思政课要坚持批判性，其主要体现在以下几个方面。第一，思政课要用好"批判的武器"。之所以要重视批判性这个武器，其原因有二：一是在世界正经历百年未有之大变局和我国正进入世界舞台中心的历史进程中，各种思想文化交流交融交锋更加频繁和激烈，尤其是各种对我国的诋毁、造谣和抹黑之声，必然会对思政课的教育教学带来不同程度的干扰和破坏。二是我们党在带领人民实现民族伟大复兴的进程中，无论是革命、建设还

① 把思想政治工作贯穿教育教学全过程，开创我国高等教育事业发展新局面 [N]. 人民日报，2016 - 12 - 09（01）.

是今天的改革，都会出现一些不同程度的问题，有时还是比较严重的挫折和失误。思政课教师在教学过程中，要在传播马克思主义立场、观点、方法的基础上，重视并用好批判这个武器；对于过去和今天探索与前进中出现的问题，要通过积极教育引导进行正确看待、辩证认识，不断增强思想层面的免疫力。要在讲事实、说道理上放大声音，在强队伍、建硬件上投入资源，不断创新和发展思政课教育方法、宣传方式，提高批判这一武器的效力。第二，思政课要坚持马克思主义的批判性原则。为此，思政课要直面各种错误观点和思潮，旗帜鲜明地进行剖析和批判。对于各种错误思潮和观点，必须敢于交锋、善于批判、勇于斗争，通过深入剖析和深刻批判，辨明大是大非、真假黑白。尤其是要旗帜鲜明地批判历史虚无主义、"普世价值论"、西方民主宪政、自由主义等错误思潮，引领学生直面错误思潮，善于理性思考，认清种种错误思潮的实质和危害，不为其迷惑和欺骗，从而进一步凝聚共识、引发共鸣。第三，思政课要敢于在自我革命中不断完善和优化自我。从本质上看，自我革命就是指在自我批判中进步。从这个角度看，思政课具有批判性就体现在对思政课建设自身存在的"短板""缺弱环节"的评析和校正上。由此可见，批判性是思政课的内在要求。

　　思政课的守正创新必须要坚持建设性和批判性相统一，其解决的是"立"与"破"的问题。正如习近平总书记在学校思想政治理论课教师座谈会上强调："要坚持建设性和批判性相统一，传导主流意识形态，直面各种错误观点和思潮。"① 在思政课中，建设性和批判性是相互影响、相互作用的，二者缺一不可，是有机结合的整体。建设性和批判性是共同服务于思政课创新发展的两个方面，二者虽然各有侧重，却又辩证统一。建设性侧重于从党和国家的政策要求出发，通过培养学生正确的思维意识和行为模式来正向推动思政课的创新发展，解决的是"立"的问题。而批判性侧重于通过批驳、剔除错误观点和危险思潮来反向推动思政课的自身完善和应对各种挑战，解决的是先"破"后"立"的问题。建设性与批判性虽然在方式方法上有所不同，但其出发点和落脚点是一致的，都是为了大大方方地讲好思政课，教育学生坚守马克思主义意识形态，警惕和规避错误意

---

① 习近平主持召开学校思想政治理论课教师座谈会强调：用新时代中国特色社会主义思想铸魂育人贯彻党的教育方针落实立德树人根本任务 ［N］. 人民日报，2019 – 03 – 19（01）.

识形态的价值导向。对于思政课而言,在建设性中有批判性,在批判性中有建设性,二者密不可分。

坚持建设性和批判性相统一回答的是思政课教育教学和守正创新中立与破、正面引导与批判错误的关系,对于巩固学校意识形态安全、培养担当民族复兴大任的时代新人、激发思政课守正创新的内生动力具有至关重要的意义。为此,必须要做好二者的"结合"问题。一方面,要发挥好思政课主渠道、主阵地作用,传导社会正能量。要以马克思主义的立场、观点和方法为指引,不断提高教师驾驭思政课建设性和批判性的能力,在实践教学中深化学生对思政课建设性和批判性的认识,创新运用新媒体技术,搭建思政课建设性和批判性相统一的有效载体。另一方面,要针对社会生活中各种错误思潮和观点,敢于"批判"发声,敢于弘扬社会正气,这样才能引导学生在多元社会思潮中坚定理想信念,正确评价社会现象,明辨是非。坚决反对把二者割裂起来的行为,因为一味地强调思政课的建设性,会让我们无法面对错综复杂的形势,一味地强调批判性会让青少年对未来丧失信心。

四、坚持理论性和实践性相统一

坚持理论性和实践性相统一的原则揭示了思政课守正创新的显著特征。理论性是思政课的鲜明属性。思政课的理论性就是指用科学的理论武装人、培养人,用真理的力量教育和引导学生理解领悟马克思主义理论的内核与精髓,在理论学习中将客观真理内化为个人的主体意识,外化为自己看问题的世界观和方法论,进而指导实践。

思政课要坚持理论性,其主要体现在以下几个方面。第一,思政课是一门以理论说服人的重要课程。思政课以思想素质、政治素养、道德品质为指向,这决定了思政课要抵达人心、使人信服,就必须凸显自身的理论魅力,彰显思想的力量。因而,思政课具有理论性。第二,思政课是讲授理论知识的重要课程。思政课讲授的理论知识很多,既包含了马克思列宁主义、毛泽东思想,也包括中国特色社会主义理论体系。这就要求所有思政课教师在讲授这些理论知识的时候,要充分理解其内涵,加强自身理论素养和理论水平,在保证教材基本内容、基本遵循不变的前提下,增加新的内容、新的解读，联系新的时事内容，给学生全新的理论知识感受，通过系统的思政课的理论学习，让青少年真学、真懂、真信。第三，思政课是用科学理论培养人的重要课程。思政课是以马克思主义及其中国化理论创新成果引导学生树立科学的世界观、人生观、价值观，以党领导人民革命、建设、改革的历史实践帮助学生坚定中国特色社会主义信念的重要课程。思政课教师更是也要通过系统生动的理论讲授，把马克思主义的根本立场、主要观点、基本方法、根本性质和整体特征等讲清楚，把近现代中国历史的主体主线、主流本质、重大事件、发展道路、伟大成就等讲清楚，把中国化马克思主义的形成条件、主要观点、精神实质、历史地位、实践要求及其内在联系等讲清楚，把马克思主义的人生观、价值观、道德观、法治观及其相互关系等讲清楚，从而提高学生的理论思维能力。

实践性是思政课的另一显著特征。缺乏理论指导的实践是盲目的，而不能指导实践的理论则是空洞无用的。思政课不仅用理论"解释世界"，也聚焦于"改变世界"，是落实好立德树人根本任务的关键课程。思政课的实践性就是指思政课能够引导学生运用马克思主义的立场观点方法分析、解决现实问题，涵养行为习惯。正如马克思主义认为的，全部社会生活在本质上是实践的，强调认识从实践中来，又要回到实践中去接受检验，从而推动认识的发展。而思政课既是一种认识过程，也是一种"主观见之于客观"的能动的实践过程。因而，思政课具有实践性。

思政课要坚持实践性，其主要体现在以下几个方面。第一，思政课是从实践中来的，接受了实践检验的重要课程。思政课要想更好地掌握和坚持"理论性"，也必须回到实践中去，这样才能发挥"理论性"的最大效能。如果学生对理论知识理解不深，又缺乏实践经验，不能将理论知识和实践经验融会贯通，就会产生理论知识不能指导实践的情况，也容易产生所学理论无用的错觉。另外，在教学中，如果实践不深入，学生的认识往往会停留于感性认识之上，不能有效地将经验上升为理论，就会产生经验与理论知识的落差。第二，思政课不仅聚焦于教会青年学生是什么、为什么、如何思、怎么看，实现内化于心，进而外化于行；还重视实践教学，把思政课的小课堂与社会大课堂有机结合，有效引导青年学生外化于行，知道如何办、怎么干，把人生抱负落实到脚踏实地的实际行动中来，把学习奋斗的具体目标同民族复兴的伟大目标结合起来。思政课教师在教学中也要引导学生走向社会、深入基层，更好地感受基层社会的"温度"，体悟家国情怀，锤炼意志品质，肩负起新时代青年学生的使命担当。

思政课必须要坚持理论性和实践性相统一，其解决的是知行合一的问题，即不仅要内化于心，更需外化于行。正如习近平总书记在学校思想政治理论课教师座谈会上强调的，"要坚持理论性和实践性相统一，用科学理论培养人，重视思政课的实践性，把思政小课堂同社会大课堂结合起来，教育引导学生立鸿鹄志，做奋斗者"①。理论性与实践性看起来似乎是对立的，但其实是有机统一的。思政课是理论性和实践性相统一的课程，它既注重构建学生的马克思主义理论体系，也注重培养学生学习和运用马克思主义理论的能力，在强调理论传授的同时，凸显行为指导意蕴。而这也是马克思主义理论和实际相结合原则的内在要求，是增强思政课说服力、亲和力和针对性、实效性的根本途径。② 思政课要坚持理论性与实践性相统一，这对于满足学生成长发展需求和期待，促进青年学生知行合一，提升思政课的教学实效，理解和把握思想政治教育基本规律，更是具有重要意义。

思政课坚持理论性和实践性相统一，要做到以下两个方面。第一，要用理论指导确保实践的正确性。思政课的理论既科学又深奥，蕴含着丰富的历史逻辑和事物发展的普遍规律，学习这些理论的目的，不是让学生成为一个夸夸其谈的理论家，而是要教会学生如何抛开现象看到事物的本质，提高发现问题、认识问题、分析问题和解决问题的能力，也就是要学会用这些理论去指导实践。通过思政课的学习，深刻认识到马克思主义的当代价值，要认真学习习近平新时代中国特色社会主义思想，因为它是马克思主义中国化的最新成果，是引领新时代中国特色社会主义不断发展的旗帜，是实现中华民族伟大复兴中国梦的灵魂，是最具权威性的且科学、务实、有效的理论。通过思政课的教学，要把这一理论传授给学生，内化于心，外化于行，使其转化为学生积极参与改造主客观世界的物质力量，这样才能完成思政课用理论培养人、武装人的任务，真正发挥理论对实践的指导作用。第二，要用实践经验验证理论的科学性。正如思政课的理论性不

---

① 习近平主持召开学校思想政治理论课教师座谈会强调：用新时代中国特色社会主义思想铸魂育人贯彻党的教育方针落实立德树人根本任务［N］.人民日报，2019-03-19（01）.

② 吴家华."八个统一"：新时代思想政治理论课改革创新的根本遵循［J］.红旗文稿，2019（7）：11-13.

是为了理论而理论一样，思政课的实践性也不是单纯地为了实践而实践，思政课实践的目的是更好地理解理论和应用理论，对教学理论进行验证、总结和升华，从而让理论随着实践的推进得到进一步发展。因此在实践的过程中必须知晓运用了哪些理论和观点，并在取得成果后分析"如果没有运用先进、科学的思想作为指导，实践的过程会不会顺利，实践的结果能不能成功"等问题，使学生在分析判断的过程中加深对理论的理解，悟出其中蕴含的真理，用亲身的感悟证明理论的科学性。总之，在思政课的教学过程中必须做到理论与实践相结合，处理好二者的动态平衡关系，什么时候侧重于理论教学，什么时候偏向于实践教学，要在教学大纲设置、教学目标把握和教学环节设计上认真考虑，做好充分的准备。实践教学不能流于形式，不是搞出点新花样就行的，而是要真真正正地起到作用，那就是使学生进一步加深对理论的理解，真正掌握习近平新时代中国特色社会主义思想的世界观和方法论，并在实际运用的过程领悟理论知识的思想精髓，充分理解其真理性、科学性，做到学、思、用融会贯通，知、信、行完整统一，真正通过把思政课的小课堂同社会的大课堂结合起来，提升思政课的教学质量和水平。

五、坚持统一性和多样性相统一

习近平总书记指出，"要坚持统一性和多样性相统一，落实教学目标、课程设置、教材使用、教学管理等方面的统一要求"①。坚持统一性和多样性相统一，符合马克思主义矛盾的普遍性与特殊性相统一的原理。"统一性"强调思政课的性质、教学目标、教学任务、教学内容、教材等要有统一要求，它规定着思政课教学的根本方向、目的意义、基本标准等，强调从党和国家的意志出发，在落实教学目标、课程设置、教材使用和教学管理等方面进行统一要求；"多样性"强调的是思政课教学形式、教学方法、教学手段、教学工具，强调思政课的实现形式应丰富多彩、多种多样，强调从学生的个性化特点、差异性发展出发，结合校情和学情，因地制宜、

———————————

① 习近平主持召开学校思想政治理论课教师座谈会强调：用新时代中国特色社会主义思想铸魂育人贯彻党的教育方针落实立德树人根本任务［N］. 人民日报，2019 - 03 - 19（01）.

因时制宜、因材施教，在教学形式、教学方法、教学手段等方面进行多样化探索。在具体的教学实践中，"统一性"决定着"多样性"的创新领域和适用范围，"多样性"影响制约着"统一性"的落实程度和实际效果，二者相互联系、互为影响。① 通过统一性规定确保思政课不偏向、不变形、不走样，通过多样性激发积极性、创造性，提高实效性。

思政课不能自行其是，不能"我的地盘我做主"，必须要遵循统一性要求，通过统一的教学目标、课程设置、教材使用、教学管理等体现和保障党和国家意志。在实际思政课教学中，要按照国家课程标准体系，开足、开齐思政课，并注意各个模块之间的有效衔接，形成统一完整的教学体系；同时教师在备课和教学的过程中，要加强主流意识形态的教育，集中体现党的集中统一领导，强调教育主管部门、学校和社会多方力量的整体运筹和通力协作。② 强调思政课教学要遵循统一性并不排斥多样化和差异化做法。高校不同、教师不同、学生不同，要求思政课教学方法、教学手段、考核方式等不能千校一面、千人一方、千篇一律，必须要坚持思政课教学多样性，因地制宜、因时制宜、因材施教，鼓励积极大胆探索，激发各地各校以及思政课教师的积极性、主动性和创造性，满足不同专业、不同类型、不同水平学生多方面的需求，促进学生个性化发展。

六、坚持主导性和主体性相统一

思政课教育教学是由教师的"教"与学生的"学"两个方面有机构成、相互联系、合作互动的过程。思政课教育教学要提质增效就必须要明确教师与学生的角色定位及其关系，既要维护教师在整个教育教学中的主导作用，又要尊重学生在这个过程中的主体地位，并加强二者之间的有机有效互动与联系。主导性和主体性是思政课的基本要求，二者统一于思政课教学实践中。教师居于主导地位，发挥主导作用；学生作为学习、研究和实践活动的主体，在思政教学中居于主体地位，学生的主体性内含自我探索、自我选择、自我建构和自我创造。

高校思政课教师作为高校思政课教学活动的设计者、组织者、实施者

---

①② 周家亮．铸魂育人担当使命［M］．济南：山东人民出版社，2020：132.

和推进者，在教学中居于主导地位。所以习近平总书记强调，办好高校思政课的关键就在于"发挥教师的积极性、主动性、创造性"①。高校思政课教师的职责和地位决定了高校思政课教学离不开高校思政课教师的教育和引导，必须发挥高校思政课教师的主导作用即领导组织作用，具体包括思政课教育根据党和国家要求、遵循思政课教育教学规律和学生认识规律、把握教材的基础上，确立教育教学目标、选取教学内容和教学手段方法、设计教学活动流程、组织实施教学活动、科学评价学生学习效果等，教师扮演着教育目的实现者、教育活动的组织者、学生学习活动的引导者、系统知识的传授者、能力和素质提升的促进者等一系列的角色。在课堂教学活动中，高校思政课教师如若不能主导教学节奏、课堂形态、学生动向和课堂效果，就无法履行好自己作为教师的基本职责，更难以推动高校思政课取得预期效果。从整体来看，高校思政课教师的主导性是多层次、多阶段、多维度、全方位、全过程的主导，对教师的政治素养、理论水平、教学技能、掌控协调能力、人格魅力等综合素质具有很高的要求。

当然，坚持主导性和主体性相统一要求高校思政课教师在教学活动中不仅要充分发挥自身教学的主导地位，而且要充分尊重学生学习的主体地位。思政课教学过程也是学生学习知识、追求真理、锻炼能力、认同价值观的课程，学生在其中是积极主动地认识主体和价值主体，因此必须要把握学生的认知规律和接受特点，创造良好氛围和平台（运用小组研学、情景展示、课题研讨、课堂辩论等），积极发挥学生的主体性作用，让学生从教学活动的客体变成教学活动的主体，激发学生学习的积极性、主动性和创造性，变"要我学"为"我要学"。只有当学生的主体性在高校思政课课堂上得到了有力彰显，学生的积极性、主动性和创造性才会被激发出来，教学双方才会产生理论和情感上的互动。这就要求高校思政课教师要善于把握学生的认知水平、思维特点、接受旨趣，尊重学生的主体地位，发挥学生的主体作用，从而将高校思政课教育教学以人为本的价值取向充分体现出来。为此，高校思政课教师应当全力做好传道、授业、解惑的工作，根据课堂新情况新问题随机应变、灵活处理，在无形中掌握课堂教学全局，

---

① 习近平. 思政课是落实立德树人根本任务的关键课程［M］. 北京：人民出版社，2020：10.

将高校思政课打造成一门"金课"。需要注意的是，教师在尊重和发挥学生学习主体性的同时，也绝不意味着放任自流和当"甩手掌柜"，教师要密切关注、适时指导，发挥着引导者和调控者的作用。

七、坚持灌输性和启发性相统一

习近平总书记在学校思想政治理论课教师座谈会上指出，思政课"要坚持灌输性和启发性相统一，注重启发性教育，引导学生发现问题、分析问题、思考问题，在不断启发中让学生水到渠成得出结论"①。这对新时代思政课守正创新提出了要求，指明了方向。新时代，为了提升思政课质量和水平，用习近平新时代中国特色社会主义思想铸魂育人，需要系统把握思政课灌输性和启发性的功能作用与重点要求，坚持二者相统一，从优化教学环境、丰富教学内容、把握教学对象、创新教学方法等方面协同推进思政课的创新发展，不断提升新时代思政课教学实效。

灌输不仅是马克思主义理论教育的基本方法，也是思政课守正创新的有效途径。马克思认为科学理论不会自发产生，共产党必须加强对工人阶级的思想理论灌输。1902 年 3 月，列宁在《怎么办?》一书中说："工人本来也不可能有社会民主主义的意识。这种意识只能从外面灌输进去"②。思政课教学本质上也是理论灌输，它重视发挥教师的主导作用，强调完整准确地讲授思想理论的重要性，使教育者将先进的思想、科学的理论、正确的价值观传授给教育对象并内化为教育对象的知识、能力和素养的过程，对于思政课教育教学目标的实现是必不可少的重要途径，也是无法替代的。思政课教师要明白，该灌输的东西就要理直气壮地灌输，该讲的大道理就要旗帜鲜明地讲好。强调理论灌输不是大水漫灌，硬塞硬填，不是填鸭式的"硬灌输"，而是启发式教育的"软灌输"。

孔子在《论语·述而》谈到"不愤不启，不悱不发。举一隅不以三隅反，则不复也"。思政课教学灌输的同时，还要注重启发式引导，讲究方式

---

① 习近平主持召开学校思想政治理论课教师座谈会强调：用新时代中国特色社会主义思想铸魂育人贯彻党的教育方针落实立德树人根本任务 [N]. 人民日报，2019 – 03 – 19（01）.

② 列宁全集（第六卷）[M]. 北京：人民出版社，2013：29.

方法和教育艺术,把有意义的道理讲得有意思。启发性是新时代思政课教学的重要特征,作为一种教学方法和手段,其依赖的核心是发挥学生的主体作用,充分调动学生学习的积极性和主动性,引导学生参与独立思考、积极探索的智力活动,并把通过各种渠道获得的知识纳入原有的认知系统,通过反复地建立新的连接来丰富自己的知识体系,不断推动智慧和能力的发展。[1] 思政课启发式教学要依据教育的规律和学生的特点,要注重教学方法、教学手段的正确运用,要切实站在学生的立场上去感受学生的需求,在创设情境、善于设问、组织研讨、适时解惑、拓展升华中,激发学生的积极性、主动性、创造性,引导学生发现问题、分析问题、解决问题,在不断启发中让学生水到渠成地得出结论,使学生在春风化雨、潜移默化中提高掌握和运用科学理论的能力。因此,科学的灌输性教育不仅不排斥启发性教育,而且把启发性教育看作实现理论灌输之目的重要方式,这是"灌中有启";同样,启发性教育注重引导、转化、发挥学生的主体能动性,但其目的仍然是把知识、方法、价值观念等灌输到学生头脑中,这是"启中有灌"。

八、坚持显性教育和隐性教育相统一

新时代,深刻把握思政课显性教育和隐性教育的统一,是遵循思政课教学规律,推动思政课高质量、内涵式发展的重要着力点。对于思政课教学而言,显性教育就是要充分利用各种公开手段、公开场所,有领导、有组织、有系统的思想政治教育方法开展思想政治教育。通常以课堂为主要依托,以专题教育、主题讨论、学习整改、文件报告等为主要形式来达到育人的效果。显性教育具有集中组织、目的明确、有一定强制性等特点。运用显性教育对学生进行知识灌输、理论宣传、思想传播是不可替代的重要手段。隐性教育则是运用人文精神熏陶、日常互动交流等隐性化、柔性化的方式,将思政教育渗入学生组织管理、志愿服务、社会实践、校园文化建设等全过程,使受教育者的思想、观念、价值、道德、态度、情感潜移默化地受到影响。

---

① 凌霞. 新时代思政课建设研究 [M]. 北京:九州出版社,2020:81.

显性教育与隐性教育是思政课教学的途径和方式，二者之间不是对立和矛盾的，而是可以相互补充、相互促进、有机结合的。显性教育和隐性教育看似对立，实则辩证统一。显性教育如"惊涛骇浪"气势如虹，隐性教育似"细雨润物"悄无声息。这两种教育方式不是简单地交叉互补，而是在不同层面上展开，显性教育是在思政课堂上的专业思政，而隐性教育则是专业课堂上的课程思政，二者共同推进为新时代思政课教学铸魂育人。①

思政课要坚持显性教育与隐性教育相统一可从两个维度加以剖析。从思想政治教育整体来看，要求把思政课这一开展思想政治教育的显性课程与其他课程、其他领域、其他阵地、其他渠道的思想政治教育结合起来，形成课程之间、领域之间、阵地之间、渠道之间的大协同效应；就思政课内部而言，则是要求思政课教师既要旗帜鲜明、理直气壮地对学生进行系统的马克思主义理论教育，又要善于运用各种润物无声、潜移默化的载体和方法（活动、视频、网络等）收到"不言之教胜于教"的效果，并增强思政课的亲和力和有效性。

打造思政课"金课"必须要重视并实施显性教育和隐性教育的教育原则和理念，要立足马克思主义基本原理，立足时代特征、中国实际、学生特点，直面思政课的教学任务与育人使命，深刻把握在思政课中显性教育和隐性教育相统一的现实路径。显性教育和隐性教育相统一不是简单地、机械地、随意地组合叠加，而应该是联合地、有机地、有规律地统筹协调，需要国家层面进行顶层设计，给予相应的制度保障，建立长效的制度体系，运用专业思政和课程思政相结合的方式，使各类课程与思政课程同向同行，形成协同效应。最终通过显性教育和隐性教育相统一，使思想政治课和思想政治教育既有惊涛拍岸的声势，又有润物无声的效果，从而增强效果，提升质量。

第二节 "金课"建设视域下高校思政课守正创新的策略优化

依据教育部提出的"两性一度"，即高阶性、创新性和挑战度的"金

---

① 凌霞. 新时代思政课建设研究 [M]. 北京：九州出版社，2020：86.

课"标准,结合当前思政课教学的实际情况,新时代建设思政课"金课"要从课程目标、课程内容、教学形式、测评体系上同向"发力"。

一、思政课课程目标要体现全面性和实用性

思政课的课程目标是一个主题突出、内容丰富、特色鲜明的综合型、立体化、多层次的结构体系。思政课作为传授知识、传播思想、传递真理的关键课程,应着眼于学生成长成才的育人需求,树立以思想目标、政治目标、情感目标、知识目标为主要支撑的目标追求理念,将课程知识内化为理想信念、价值信仰、精神追求,锻炼学生思维表达能力和逻辑推演能力,拓展学生理论视野、知识视野、历史视野和国际视野,提升学生的创造性思维能力和批判性思维能力,提高学生知识储备、思想品德、政治意识和人文素养,帮助学生了解并掌握人类社会发展的客观规律,激发学生对新鲜事物的强烈追求和大胆探索,引导学生对法律、规则和制度的敬畏和尊崇,培养学生对生命的敬重和对他人关怀,增强学生对马克思主义主流意识形态的坚守和信仰。

此外,思政课课程目标需要从单向度纯粹的思想政治教育转向以知识、能力和素质为核心的综合素质培养。因此,思政课课程目标除了知识、素养外,还应侧重学生解决复杂问题的综合能力和高级思维的培养,引导学生通过实践找准需求点、选准切入点、激发共鸣点、解决困惑点。新时代思政课"金课"打造要坚持"学以致用""知行合一"的原则,不仅要"授之以鱼"更要"授之以渔",不只要把学生吸引到思政课教学中来,还要让学生真正融入社会的大课堂,构建课堂与课外相结合、校内与校外相结合、感悟与体验相结合的教学模式,坚定理想信念,守住思想阵地,促使学生在社会实践中自觉运用马克思主义理论和中国特色社会主义理论体系关照现实、解决问题,把单纯、空洞、乏味的思政课课堂理论灌输与丰富多样、生动活泼的社会实践有机结合起来,透过复杂多维的社会表象看到事物的本质,用实践的体验领会理论内涵,用实践的感悟深化价值信仰,用实践的锻炼提升应用能力,培养学生的独立思考能力、自主学习能力、解决问题能力、创新创造能力,增强思政课教育的实效性和获得感。

二、思政课课程内容要凸显时代性和前沿性

有涵养的思政课"金课"应凸显社会热点性、时代前沿性和当代价值性，其教学内容要肩负起时代赋予的崇高使命和神圣职责，紧跟时代发展的步伐，紧扣学术前沿的理论，把现实的社会热点问题转化为学术问题，把学生现实中的困惑和不解转化为求索的动力以及成长的养料，把马克思主义经典著作所蕴含的学理转化为通俗易懂的大众话语，把反映当代中国马克思主义的理论成果尤其是习近平新时代中国特色社会主义思想转化为立德树人教育的生动实践，以课程内容的思想魅力、理论魔力、逻辑张力来引导学生、感染学生和掌握学生。

思政课教师要站在时代前沿、理论前沿、学术前沿，围绕社会热点、瞄准时代焦点、把握教学重点，洞察新迹象、把握新引擎、抓住新常态，将时事热点问题作为丰富思政课教学内容的重要部分，将党和国家最新的思想理论、制度政策，如"中国梦""四个全面""人类命运共同体""一带一路"及时灌输到思政课课堂教学中，以前瞻性、创新性、独特性的战略眼光，寻求契合时代发展的思政课教学内容。

要想让思政课"有滋有味""有声有色""有情有趣"，思政课教师在日常实践教学中就不能束缚于教材、局限于课本，而是要打破僵化的思维、跳出说教的窠臼，追踪学科发展的前沿，把握学科发展的动态，吸收学科发展的成果，梳理学术的观点、追溯理论的本源、探求问题的本质，把专业学术中的新概念、新观念、新思想、新理论渗透到思政课教学中，使教育内容富有感染力、渗透力和说服力。

三、思政课教学形式要体现先进性和互动性

思政课教学不只是教师单方面对学生进行知识灌输的活动，而是一种塑造人、培养人、完善人、发展人的育人活动，是需要学生参与和体验的互动性教学活动。这就促使新时代将灌输式教学形式向互动式教学形式转变，多采用讨论、辩论、问答等互动方式进行思政课教学，以教师与学生、学生与学生之间的互动、辩论，启发学生独立思考、明辨是非、获取认知、

凝聚共识，实现教师主导性和学生主体性内在的契合，形成师生双方共同参与和互动融合，使学生由被动的接受者转变为学习的主体，教师从知识的传授者变为学生学习的指导者。

教学过程不是学生被动接受教师知识、信息、思想、观念的过程，而是师生之间不断碰撞、深入沟通、双向互动的过程。思政课是传道、授业、解惑的课程，教师在知识传授、能力培养、价值观塑造等方面发挥着不可替代的主导作用，学生作为思政课教学的认识主体和价值主体，具有自主性的表征，对于信息、知识、经验、观念并不是简单地被动接受，而是对其进行思考、疑问、探究、反思和批判，形成能动的认识结构和理念。思政课"金课"既要充分发挥思政课教师的主导作用，又要充分尊重学生的主体地位，实现师生之间、学生之间的有效互动。从本质上说，思政课教学的有效互动是指师生之间、学生之间以小组辩论、参与讨论等方式，积极主动就思政课教学所需要解决的社会问题、理论问题、思想问题以及具体的人生问题进行各抒己见的交流和研讨，教师要鼓励学生充分地表达自己的观点、呈现不同见解。也可由教师提供与讨论主题相关的案例材料，以增强感受和体悟，教师课堂上引导学生对设定的主题开展分析和讨论，并在讨论的过程中就学生表达的观点、提出的问题、展开的辩论，主动干预，及时回答、引导学生所讨论的内容，客观回应、评析学生的提问、质询、争辩，肯定和褒扬合乎主流意识形态的价值观念，纠正和制止偏激、极端、错误的思想认知。这种侧重于师生之间的交流、沟通与互动，可以一定程度上促使学生积极思考、交换意见、分享观点、探求思想、追求真理。

四、思政课评测体系要突出探究性和个性化

思政课测评是思政课教学不可或缺的重要环节，是检验思政课教师教学质量和学生学习状态的基本手段。思政课测评应是全员参与、全程评价，其测评主体应是包括教育教学专家、学校行政管理人员、德育工作者以及社会教育组织机构等多元主体。思政课在具体实施测评时应以事实为依据，坚持科学性、整体性、系统性、可行性的统一前提下，采用"统一测评法""目标测评法""标准测评法""过程测评法""总结测评法"等多样化的科学手段和技术方法，做到静态与动态相结合，结构与功能相一致、定性

与定量相统一，动机与效果相协调。

构建探究性与个性化的测评体系有助于发挥思政课教学测评的监督、激励与导向功能。思政课测评体系要注重探究性，不仅要对教师课堂上的教学内容、方法、手段、效果进行测评，还要对思政课教师课外实践教学的质量和水平开展客观评估。不仅对学生考试的文化成绩进行量化评估，还要对学生的思想理论、政治素养、价值信仰、性格特征、道德品质、情感态度等方面进行定性的测评。思政课测评体系不只是知识性评价，更是基于思政课教学是否满足学生知识学习、心理调节、性格优化、思想提升、道德发展的需要，是否能培养学生坚定正确的政治方向，培育崇高的理想信念，树立科学的价值观念等方面的价值性评价。因此，思政课测评体系要"着眼于师生共同发展"的评价理念，以人的全面、协调、均衡、可持续发展为目标，尊重测评中人的主体性。思政课测评体系还要兼顾个性化。在设计测评指标时，要充分考虑不同时代环境、不同学校层次、不同教师水平、不同学生诉求等方面的差异，制定出适合不同学校、不同教师、不同学生的指标体系和评价标准。个性化的测评是考虑到学校、教师和学生之间的个体化差异，对不同学段、不同层次学校在思政课教学取得的成效，对教师专业知识水平、教学能力素养、师德师风，对学生个性发展、学习态度、认知能力、考试成绩等方面，进行差异性定性和定量分析；为培养具有学科知识、教学能力、职业道德、文化修养的思政课"金课"教师，以及具有个性特征、探究精神、创新思维、实践能力的新型人才提供依据。

第三节 "金课"建设视域下高校思政课守正创新的路径探赜

一、配足高校思政课师资力量

一定数量和规模的高校思政课教师队伍是保证思政课教学有效供给、提升教学质量的基础。当前，解决高校思政课教师不足的问题是迫在眉睫的首要任务。中共中央办公厅和国务院办公厅印发的《关于深化新时代学校思想政治理论课改革创新的若干意见》明确要求："高校要严格按照师生比不低于1∶350的比例核定专职思政课教师岗位,在编制内配足,且不得挪作他用,并尽快配备到位"。针对当前思政课教学供给主体数量不足的问题,各级教育主管部门要认真调研、精准测量、客观统计各地区和各高校思政课教师的缺口人数。在此基础上,科学研究制定扩充高校思政课教师队伍的整体方案及相关配套政策措施,推动思政课教师供给侧改革,突出精准需求定位,优化高等师范院校结构调整,建立高校思政课教师定点培养的育人机制,疏通师资输入供给通道,以增量供给激活存量供给,从而解决思政课教师供给紧张局面,化解思政课师资供需矛盾。

各地区、各高校统筹解决思政课教学的师资不足的难题,一方面需要"炼好内功"。国家层面要加大高校思政课教师储备人才培养工作,深入实施"高校思想政治理论课教师队伍后备人才培养专项支持计划",遵循马克思主义理论学科专业人才培养的一般规律,加大马克思主义理论学科本硕博一体化人才培养力度,提高马克思主义理论学科研究生的培养质量。各高校人事部门要改变观念、解放思想,打破条条框框的条件束缚,摆脱"唯学历""唯论文""唯项目""唯职称"的教条主义的窠臼,采取灵活变动的方式对思政课教师人才引进开辟绿色通道,采取一人一议的招聘决策模式,尽可能地满足高校对思政课教师的人才需求。另一方面需要"借助外力"。高校思政课教师队伍的补充不仅需要组建一支数量充足、质量过硬、业务精湛、素质优良、结构合理的专任教师队伍,还需要结合思政课教学内容的专业要求,共享哲学社会科学的人才资源,充分利用好各部门、各行业、各领域从事思想政治教育工作的专家学者、教育精英,建立高校思政课特聘教师制度,统筹好地方党政领导干部、企事业单位管理专家、社科理论界专家、老红军战士、各行业先进道德模范以及高校党委书记校长、院(系)党政负责人、名师大家和专业课骨干教师、日常思想政治教育骨干等进思政课堂,承担部分思政课教学任务。广泛吸纳高校内部相关岗位、相关学科的教师加入思政课兼职教师队伍中;鼓励其他学科政治过硬、人格健全、理论扎实、能力全面、教学一流的优秀教师遴选合格后经过专业系统培训后加入思政课教师队伍;引导具有马克思主义理论学科背景、有能力胜任思政课教学的党政管理干部转岗为专职思政课教师。通过专兼结合、内外协同、倾力合作,形成"多元一体"的高校思政课教师队伍,构建全员育人的高校思政课多元供给主体格局。

二、增强高校思政课教师能力

高校思政课教师能力取决于思政课教师的政治素养、道德品质、理论水平、学术功底和教学能力。打造一支具有坚定的信仰、深厚的情怀、渊博的知识、丰富的理论、深邃的思想、崇高的美德的高校思政课教师队伍，对增强思政课师资内涵，提高思政教学质量，确保思政课正确政治方向、舆论导向、价值取向和学术指向具有重要意义。

新时代，要不断健全和完善高校思政课教师的培训体系，将思政课教师理论培养纳入科学化、常态化、专业化的轨道，通过"周末理论大讲堂""专题理论轮训计划""骨干教师研修班"等载体，开展马克思主义经典著作专题培训，以及习近平新时代中国特色社会主义思想专题学习。依托首批全国重点马克思主义学院所在高校重点开展理论研修，新建"新时代高校思想政治理论课教师研学基地"，提升高校思政课教师的知识储备、理论修养和专业能力，强化对马克思主义理论、中国化马克思主义理论成果以及思政课所教学内容的理解和吸收。此外，要严格按照教育部的要求，组织高校思政课教师参加国内外考察学习，在实践调研中关注现实、吸收养分、汲取智慧、丰富思想，在对比中坚定"四个自信"。通过一系列的培训学习、学术交流、实践调研来增强高校思政课教学知识和理论供给能力。

高校思政课教学能力增强不仅要提升马克思主义理论水平，还需要思政课教师在课堂上有针对性、有目的性、有选择性地进行教学方法、教师模式、教学手段的创新与运用，提升完善教学设计和优化教学组织能力，创新教学方法与运用教学技术能力，开展课堂理论教学与丰富课后实践教学能力。高校思政课教师要贯彻分类指导、因材施教、个性发展的要求，探索不同年龄、不同水平、不同层次需求侧的教学方式，对经济欠发达地区、少数民族地区的高校的思政课教师教学能力提升，要依托高水平师范类院校重点开展教学研修，构建更为科学的精准教学供给模式。日常教学实践中，高校思政课教师要积极创新教学方法，通过理论宣讲、榜样示范、在线指导、情境熏陶、情感体验探究专题讲解式、情境融入式、网络互动教学式、朋辈榜样式等教学方法。信息时代，高校思政课教学供给能力提升还应充分利用先进的科学技术和互联网平台，在大数据的支撑下，探索

"慕课""微课""智慧校园""创客运动""翻转课堂"以及混合式教学等教学模式。实践育人对提升思政课教学能力，推动思政课内涵式发展具有不可替代的重要意义。探索实践育人的模式，构建实践育人的长效机制，将高校思政课实践教学与实习就业、社会调研、公益活动、志愿服务等有机结合，实现高校思政课理论与实践、校内与校外、线上与线下、讲授与自学的深度融合，是提高高校思政课教学能力和水平的重要途径。

新时代，思政课教师要提升自身教学能力，不断创新教学方法和教学手段。例如，上海多所高校依据各自学校的学科优势，推出的"中国系列"公共课成为"网红高校思政课"，主题涉及"治国理政""读懂中国""中国道路""锦绣中国""大国安全"等。[①] 在这些"网红高校思政课"中，慕课技术被广泛地推动使用。慕课是"互联网＋教育"的产物，它不仅实现了将教学活动从线下转向线上，还将教学活动向"精细教学"和终端教学延伸。在新科技的支撑下，慕课所倡导的个体化教学方法得以用新的形式"回归"到思政课教师的日常教学中，不仅为个体教学创造了新的空间，还提升了教师运用新教法的教学能力。例如，由教育部主办、全国高校思想政治理论课教师网络集体备课平台承办、邀请全国思想政治理论课名家讲授的"周末理论大讲堂"直播平台，在学生中引起热烈反响。武汉大学将"毛泽东思想和中国特色社会主义理论体系概论"等思想政治理论课制作成网上慕课，累计选课人数突破 40 万人次。上海交通大学的施索华教授讲授的思政课见解独到、语言风趣，被制成精华版"网帖"，在校园论坛上回帖无数。华南师范大学的"青春演播厅"，用时尚方式宣传了主流价值观。南京邮电大学以"易班平台"为载体开展高校网络思想政治教育，打造了网络思想政治教育主阵地。华东师范大学创新混合式课堂、班级微信墙、微博教学直播等，将"互联网＋"与思政课教学相结合，依托思政课教师的 QQ 空间、博客、微课堂以及数字化思想政治理论课程、思想政治理论网络精品课程等，推进思政课与新媒体优势互补。扬州工业职业技术学院建立了"微扬新媒体工作室"，充分挖掘校园内的公益先锋、技能土豪、教学能手、校友荟萃等校园故事，弘扬了师生正能量。相较于传统的

---

① 从"点名课"到"网红课"——上海高校思政教育"磨亮"青年底色［BL/OL］.（2017 - 12 - 05）. http：//www. xinhuanet. com/politics/2017 - 12/05/c_1122062898. htm.

教学方法，在新科技的支撑下，思政课教师们不断探索和创新教学方法，充分尊重和发挥学生的主体性和积极性，彰显了"让学生回归课堂"的价值追寻。这种借助于互联网的教学方法的探索，开启了"学生－教师－教材－网络"四合一创新之路，也为提升思政课教师的教育教学创新能力提供了更为广阔的平台。

三、优化高校思政课教学内容

由于不同学段思政课教学内容的分层设计以及思政课与其他学科之间的协调不恰，造成了高校思政课与中、小学思政课教学内容，以及高校思政课内部之间存在教学内容重复的现象。思政课教学是一个统筹规划、循序渐进、相互衔接、紧密相连的有机整体。无论是学科设定、大纲编拟，还是教材编写、课程建设，都要充分反映思政课教学的整体性。因此，优化高校思政课教学内容，既要统筹好大中小学思政课教学内容，也要协调好高校思政课内部教学内容的有效衔接。

统筹大中小学思政课教学内容，要遵循不同学段需求侧的认知规律，尊重思政课教学的客观规律，凸显出思政课教学内容的个性化与多元化的特征，整合不同学段的专家资源，依据思想政治教育育人的整体目标，统一编排教材、统一设定教学大纲、统一规划教学内容，有效避免思政课教学内容的交叉重复。思政课教学内容的具体安排上，要结合需求侧年龄、心理、性格、智力等因素，对不同学段重复的教学内容进行取舍和增删，有计划地、有规律地、有步骤地提供道德教育、劳动教育、心理健康教育、安全防范教育、法律法规教育、中华优秀传统文化教育、创新创业教育、社会主义核心价值观教育、中国特色社会主义和中国梦教育、马克思主义理论教育等立体丰富的教学内容，保证各学段的思政课教学内容与学生内在诉求相契合，提高思政课教学内容的有效性、科学性和实用性。

协调好高校思政课教学内容的有效衔接，需要整合本科阶段、硕士生阶段、博士生阶段思政课教学的价值标准、核心理念和逻辑线索。高校思政课教学内容的选择与优化，以本科阶段凸显价值理想、硕士生阶段突出的理论方法、博士生阶段彰显综合能力为导向原则，统筹规划本硕博三个阶段的思政课教学内容供给，制定实施教学内容层级化的教学规划，贯彻落实教学重点整体化的教学方案，提供主题鲜明、思想丰富、全面覆盖、层次递进的优质教学内容，解决好高校思政课教学内容一体化的改革创新，实现高校思政课教学内容供给由模块式向整体式的跨越，由碎片化向体系化转变。

四、提升高校思政课教学质量

高校思政课教学方式和教学手段都是为教学内容服务的，并最终指向教学质量。评判高校思政课教学质量的好坏主要取决于教学内容的质量水平的高低。对于高校思政课而言，提升教学质量主要依赖于教学内容的理论深度和现实关怀。如果高校思政课教学内容没有理论应有的深度，没有关切重大社会现实问题和需求侧自身疑惑的思想问题，那么其供给质量就会大打折扣。

高校思政课相比较中、小学思政课，最大的差别就在于高校思政课侧重理论的宣传与阐释，通过思想理论的灌输来发挥思想政治教育的功能。习近平总书记在全国高校思想政治工作会议上指出，高校要抓好马克思主义理论教育，积极传播马克思主义科学理论。高校思政课教学的供给质量提升关键在于思政教师把教学内容的理论讲透彻、讲清楚、讲明白，以科学的理论说服人、打动人、感召人和武装人。思政课教师要把教学内容讲出应有的理论深度，就必须要认真研读马克思主义经典著作，坚持马克思主义的立场、观点和方法，更好地理解经典马克思主义的思想精髓，深刻领会马克思主义作为思想方法的科学内涵和精神实质，整体把握马克思主义博大精深的思想体系。此外，还应结合当代中国发展的实际，围绕中国特色社会主义的理论创新和实践探索，深入研究高校思政课教学的主题、主旨、主线以及主要概念范畴，全面把握高校思政课学科体系、教材体系和教学体系。只有扎实的理论功底，才能增强高校思政课内容的理论深度。只有用深刻、透彻的理论去赢得学生的理解和认同，高校思政课教学质量才会提升，供需之间的矛盾才能缓解。

高校思政课教学内容的思想性、理论性、科学性、政治性都很强，理论教育要彻底赢得需求侧，实现思想政治教育的功能，就必须要贴近需求侧的思想实际，关切需求侧的思想疑惑，解答需求侧的理论困惑。高校思政课供给侧要深入需求侧的生活、走近需求侧的心灵、了解需求侧的心理、关心需求侧的思想，尊重需求侧的成长规律和认知习惯，掌握需求侧的个性特点和思想实际，关切需求侧的发展诉求和美好期待，洞察需求侧关心的热点问题和亟待解决的思想难题，把需求侧思想意识中的迷惘、疑惑、不解运用马克思主义的世界观和方法论加以阐释、明理、释疑。通过高校思政课教学供给侧关切需求侧的思想实际，增强思政课的亲和力、感染力和向心力，提升高校思政课教学的供给质量。

结束语

打造思政课"金课"　推动高校思政课教学高质量发展

党的十八大以来，习近平总书记关于思想政治工作和思想政治理论课建设的重要论述，深刻回答了在新时代的历史方位中上好什么样的思政课、怎么样上好思政课等重大理论和现实问题，生动阐明了新时代思政课教学的时代背景、重大意义、目标要求、基本原则和实施策略，是新时代打造思政课"金课"，推动思政课教学高质量发展的行动指南。

一、以课程育人为基础，为推动高校思政课教学高质量发展建构课程体系

课程是反映人类改造主客观世界的最新科学成果，是将信仰、知识、能力、技能、情感等有机综合的规律性认识，是帮助受教育对象掌握知识、树立观念、养成精神、提升能力等所进行的一系列活动载体。课程是育人的途径，是教育的核心，是提升教育水平的保证。大学的课程主要有两大体系，一种是"使人成为某一种人"的课程，另外一种是"使人成为人"的课程①。前者主要是大学课程体系中的各门专业课，培养大学生专业技能和知识水平。后者是思想政治理论课，这是大学课程体系的灵魂，是培养大学生理想信念、道德情感、人格魅力，并使之成为"担当民族复兴大任的时代新人"的重要课程。

新时代，提升高校思政课教学质量需加强以习近平新时代中国特色社会主义思想为核心内容的思政课课程群建设，构建思政课基本原理课程群、方法创新课程群、实践成效课程群，提高思政课育人的质量和水平。高校

---

① 陈秉公. 认准课程定位，掌握思政课教学规律［J］. 福建师范大学学报（哲学社会科学版）2019（4）：27－29.

思政课的课程体系的建构要充分凸显课程育人的价值功效，发挥各门课程所蕴含的育人价值，大力推动以"课程思政"为目标的教学改革，既要牢固树立思政课在思想政治教育中的核心课程地位，又要发挥其他各门课程所蕴含的思想政治教育元素和所承载的思想政治教育功能。一方面保证专科、本科到硕士、博士研究生开设基础思政课课程，形成不同层次学习阶段相互衔接、梯次推进，内容科学、结构合理的高校思政课课程体系；另一方面，在保持思政课必修课程设置相对稳定的基础上，各高校要开展中华优秀传统文化教育、中国特色社会主义理论教育、社会主义核心价值观教育、法治教育、劳动教育等，重点围绕中华优秀传统文化、习近平新时代中国特色社会主义思想、中共党史、新中国史、改革开放史、社会主义发展史、宪法法律等设定课程模块，开设系列选择性必修课程①。精心打造由必修课、选修课、社会实践课等构成的高校思政课课程体系，构建以必修课为核心、选修课为支撑、社会实践课为补充的三位一体的课程体系，形成由"思政课程"到"课程思政"的圈层效应，使各类课程与思政课同向同行，实现思想政治教育与知识体系教育的有机融合。

二、以科研育人为手段，为推动高校思政课教学高质量发展培育教师素养

高校思政课教师队伍直接影响思政课教学的整体实效和人才培养的质量，决定着高校思想政治教育发展水平和高等教育的育人质量，关系到教育现代化和教育强国目标的实现。新时代，要配齐建强思政课专职教师队伍，发挥高校党委对思想政治工作的领导核心作用、院（系）党组织政治核心作用和基层党支部战斗堡垒作用，建立党委统一领导、部门分工负责、全员协同参与的组织体系。对内壮大由高校党委书记、校长，院（系）党政负责人，国家教学名师，专业课骨干教师，全国思想政治理论课教学标兵、教学能手、教学骨干，思想政治理论课影响力人物，教育部思想政治理论课中青年骨干教师，在岗、离退休的思政课教师，班主任、辅导员、心理咨询教师以及党政部门从事思想政治工作的教师组合而成的高校思政课教师队伍；对外统筹好由地方党政领导干部、企事业单位管理专家、社科理论界专家、各行业先进模范组合而成的高校思政课教师队伍。

---

① 深化新时代学校思想政治理论课改革创新［N］. 人民日报, 2019 – 08 – 15（01）.

科研是大学的生命，是高校教师的灵魂，也是思政课教师育人的抓手。思政课教师科研水平直接影响到思政课教学质量和教学效果，没有扎实的专业理论知识、丰厚的学术底蕴和渊博的学术修养，注定难以成为一名优秀的思政课教师。新时代科研要为思政课教学服务，利用学科的科研优势反哺教学，提高教学的实效性。思政课教师要通过科研了解最新的学术前沿、获取最新的学术资讯、掌握最新的学术动态、洞察学科发展的趋势和方向，从而在思政课教学过程中夯实理论基础、统驭知识体系、优化教学内容，"以透彻的学理分析回应学生，以彻底的思想理论说服学生，用真理的强大力量引导学生"①，以科研的思路反哺思政课的教学理念，以科研的思维创新思政课的教学模式，以科研的成果反哺思政课的教学内容，将科研思想转化为教学理念，将科研能力迁移为教学能力，将科研成果延伸为教学内容。

三、以文化育人为导向，为推动高校思政课教学高质量发展注入文化涵养

中国共产党在不同历史时期带领全国各族人民锻造的革命文化和社会主义先进文化为思政课建设提供了深厚力量。中华民族五千年的文明源远流长、博大精深，这些光辉灿烂的文化记载了中华民族在数千年历史岁月洗礼与磨练中开展的精神活动，承载着中华民族最根本的精神基因，代表着中华民族独特的精神标识，沉淀着中华民族最深层的精神追求，是中华民族生生不息、中华文明繁荣昌盛的丰厚滋养。

新时代高校思政课教学内容的延伸与拓展，要始终坚持文化育人的导向和理念，注重以文化人、以文育人、以文养人，以先进的政治文化、价值文化、道德文化、情感文化、法治文化等内容濡化人、教育人、感化人、引导人、塑造人，将反映中华民族最本质、最核心、最独特的优秀传统文化、革命文化、社会主义先进文化融入思政课教学过程中，贯穿到理想信念、价值观念、道德情感、人格魅力的培育之中，通过"礼敬中华优秀传统文化""传承红色基因、担当复兴重任""革命文化教育资源库建设工程"等活动自觉地将优秀的中华文明内化于心、外化于行、互化为景，有

---

① 用新时代中国特色社会主义思想铸魂育人　贯彻党的教育方针落实立德树人根本任务[N]．人民日报，2019－03－18（02）．

机融入思政课教学内容之中，深化思政课的理论涵养。

四、以网络育人为补充，为推动高校思政课教学高质量发展创新技术平台

随着信息技术的迅猛发展，网络早已融入学生的日常生活，成为学生的生活样态，潜移默化地影响着学生的道德信仰、价值观念和生活方式，网络空间也逐渐成为了思想政治教育的新平台、新阵地，网络育人也随之成为整合思想政治教育资源、拓宽思想政治教育空间、激活思想政治教育活力的新模式、新方法、新手段。互联网技术的日新月异，信息技术现代化水平的提高，推动着思政课传统教育模式同信息化技术高度融合。

新时代高校思政课教学改革与创新，要依靠现代信息社会发达的先进技术，借助互联网平台，运用新时代以微博、微信为主要代表的新媒体，大力推进高校网络思政教学，完善高校思政课精品课程共享资源网，运用云技术将高校思政课课件、案例、习题等电子资料上传到数据库或网盘，建设集时代性、思想性、理论性、教育性、知识性、实践性于一体的"群"空间和"微"平台，并运用网络表达方式与学生进行广泛深入的交流沟通，将思想政治教育的理念、价值、观点渗透到主体需要的信息中去，增强网络思政课教学的亲和力、感染力、影响力和说服力。

五、以实践育人为抓手，为推动高校思政课教学高质量发展提供场域空间

实践是人类存在的方式，是人类社会生活的本质，是人类能动的改造客观世界的物质活动，也是人类自我塑造、自我完善、自我发展的创造性活动。实践既是主观改造客观世界，也是物质实践主体意识对象化的过程。在思想政治教育的视阈中，实践是指教师和学生有意识、有目的、有计划地改造主客观世界，提高主体的认知水平和思维能力，满足主体在学习、生活、交往中的需求，最终促进学生自由全面发展。实践育人作为思想政治教育的一种现代理念，则是以马克思主义的实践观为指导，遵循教育的一般规律，以培养学生全面发展为价值指向，将理论学习和现实操练结合起来，提升学生理论涵养和操作能力，培育学生理想信念、道德品质、人格魅力、情感旨趣，将科学理论转化为认知、行为和信仰的教育模式。

新时代高校思政课教师要避免空洞乏味的理论说教，要重视思政课的实践性，坚持理论性和实践性相统一的原则，善于将理论知识与时事政治、日常生活紧密联系起来，将理论内容与社会现实和学生所处的实际环境结合起来，把思政小课堂同社会大课堂统一起来，把思政课的理论宣教与现实生活结合起来，把提高思想觉悟和解决实际问题联系起来，统筹安排课内课外、校内校外实践育人活动，构建实践育人协同体系。高校思政课教师不仅要在课堂上讲好科学理论，还需要坚持理论教育与实践养成相结合，整合实践资源，拓宽实践渠道，创新实践载体，丰富实践形式，优化实践内容，把思政课上讲解的理论知识通过社会实践融入现实场景中，组织专题社会实践活动，如"牢记时代使命，书写人生华章""百万师生追寻习近平总书记成长足迹""百万师生重走复兴之路""百万师生'一带一路'社会实践专项行动"等活动，引导师生在亲身参与中增强实践能力、树立理想信念和家国情怀。

附录一 "金课"建设视域下高校思政课守正创新现状调查（学生卷）

亲爱的同学，您好！

为深入了解当前"金课"建设视域下高校思政课守正创新现状，进一步提升高校思政课教学质量，我们在全国范围内开展此次问卷调查工作。本次调查不记名，结果只用于分析统计，辛苦您客观如实填写。希望得到您的支持，谢谢！

（注："金课"建设，即金牌课程建设，是指教育部实施的一流课程建设。思政"金课"，是指金牌思想政治理论课，也就是高质量思想政治理论课。）

1. 您的性别？［单选题］*

A. 女性　B. 男性

2. 您所在年级？［单选题］*

A. 大一　B. 大二　C. 大三　D. 大四及以上

3. 您的政治面貌？［单选题］*

A. 中共（预备）党员　B. 入党积极分子　C. 共青团员　D. 群众

4. 您所学专业是？［单选题］*

A. 哲学　B. 经济学　C. 法学　D. 教育学　E. 文学　F. 历史学　G. 理学　H. 工学　I. 农学　J. 医学　K. 管理学　L. 艺术学　M. 军事学

5. 您正在上的思政课是？［多选题］*

A. 思想道德修养与法治　B. 中国近代史纲要　C. 马克思主义基本原理　D. 毛泽东思想和中国特色社会主义理论体系概论　E. 形势与政策　F. 习近平

新时代中国特色社会主义思想概论　G. 其他

6. 您是否对"金课"建设一词有所了解？［单选题］*

A. 十分了解　B. 听过，但不是太清楚其内涵　C. 不了解

7. 您认为思政"金课"应具备哪些特点？［多选题］*

A. 知识丰富、信息量大　B. 教学内容具有思想性、理论性

C. 思政课教师具有亲和力、感染力　D. 教学方法创新、手段多样

8. 您认为当前高校思政"金课"建设的影响因素有哪些？［多选题］*

A. 教学主体　B. 教学理念　C. 教学内容　D. 教学方法　E. 教学手段　F. 教学模式　G. 教学载体　H. 教学评价　I. 其他

9. 您认为"金课"建设视域下高校思政课守正创新的基础条件有哪些？［多选题］*

A. 党中央对思政课高度重视，推进中国特色社会主义学科体系建设

B. 中国特色社会主义理论和实践发展开辟新境界，中国特色社会主义取得举世瞩目的成就

C. 中华优秀的传统文化、革命文化和社会主义先进文化

D. 长期以来中国共产党狠抓思政课建设所形成的一系列规律性认识和成功经验

10. "金课"建设视域下高校思政课守正创新遭受的挑战有哪些？［多选题］*

A. 世界范围内各种思想文化交流交融交锋更加频繁

B. 社会思想价值观念呈现多元多样、复杂多变特征

C. 主流意识形态与现实社会中的矛盾存在巨大反差

D. 大数据网络和自媒体碎片化信息分散受众注意力

E. 学生个性化发展的需求愈加强烈、自主意识增强

11. 您是否对守正创新一词有所了解？［单选题］*

A. 十分了解　B. 听过，但不是太清楚其内涵　C. 不了解

12. 您认为当前高校思政课守正体现在哪些方面？［多选题］*

A. 守方向之本，坚持社会主义的办学方向

B. 守理论之基，夯实马克思主义的指导地位

C. 守使命之责，落实立德树人的根本任务

D. 守育人之道，遵循教育教学的基本规律

13. 您认为当前高校思政课创新体现在哪些方面？［多选题］*

A. 教学设计创新　B. 教学理念创新　C. 教学方法创新　D. 教学内容创新　E. 教学载体创新　F. 教学模式创新　G. 评价机制创新

14. 在您以往参与的思政课中，与思政课教师是否能够达到情感交流、心灵碰撞？［单选题］*

A. 能　B. 偶尔能　C. 不能

15. 在您以往参与的思政课中，思政课教师在教学时能够做到以下哪些方面？［多选题］*

A. 精心设计教学内容，课堂教学丰富多彩

B. 以学生为中心，让学生产生情感共鸣

C. 课堂把控力强，能灵活处理突发事件

D. 教态自然、大方、亲和、活力，能将理论知识、价值观念、道德规范传授给学生

16. 新时代思政课教师应如何打造思政"金课"？［多选题］*

A. 遵循教学规律　B. 提升专业素养　C. 提高师德师风　D. 改革教学理念　E. 丰富教学内容　F. 更新教学方法　G. 优化教学手段　H. 创新教学模式　I. 拓展教学载体

17. 思政课教师在课堂中是否经常会增添新鲜的教学内容？［单选题］*

A. 会　B. 偶尔会　C. 不会

18. 思政课教师能否运用生动、鲜明、具体的案例来达到教学目的？［单选题］*

A. 能　B. 偶尔能　C. 不能

19. 您怎样评价思政课教师的教学内容？［多选题］*

A. 教学内容紧扣教材，重难点突出

B. 教学内容紧跟时代，丰富多样

C. 教学内容相对丰富，但缺乏趣味性

D. 教学内容陈旧刻板，不够新颖

E. 教学内容照本宣科，缺乏吸引力

20. 课堂教学过程中思政课教师常用的教学方法有哪些？［多选题］*

A. 讲授法　B. 讨论法　C. 直观演示法　D. 现场教学法　E. 其他

21. 课堂教学过程中思政课教师借用现代信息技术多用于？［多选题］*

A. 展示相关教学材料 B. 活跃课堂氛围 C. 组织课堂学习活动

D. 与学生交流互动 E. 其他

22. 课堂教学过程中思政课教师是否经常运用信息化教学手段和网络资源平台？［单选题］*

A. 基本不用 B. 偶尔用 C. 经常用

23. 课堂教学过程中思政课教师使用的信息化教学手段有？［多选题］*

A. 多媒体教学 B. 电子白板 C. 优质网络教学课程（慕课、教学短片）

D. 智能设备（平板、电脑、智能手机等） E. 其他

24. 您认为您所在学校的思政课教学效果如何？［单选题］*

A. 很好，课堂活跃，气氛融洽 B. 中等，无所谓态度

C. 一般，死气沉沉，草草了事

25. 从现在的思政课堂中你有怎样的收获？［多选题］*

A. 理论知识 B. 价值观念 C. 思想品德 D. 情感培育 E. 心理优化 F. 人格培养

26. 您认为当前思政课达到"金课"还需要在哪些方面进行改进？［多选题］*

A. 教学目标彰显全面性和实用性 B. 教学内容凸显时代性和前沿性

C. 教学模式体现先进性和互动性 D. 教学手段注重灵活性和艺术性

E. 评测体系突出探究性和个性化

27. 您对思政"金课"建设的满意度？［矩阵单选题］*

	非常不满意	比较不满意	一般	比较满意	非常满意
教学目标落实					
教学方法选择					
教学内容更新					
教学媒介使用					
课程考核形式					
教学效果显现					

28. 亲爱的同学，衷心感谢您耐心回答以上问题，您还有什么看法和建议，请填写在下方［填空题］*

附录二 "金课"建设视域下高校思政课守正创新现状调查（教师卷）

尊敬的老师，您好！

为深入掌握当前"金课"建设视域下高校思政课守正创新现状，进一步提升高校思政课教学质量，我们在全国范围内开展此次问卷调查工作。本次调查不记名，结果只用于分析统计，辛苦您客观如实填写。希望得到您的支持，谢谢！

（注："金课"建设，即金牌课程建设，是指教育部实施的一流课程建设。思政"金课"，是指金牌思想政治理论课，也就是高质量思想政治理论课。）

1. 您的性别？［单选题］*

A. 女性　　B. 男性

2. 您的年龄？［单选题］*

A. 30 岁以下　　B. 31～40 岁　　C. 41～49 岁　　D. 50 岁及以上

3. 您的政治面貌？［单选题］*

A. 中共党员　　B. 共青团员　　C. 民主党派　　D. 无党派人士　　E. 其他

4. 您目前的职称是？［单选题］*

A. 助教　　B. 讲师　　C. 副教授　　D. 教授　　E. 其他

5. 您的最高学位是？［单选题］*

A. 博士　　B. 硕士　　C. 学士　　D. 其他

6. 您的最高学位授予专业是？［单选题］*

A. 哲学　　B. 经济学　　C. 法学　　D. 教育学　　E. 文学　　F. 历史学　　G. 理

学　H. 工学　I. 农学　J. 医学　K. 管理学　L. 艺术学　M. 军事学

7. 您讲授的思政课是？［多选题］*

A. 思想道德修养与法治　B. 中国近代史纲要　C. 马克思主义基本原理

D. 毛泽东思想和中国特色社会主义理论体系概论　E. 形势与政策

F. 习近平新时代中国特色社会主义思想概论　G. 其他

8. 您认为思政课具有高阶性、创新性和挑战度吗？［单选题］*

A. 肯定有　B. 可能有　C. 没有　D. 不清楚

9. 您认为思政"金课"具备哪些特点？［多选题］*

A. 知识能力素质的有机融合　B. 课程内容反映前沿性和时代性

C. 教学形式呈现先进性和互动性　D. 学习结果具有探究性和个性化

E. 学生真心喜爱、终身受益

10. 您认为影响思政课教学质量提升的最大问题是？［多选题］*

A. 教学理念问题　B. 教师素养问题　C. 教学内容问题　D. 教学方法问题　E. 教学手段问题　F. 教学模式问题　G. 教学载体问题　H. 教学评价问题　I. 其他

11. 您认为当前高校思政"金课"建设的影响因素有哪些？［多选题］*

A. 教学环境是否和谐融洽、宽松活泼、安定有序

B. 教学内容是否紧跟时代步伐，凸显问题意识

C. 教学主体是否具有较高的核心素养和能力

D. 教学方法是否得当有效，启迪学生思维，为学生真心喜爱

E. 教学对象是否融入思政课堂，参与到思政课教学实践中来

F. 教学评价是否客观科学、准确及时、合情合理

12. 当前思政"金课"建设面临的挑战有哪些？［多选题］*

A. 教师队伍质量不够高　B. 教学方法不够多样　C. 错误社会思想的干扰　D. 网络负面消息的影响　E. 教学针对性不强、亲和力不够

13. 打造思政"金课"有哪些积极意义？［多选题］*

A. 强化思政课教师核心素养提升

B. 增强学生思政课获得感和满意度

C. 提升思政课亲和力和针对性，提高思政课教学质量和水平

D. 改进思想政治工作，推动思政教育内涵式发展

E. 培养担当民族复兴大任的社会主义建设者和接班人

14. 您认为思政"金课"需要坚守哪些教学要素？［多选题］*

A. 守方向之本　B. 守理论之基　C. 守使命之责　D. 守育人之道

15. 您认为思政"金课"需要创新哪些教学要素？［多选题］*

A. 创理念之新　B. 创内容之新　C. 创形式之新　D. 创方法之新　E. 创评价之新

16. 您认为打造思政"金课"需要教师具有什么素养？［多选题］*

A. 政治要强　B. 情怀要深　C. 思维要新　D. 视野要广　E. 自律要严　F. 人格要正

17. 您在开展思政课教学时，会介绍热点焦点、学术前沿问题［单选题］*

A. 非常符合　B. 比较符合　C. 不能确定　D. 不太符合　E. 很不符合

18. 您在开展思政课教学时，能够将所学理论知识与学生实际相结合［单选题］*

A. 非常符合　B. 比较符合　C. 不能确定　D. 不太符合　E. 很不符合

19. 您在开展思政课教学时，能够做到教学内容及时更新［单选题］*

A. 非常符合　B. 比较符合　C. 不能确定　D. 不太符合　E. 很不符合

20. 您在"金课"建设过程中，会经常进行教学方法创新［单选题］*

A. 非常符合　B. 比较符合　C. 不能确定　D. 不太符合　E. 很不符合

21. 思政课教师如何提升自身的教学艺术？［多选题］*

A. 注重自身的仪容仪表　B. 提高口语表达能力　C. 精心进行教学设计　D. 完善课堂板书效果　E. 对学生多持鼓励态度　F. 保持课堂教学动态平衡

22. 目前您所教授的思政课采用何种教学方式？［多选题］*

A. 讲授式　B. 课堂讨论式　C. 自主学习探究　D. 专题讲座　E. 观看影像资料　F. 召开主题班会　G. 社会实践

23. 您认为学校对思政课教师的考核评价体系存在哪些问题？［多选题］*

A. 评价主体单一　B. 评价形式传统　C. 评价浮于形式　D. 评价缺乏制度　E. 评价缺乏标准　F. 评价缺乏跟踪反馈

24. 您认为新时代如何建设思政"金课"？[多选题]*

A. 教学目标彰显全面性和实用性　　B. 教学内容凸显时代性和前沿性

C. 教学模式体现先进性和互动性　　D. 教学手段注重灵活性和艺术性

E. 评测体系突出探究性和个性化

25. 对于如何坚持守正创新，打造思政"金课"，您还有哪些建议？

[填空题]*

参考文献

一、书籍类

[1] 陈吉鄂. 四个统一师德观研究基于思想政治理论课教师的实践 ［M］. 北京：光明日报出版社，2021.

[2] 陈丽萍. 新时代高校思想政治理论课教学改革研究 ［M］. 湘潭：湘潭大学出版社，2022.

[3] 陈寿灿，崔杰，郑根成. 增强大学生思想政治理论课获得感研究 ［M］. 杭州：浙江工商大学出版社，2021.

[4] 邓飞，谢费斯，周时梁. 讲好中国故事视域下的思政课教学理论与实践 ［M］. 郑州：黄河水利出版社，2021.

[5] 顾雁飞. 新时期高校思政协同育人机制探究 ［M］. 长春：吉林大学出版社，2022.

[6] 郭娟娟. 新时代高校思政课教学模式改革研究 ［M］. 合肥：合肥工业大学出版社，2022.

[7] 郭玲霞. 高校思政课实践教学教程 ［M］. 北京：中共中央党校出版社，2021.

[8] 韩振峰. 新时代高校思想政治教育及思想政治理论课教学研究 ［M］. 北京：中央编译出版社，2021.

[9] 何燕，唐小晓. 思想政治理论课教学理论与实践 ［M］. 北京：中国社会科学出版社，2021.

[10] 贺莉. 高校思想政治理论课教学效果及其影响因素研究 ［M］. 北京：中国社会科学出版社，2021.

[11] 蒋荣. 高校思政课研究型教学实施路径与效果评估 ［M］. 北京：中国社会科学出版社，2021.

[12] 李梁. 现代信息技术与高校思想政治理论课教育教学深度融合研究 ［M］. 北京：人民出版社，2021.

[13] 李晓瞳. 新时代学校思政课程一体化建设研究 ［M］. 长春：吉林大学出版社，2022.

［14］李志雄，刘富胜，王仕勇．家国情怀与责任担当战"疫"期间的思想政治理论课教学实践［M］．成都：西南财经大学出版社，2021.

［15］刘锋．思想道德修养与法律基础课学习投入三维共进激励策略研究［M］．成都：西南交通大学出版社，2021.

［16］刘玖玲．高校思想政治理论课对分课堂教学实践与反思［M］．广州：华南理工大学出版社，2022.

［17］刘仁三．新时代高校思政育人理论研究与实践探索［M］．北京：中华工商联合出版社，2021.

［18］刘耀京．高校思政课激励机制研究［M］．北京：人民出版社，2022.

［19］吕小亮．思政与课程教改访谈录［M］．上海：上海大学出版社，2022.

［20］吕云涛．从理念到实践当代高校课程思政路径探索［M］．长春：吉林大学出版社，2022.

［21］罗永宽．新时代高校思想政治理论课建设研究：第1卷［M］．武汉：武汉大学出版社，2022.

［22］马光焱，王晓光．新时代高校思想政治理论课改革与创新研究［M］．长春：吉林大学出版社，2022.

［23］潘建屯，段俊霞．高校思想政治理论课教学改革研究打造金课，杜绝水课［M］．成都：四川大学出版社，2020.

［24］祁明．思想政治理论课教学研究［M］．上海：同济大学出版社，2021.

［25］任金晶．新时期高校思政课程理论与实践探索［M］．长春：吉林大学出版社，2022.

［26］谈娅．新时代高校思想政治教育创新研究［M］．重庆：西南师范大学出版社，2021.

［27］唐荣．高校思想政治理论课教学方法创新研究［M］．成都：西南财经大学出版社，2021.

［28］万娟．基于创新发展的高校思想政治教育研究［M］．长春：吉林大学出版社，2022.

［29］汪广荣．新时代高校思政课STEMP教学设计模式探究［M］．厦门：厦门大学出版社，2021.

［30］王仕民，丁存霞．新时代高校思想政治理论课体系创新研究［M］．广州：暨南大学出版社，2021.

［31］王仕民，葛彬超．新时代高校思想政治理论课发展战略研究［M］．广州：暨南大学出版社，2021.

［32］王仕民，吴晓斐．新时代高校思想政治理论课前沿问题研究［M］．广州：暨

南大学出版社，2021.

　　[33] 王仕民. 新时代高校思想政治理论课教学方法研究 [M]. 广州：暨南大学出版社，2021.

　　[34] 王文艺. 高职思政课实践教学创新研究 [M]. 南京：河海大学出版社，2021.

　　[35] 王小卫. 职业院校思想政治理论课实践教学研究 [M]. 北京：中山大学出版社，2021.

　　[36] 王新华，齐凯君. 守正创新改革开放40年高校思想政治理论课建设经验研究 [M]. 秦皇岛：燕山大学出版社，2021.

　　[37] 韦主信. 情·理教育思政课堂价值性于知识性相统一 [M]. 厦门：厦门大学出版社，2021.

　　[38] 吴韵曦. 新时代高校思想政治理论课教学研究与理论探讨 [M]. 北京：法律出版社，2022.

　　[39] 徐菁忆. 人工智能时代提升思想政治理论课教学质量的研究 [M]. 天津：天津大学出版社，2021.

　　[40] 徐玉钦. 新媒体时代高校思想政治教学模式研究 [M]. 长春：北方妇女儿童出版社，2021.

　　[41] 许瑞芳等. 新时代大中小学思政课一体化建设 [M]. 上海：华东师范大学出版社，2022.

　　[42] 许晓玲. 思想政治理论课情感教学论 [M]. 厦门：厦门大学出版社，2021.

　　[43] 杨新莹. 融媒体环境下高校思政课改革创新研究 [M]. 北京：经济日报出版社，2021.

　　[44] 袁久红，陆永胜. 中华优秀传统文化与高校思想政治教育 [M]. 北京：社会科学文献出版社，2022.

　　[45] 曾光顺，何冰，刘紫涵. 习近平新时代中国特色社会主义思想融入高校思政课的教育教学模式研究 [M]. 哈尔滨：哈尔滨出版社，2021.

　　[46] 詹全友. 高校思政课公选课三分课堂建构与实践研究 [M]. 武汉：武汉大学出版社，2021.

　　[47] 章玲. 新时代高职院校思想政治理论课教学实效性研究 [M]. 北京：中国华侨出版社，2021.

　　[48] 浙江旅游职业学院马克思主义学院. 思想政治教育理论与实践研究 [M]. 长春：吉林大学出版社，2022.

　　[49] 中华人民共和国学校思想政治理论课重要文献选编上下 [M]. 北京：人民出版社，2022.

[50] 朱琳．新时期思政理论课教学改革探究［M］．长春：吉林大学出版社，2022.

二、期刊类

[1] 白洁．全媒体时代思想政治理论课教学理念的守正创新［J］．思想教育研究，2020（4）：125－129.

[2] 白永生，方雷．高校思想政治理论课守正创新坚持统一性和多样性相统一的理论意蕴［J］．学校党建与思想教育，2019（9）：18－21.

[3] 陈庆庆，李祖超．高校思想政治理论课"金课"建设探究——学习习近平总书记在学校思想政治理论课教师座谈会上的重要讲话精神［J］．黑龙江高教研究，2019，37（10）：148－151.

[4] 陈庆庆，李祖超．论高校思政课"金课"建设的"八个相统一"［J］．中学政治教学参考，2022（4）：48－51.

[5] 陈锡喜，董玥．论思政课守正创新的"重要基础"和"根本保证"［J］．思想理论教育导刊，2020（7）：95－100.

[6] 陈香珠．"思政金课"教学改革实践探究——以"思想道德修养与法律基础"课程为例［J］．中学政治教学参考，2021（48）：38－40.

[7] 程琼，王洛忠．形势与政策"金课"建设的标准与路径［J］．思想理论教育，2020（5）：64－69.

[8] 程仕波，倪圣茗．打造高校思想政治理论课"金课"的价值意蕴和实现理路［J］．思想政治教育研究，2020，36（6）：93－97.

[9] 党评文．坚持"八个相统一"推动思政课守正创新［J］．学校党建与思想教育，2019（14）：1.

[10] 董小梅，钭利珍．高校思政课社会实践"金课"建设路径研究——基于浙江社会实践类国家一流课程认定样本的分析［J］．教育学术月刊，2021（7）：98－103.

[11] 樊伟．学思践悟办好高校思想政治理论课［J］．中国高等教育，2019（7）：7－9.

[12] 房广顺，刘培路．思想政治理论课建设坚持统一性与多样性相统一论析［J］．思想理论教育，2020（1）：58－63.

[13] 房广顺，杨溢．以制度建设推动思政课守正创新［J］．人民论坛，2020（36）：140－141.

[14] 冯培．高校思想政治理论课"金课"建设要素探究［J］．思想理论教育，2019（8）：62－66.

[15] 付晨晨．新时代高中思政课教学的守正创新策略［J］．中学政治教学参考，2021（47）：38－40.

[16] 盖逸馨, 赵如玥, 李杰. 新时代高校思想政治理论课守正创新的价值意蕴与实践探析 [J]. 思想教育研究, 2019 (11): 96 – 109.

[17] 高微, 高燕. 新时代推动思想政治理论课守正创新的根本遵循 [J]. 学校党建与思想教育, 2019 (15): 64 – 66.

[18] 龚诗情. 坚持思政课的统一性与多样性 [J]. 中学政治教学参考, 2020 (38): 38 – 40.

[19] 韩飞, 侯亚楠. 立德树人视域思政课守正创新策略 [J]. 中学政治教学参考, 2021 (27): 40 – 42.

[20] 胡美娟, 王彦智. 马克思主义"五观"教育遵循"八个相统一"原则的探索与实践 [J]. 西藏民族大学学报 (哲学社会科学版), 2019, 40 (6): 102 – 106.

[21] 胡树祥. 思想政治理论课建设要坚持守正创新的正确方向 [J]. 马克思主义理论学科研究, 2020, 6 (6): 149 – 156.

[22] 黄雪晴. 守正创新: 新时代思政课教育教学回顾与展望 [J]. 中学政治教学参考, 2020 (10): 50 – 52.

[23] 李建伟, 冯伟光. 新时代思政课教学的守正创新 [J]. 思想政治课教学, 2022 (5): 15 – 17.

[24] 李蕉. 高校思想政治理论课"课堂革命"与协作学习 [J]. 思想教育研究, 2019 (2): 82 – 86.

[25] 李凌, 彭国刚, 郑超. 弘扬遵义会议精神深化思政课守正创新 [J]. 中国职业技术教育, 2019 (19): 25 – 30.

[26] 李敏, 夏婷. 守正创新: 思政课教学方法改革之"变"与"不变" [J]. 中学政治教学参考, 2021 (20): 76 – 79.

[27] 李钰, 李妍. 百年未有之大变局下高校思政课教学的守正创新 [J]. 中学政治教学参考, 2021 (28): 28 – 31.

[28] 刘建平, 周蓓, 莫丹华. 用红色文化铸魂育人打造高校思政课"金课"[J]. 中国高等教育, 2021 (12): 25 – 27.

[29] 刘卫平, 王慧敏. 论新时代思想政治理论课的改革创新 [J]. 中国高等教育, 2022 (8): 40 – 42.

[30] 刘勇, 夏雪晴. 雨课堂助力高校思政"金课"打造的动因、问题与对策 [J]. 广西社会科学, 2020 (8): 177 – 182.

[31] 刘志锋. 守正创新, 让思政课接地气有活力 [J]. 中学政治教学参考, 2022 (2): 4 – 6.

[32] 卢黎歌, 隋牧蓉. "八个相统一": 推动思想政治理论课改革创新的遵循原则 [J]. 学校党建与思想教育, 2019 (9): 9 – 13.

［33］卢永林．新时代·新教材·新特色·新经验——新时代全国高校思想政治理论课特色教学高端论坛会议综述［J］．思想理论教育导刊，2019（10）：155 – 157.

［34］芦文龙．传统思政课的守正创新［J］．人民论坛，2021（36）：95 – 97.

［35］马福运，孙希芳．常态化疫情防控中的高校思政课教学创新［J］．教学与研究，2021（5）：96 – 104.

［36］彭晓伟，蔡文．"毛泽东思想和中国特色社会主义理论体系概论"课学情调查与守正创新［J］．思想教育研究，2019（6）：67 – 72.

［37］齐明明．思政名师打造"金课"的实践逻辑［J］．思想政治课教学，2021（7）：83 – 86.

［38］卿涛．努力推进思想政治理论课守正创新［J］．中国高等教育，2019（19）：21 – 22，43.

［39］邱仁富．把握新发展理念融入高校思想政治理论课的四种路径［J］．思想理论教育导刊，2021（4）：105 – 109.

［40］任荣．新时代高校思政"金课"建构的逻辑理路与基本模型［J］．学校党建与思想教育，2021（1）：64 – 67.

［41］孙燕，李晓锋．高校思政"金课"建设：困境、标准与路径［J］．重庆高教研究，2019，7（4）：75 – 82.

［42］汤志华．论高校思政课守正创新的政治性与学理性统一［J］．江西师范大学学报（哲学社会科学版），2019，52（4）：9 – 14.

［43］万信，曹洪军．论高校思政"金课"建设的三维标准及其实践路径［J］．湖北社会科学，2021（12）：154 – 158.

［44］王晨．新时代高校思政课守正创新探析［J］．学校党建与思想教育，2021（14）：67 – 69.

［45］王洪才，吴日明，杨兴林．立德树人与高校思想政治理论课建设（笔谈）［J］．重庆高教研究，2019，7（4）：40 – 52.

［46］王石．用高职"思政金课"铸魂育人［J］．中国职业技术教育，2019（17）：79 – 81，86.

［47］王晓会．守正创新：慕课视域高校思想政治理论课的本土思考［J］．黑龙江高教研究，2019（9）：144 – 147.

［48］王新生，朱雪微．守正创新，理直气壮开好思想政治理论课——重温习近平在学校思想政治理论课教师座谈会上的重要讲话［J］．马克思主义理论学科研究，2022，8（3）：111 – 120.

［49］王学俭．论推进新时代高校思想政治理论课守正创新的几个重点问题［J］．马克思主义理论学科研究，2021，7（7）：97 – 104.

[50] 魏燕妮. 新时代讲好高校思想政治理论课要把握好"六个度"[J]. 思想理论教育导刊, 2020 (10): 103-106.

[51] 夏建文, 龙迎伟. 以"八个统一"推进高校思政课"金课"建设 [J]. 中国高等教育, 2019 (18): 35-37.

[52] 肖贵清. 新时代高校思想政治理论课的守正与创新 [J]. 思想教育研究, 2019 (3): 80-84.

[53] 谢首军, 陈庆庆. 建设思想政治理论课"金课"的标准与类型 [J]. 中国大学教学, 2019 (2): 42-46.

[54] 徐建飞. 新时代思想政治理论课"金课"建设: 意涵特征、价值导向、实践路向 [J]. 思想政治教育研究, 2021, 37 (6): 82-86.

[55] 严萍昌. 新时代高校思政课"金课"建设的"四底"保障析论 [J]. 学术论坛, 2020, 43 (3): 120-125.

[56] 易锦. 建设高职院校思政"金课"研究 [J]. 学校党建与思想教育, 2022 (9): 65-68.

[57] 于东超. 守正创新: 新媒体时代高校思政课建设的核心要义 [J]. 中国高等教育, 2020 (17): 33-35.

[58] 袁术林, 刘洪波. 打造新时代高校思政"金课"探赜 [J]. 学校党建与思想教育, 2021 (8): 44-46.

[59] 张俊霞. 新时代思政课教师队伍核心能力结构及其优化 [J]. 中学政治教学参考, 2021 (28): 78-80.

[60] 张梅. 高校思想政治理论课守正创新简论 [J]. 学校党建与思想教育, 2019 (10): 34-37.

[61] 赵爱琴, 陈伟平. 以"八个相统一"为遵循打造思政课"金课"[J]. 学校党建与思想教育, 2020 (16): 42-44.

[62] 朱颖原. 新时代高校思想政治理论课立德树人践行路径 [J]. 思想教育研究, 2019 (3): 90-93.

三、报纸类

[1] 陈建强, 刘茜, 吴军辉. 南开大学思政课程融入"金课"建设 [N]. 光明日报, 2020-09-05.

[2] 丁雅诵. 全国高校守正创新打造新时代思政"金课"——让更多学生爱上"真理的味道"[N]. 人民日报, 2022-06-05.

[3] 丁雅诵. 思政课更活获得感更多 [N]. 人民日报, 2018-01-17.

[4] 董洪亮. 让课堂"实"起来"活"起来——首都高校思想政治理论课改革创新撷英 [N]. 人民日报, 2017-01-05.

［5］付文．兰州大学马克思主义学院教授王维平——"让真理的力量说服人"［N］．人民日报，2022 – 06 – 28．

［6］耿建扩，陈元秋，刘英．燕山大学：奏响"红色旋律"，打造思政"金课"［N］．光明日报，2019 – 05 – 16．

［7］刘晓宇．创新形式直播授课，福建医科大学教师林明惠——让思政课接地气冒热气［N］．人民日报，2022 – 06 – 21．

［8］强郁文．课堂越鲜活，学生越解渴［N］．人民日报，2022 – 06 – 20．

［9］任鹏，曹继军．身边故事就是最好的思政课——上海师范大学师生同上《我在湖北》思政金课［N］．光明日报，2020 – 11 – 18．

［10］深化新时代学校思想政治理论课改革创新［N］．人民日报，2019 – 08 – 15．

［11］吴琳，陈振国．培育"种子教师"打造"思政金课"［N］．光明日报，2021 – 11 – 10．

［12］吴月．汇聚多方智慧"金课"启智润心——走进几所高校的思政课堂［N］．人民日报，2022 – 06 – 10．

［13］肖伟光．高校思政课教学的守正与创新——访华中科技大学马克思主义学院院长黄岭峻［N］．人民日报，2019 – 01 – 25．

［14］禹爱华，龙军，黄谊．"我是接班人"网络大课堂：探索数字转型共上思政金课［N］．光明日报，2022 – 07 – 03．

［15］赵婀娜．探寻思政"金课"的密码——记中国人民大学思政课改革创新［N］．人民日报，2022 – 06 – 03．

［16］赵婀娜．中国人民大学：举全校之力办好思政"金课"［N］．人民日报，2022 – 05 – 29．

［17］赵秋丽，冯帆．守正创新写好立德树人新答卷——山东大学在党史学习教育中砥砺办学初心［N］．光明日报，2021 – 09 – 10．

［18］着力推动思政课改革创新［N］．人民日报，2019 – 03 – 21．

后　记

　　党的十八大以来，以习近平同志为核心的党中央高度重视思政课改革创新，强调思政课在立德树人和铸魂育人中的地位和作用，突出思政课在课程体系中的重要位置。2019 年 3 月 18 日，习近平主持召开了学校思想政治理论课教师座谈会。会上，他强调了思政课的重要地位，思政课教师的职责使命，并要求理直气壮开好思政课，用新时代中国特色社会主义思想铸魂育人。这一系列重要论述为新时代高校思政课改革创新规划了蓝图、指明了方向、吹响了号角。

　　于此同时，为了振兴高等教育，提升教学质量和水平，建设"一流本科教育"，教育部召开了新时代中国高等学校本科教育工作会议。时任教育部长陈宝生首次提出"金课"的概念，要求各高校在"双一流"建设进程中要解放思想、调整思路、转变观念，建设高水平的教学体系，推进高等教育回归常识、回归本分、回归初心、回归梦想，淘汰掉一些内容陈旧、轻松易过的"水课"，打造有深度、有难度、有挑战度的"金课"。随后，教育部专门印发的《关于狠抓新时代全国高等学校本科教育工作会议精神的通知》明确要求，各高校要全面梳理各门课程的教学内容，淘汰"水课"、打造"金课"，合理提升学业挑战度、增加课程难度、拓展课程深度，切实提高课程教学质量。青年阶段是身体发育、智力提高、理想培育、价值生成的关键时期，思政课教师要为学生上好人生的修养课，引导学生扣好人生第一粒扣子。新时代，努力打造有特色、有深度、有底蕴、有效度的思政课"金课"，给学生心灵埋下真善美的种子，培育有理想、有能力、有本领、有担当、有情怀的时代新人显得急迫而紧要。

　　新时代，打造思政课"金课"就必须要坚持守正创新，坚持党性与人民性相统一，坚持教学与育人相统一，坚持立德与立人相统一，坚持目标与内涵相统一，坚持方向与导向相统一，坚持真知与笃行相统一，转变育人理念和思维方式，提升教师素养和能力，关切学生内在诉求和偏好，创新教学方法和手段，优化教学环境和内容，跟踪教学评价与反馈。唯有此，才能提升高校思政课教学质量和水平，不断增强思政课的思想性、理论性和亲和力、针对性。因此，研究"金课"建设视域下高校思政课守正创新具有十分重要的理论意义和现实价值。

本书是笔者主持的国家社科基金高校思政课研究专项"'金课'建设视域下高校思想政治理论课守正创新研究"（21VSZ040）的成果。本书的研究内容先期已经以论文的形式作为阶段性成果在《学校党建与思想教育》《广西社会科学》《思想政治教育研究》《社会主义核心价值观研究》《中国德育》《北京教育（高教）》《江苏教育》等国内重要学术期刊发表。本书的撰写过程中，得到了董静、张帆、宗刚、李潇翔、徐孟茹等课题组成员的大力支持和鼎力协助，相关章节内容也由课题组成员共同合作完成，在此向他们表示真诚的谢意！

本书在后期修改之时，充分吸收了学界专家对本研究提出的宝贵意见，并对相关内容进一步完善，以提高著作的整体质量和水平。在本书出版之际，谨向全国哲学社会科学工作办公室的领导和相关专家学者表示由衷的敬意和诚挚的感谢。

感谢我的恩师——南京师范大学马克思主义学院王跃教授亲自为我写序。恩师的谆谆教诲让我如沐春风，恩师的循循善诱令我备受鼓舞，倍加感动。学生将以您作为榜样和楷模，在前行的道路上永葆初心，砥砺奋进。

经济科学出版社编辑以其专业的水准、严谨的作风认真地审读书稿，并对书稿提出了宝贵的修改意见，为本书得以顺利出版付出了大量的心血和艰辛的劳作，在此表示深深谢意！

由于本人水平有限，本书肯定不能尽如人意，书中错讹之处谨请读者诸君和专家学者批评指正！

徐建飞

2022 年 12 月